金融
智慧密码

广东外语外贸大学金融学院
金融专硕优秀案例论文集

主　编◎展　凯　刘　倩
副主编◎杨菁菁　张　林

中国金融出版社

责任编辑：王雪珂
责任校对：李俊英
责任印制：陈晓川

图书在版编目（CIP）数据

金融智慧密码：广东外语外贸大学金融学院金融专硕优秀案例论文集/展凯，刘倩主编；杨菁菁，张林副主编．—北京：中国金融出版社，2024.4

ISBN 978－7－5220－2379－3

Ⅰ．①金…　Ⅱ．①展…②刘…③杨…④张…　Ⅲ．①金融学—文集　Ⅳ．①F830－53

中国国家版本馆CIP数据核字（2024）第064073号

金融智慧密码：广东外语外贸大学金融学院金融专硕优秀案例论文集
JINRONG ZHIHUI MIMA：GUANGDONG WAIYU WAIMAO DAXUE JINRONG XUEYUAN JINRONG ZHUANSHUO YOUXIU ANLI LUNWENJI

出版发行　中国金融出版社
社址　北京市丰台区益泽路2号
市场开发部　（010）66024766，63805472，63439533（传真）
网上书店　www.cfph.cn
　　　　　（010）66024766，63372837（传真）
读者服务部　（010）66070833，62568380
邮编　100071
经销　新华书店
印刷　北京九州迅驰传媒文化有限公司
尺寸　169毫米×239毫米
印张　19
字数　270千
版次　2024年4月第1版
印次　2024年4月第1次印刷
定价　76.00元
ISBN 978－7－5220－2379－3

目　　录

SWIFT 制裁："大杀器"还是"纸老虎"？ ······ 1

1. SWIFT 的发展历程与底层机制 ······ 3
2. 事件影响 ······ 12
3. 俄罗斯的应对 ······ 22
4. 居安思危：中国的举措 ······ 30
5. 结语 ······ 34

一"石"是否能激起千层浪？——黑石集团 CMBS 违约案例分析 ······ 35

1. CMBS 市场简介 ······ 36
2. 多事之秋　埋下伏笔 ······ 41
3. 祸不单行　东窗事发 ······ 44
4. 危机与机遇并存　未来将何去何从 ······ 54

一厢情愿的流动性管理——硅谷银行倒闭风波 ······ 56

1. 硅谷银行经营模式及业务特点 ······ 58
2. 美联储加息背景下的硅谷银行 ······ 66
3. 硅谷银行事件中的监管层 ······ 83
4. 硅谷银行事件后续影响 ······ 86
5. 结语 ······ 91

私有企业主家庭的综合财富管理案例分析 ······ 93

1. 案例背景 ······ 94

2. 案例分析概述 …… 97
3. 私有企业主家庭的通用财富管理方案设计 …… 99
4. 结语 …… 117

成也杠杆，败也杠杆——Archegoss 爆仓事件分析 …… 124

1. Archegoss …… 124
2. 爆仓始末 …… 126
3. 事件影响 …… 128
4. 事件思考 …… 130
5. 结语 …… 136

我国健康险产品优化研究——基于气象敏感性疾病视角 …… 137

1. 气象敏感性疾病的定义及其对健康险的影响 …… 139
2. 气象敏感性健康保险产品需求分析 …… 145
3. 产品优化的可行性分析 …… 152
4. 产品优化的实施及保障 …… 160
5. 结语 …… 171

基于 ESG 指数的股指期货合约设计研究 …… 174

1. ESG 现状研究分析 …… 175
2. ESG 指数介绍 …… 190
3. ESG 股指期货合约设计 …… 198
4. 结语 …… 218

抱团与暴跌：易方达中小盘基金中的羊群效应 …… 220

1. 基金概况：一只自称中小盘的大盘基 …… 221
2. 网红基金诞生：可以躺赢吗 …… 225
3. “iKun”变“菜坤”：是回撤的锅 …… 229
4. 基金改头换面：或迎来变化 …… 231

5. 易方达中小盘基金中的羊群效应 …………………………………… 232

我国公募基金“抱团”现象案例 …………………………………… 236

1. 基金抱团现象描述与总结 …………………………………… 240
2. 基金抱团不同阶段的主要影响因素分析 …………………………………… 250
3. 基金抱团的负面影响分析 …………………………………… 280
4. 结语 …………………………………… 291

SWIFT 制裁："大杀器"还是"纸老虎"？[1,2,3,4]

2022 年 2 月 24 日，乌克兰首都基辅的一声爆炸后，俄乌冲突爆发了。美国与欧盟委员会、德国、法国、英国、意大利、加拿大的领导人为了应对此次行动，不仅援助乌克兰军事武器，还迅速启动了金融武器制裁俄罗斯（如表 1 所示）。在当地时间 2 月 26 日，欧美等国向俄罗斯投来了一枚业内所称的"金融核弹"——宣布将其"踢出"环球同业银行金融电讯协会（SWIFT）系统。

表 1　俄乌战争爆发后西方金融制裁措施

制裁者	时间	措施
欧盟	2 月 22 日	禁止向俄罗斯政府和中央银行提供资金，限制俄罗斯政府进入欧盟资本市场和金融市场及接受相关服务
	2 月 22 日	限制一些经济领域相关的贸易和投资
	2 月 24 日	共计 23 名俄罗斯个人被列入欧盟制裁名单，措施为资产冻结和旅行禁令等，还包括俄罗斯互联网研究机构等多家俄罗斯实体
	2 月 24 日	限制俄罗斯银行进入欧洲金融市场
	2 月 24 日	在出口管制商品、融资、签证、能源、运输等多个领域，将俄罗斯列入制裁名单中

① 本案例由广东外语外贸大学金融学院吴柏毅和陈慧芳撰写，作者拥有著作权中的署名权、修改权、改编权。

② 作者工作单位：广东外语外贸大学金融学院，金融开放与资产管理研究中心，广州华南财富管理中心研究基地。

④ 本案例只供课堂讨论之用，并无意暗示或说明某种行为是否有效。

续表

制裁者	时间	措施
英国	2月22日	将对五家俄罗斯银行及三名高净值人士实施制裁
	2月24日	对所有俄罗斯主要银行实施资产冻结，立即冻结资产总额为150亿英镑的俄罗斯外贸银行
	2月24日	禁止所有俄罗斯国民在英国市场融资
	2月24日	考虑引入限制俄罗斯国民在英国银行账户中的存款金额的立法
	2月24日	与G7和北约盟国合作，关闭俄罗斯对环球同业银行金融电讯协会（SWIFT）支付系统的访问，将这一系列措施扩展到白俄罗斯
美国	2月22日	封锁俄罗斯的两家国有银行VEB和Promsvyazbank，阻止其在美国和欧洲市场交易其债务，冻结这些银行在美国管辖范围内的所有资产
	2月24日	美国财政部将冻结俄罗斯在美国的所有资产，包括俄罗斯两家大型银行共持有的约1万亿美元资产
	2月24日	限制俄罗斯使用美元、欧元、英镑和日元进行贸易的能力
	2月24日	切断俄罗斯最大的金融机构俄罗斯联邦储蓄银行（Sberbank）及其25家子公司与美国金融体系的联系
	2月24日	计划对俄罗斯国有能源巨头俄罗斯天然气工业股份公司（Gazprom）和其他大型企业实施新限制，阻止它们从西方市场融资
	2月26日	美国与欧盟、德国、法国、英国、意大利、加拿大决定将部分俄罗斯银行排除在环球同业银行金融电讯协会（SWIFT）支付系统之外，并对俄罗斯央行实施限制措施，以防其部署国际储备削弱限制措施造成的影响
加拿大	2月22日	将对两家国家支持的俄罗斯银行实施制裁
	2月22日	禁止加拿大人与顿涅茨克和卢甘斯克的实体或个人进行任何金融交易
	2月22日	禁止加拿大人购买俄罗斯主权债务
日本	2月23日	禁止在日本发行俄罗斯债券，冻结某些俄罗斯个人的资产以及前往日本的旅行
	2月25日	冻结俄罗斯个人和机构的资金，冻结俄罗斯金融机构的资产
澳大利亚	2月23日	对俄罗斯联邦安理会的8个成员实施禁令和有针对性的金融制裁

资料来源：招商证券。

这枚“金融核弹”被市场视为最严厉的非军事制裁措施，欧盟在3月2日发布声明，决定将Bank Otkritie、Novikombank、Promsvyazbank、Bank Rossiya、Sovcombank、VNESHECONOBANK（VEB）和VTB BANK 7家银行“踢出”

SWIFT 系统，也就意味着使用这些银行的个人和公司将难以进行跨境借贷或投资，更难以收到出口款项和进口业务的支付，甚至将几乎无法进入国际市场。其实，这 7 家银行中并没有包括俄罗斯联邦储蓄银行和俄罗斯天然气工业银行（Gazprombank），原因是这两家银行是俄罗斯石油和天然气的主要支付渠道，欧盟国家在俄乌冲突期间仍需进口俄罗斯石油和天然气。

一石激起千层浪，俄罗斯的货币卢布应声贬值，莫斯科股市在 2 月 28 日暂停交易，伦敦上市的俄罗斯股票更是跌势如潮。

1. SWIFT 的发展历程与底层机制

1.1 日新月异：跨境支付的发展

早期，人们用货币进行交易，但开展距离较远的贸易需要携带大量的货币，限制了远距离贸易的开展。为解决这一弊端，银行发明了纸质汇票，使跨国贸易得到发展，但纸质汇票在兑换时需要到汇票承兑国才能进行，跨国贸易仍步履维艰。后来，银行间发明了一种点对点信息传输的系统——Telex（电传）系统。跨国银行间的客户可以在这个系统上进行交易，系统会根据交易信息产生电报，然后银行间就可以直接通过这份电报的信息进行结算。解决跨国交易的 Telex 系统在第二次世界大战后被金融界广泛使用，但是该系统主要依靠人工的阅读和手写来汇总数据，效率和准确性都极低。科技是战胜困难的有力武器，在计算机技术和网络通信技术发展后，为解决人工低效率和准确性问题，使人们能跨语言和系统边界地共同理解数据，并且允许无缝、自动地传输、接收和处理用户之间交换的通信，把计算机引入银行业的 SWIFT 支付系统应运而生，它代替了人工去做大量固定的、重复的、机械的工作。网络通信代替了电报通信，传输的数据格式更丰富、信息量更大、安全性也更好。

1.2 “信息搬运工”：SWIFT的具体机制

SWIFT是一个为金融机构之间提供信息传递服务的公司，是信息的搬运工。直白地说，SWIFT就是一个给银行间沟通用的“聊天工具”，好比微信、QQ。但它利用的是SWIFT代码在机构之间传递交易指令，SWIFT代码是指SWIFT为每个金融机构分配了一个由8个或11个字符组成的唯一代码（如图1所示），包括机构代码、国家代码、位置代码（或城市代码）以及各个分支机构的可选分支机构代码。金融机构通过标准化的编码系统安全地传输信息和指令，那么SWIFT系统作为传输系统到底是怎么运作的呢?

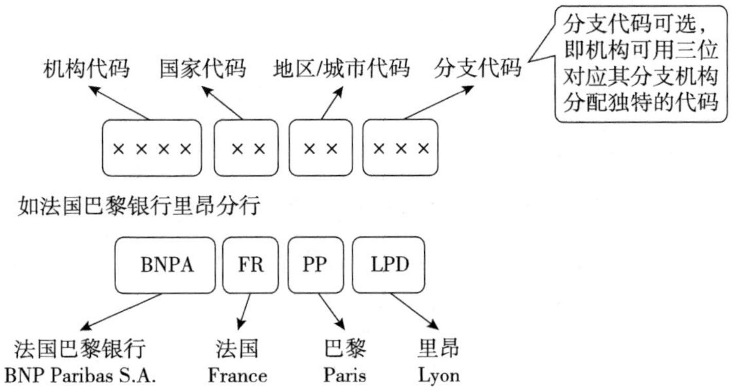

图1 SWIFT代码示例

首先SWIFT制定了金融机构间的通信标准，消息报文可以经过抽象和沉淀分为九大类，主要有：

①客户汇款；

②银行头寸调拨；

③外汇买卖和存放款；

④托收；

⑤证券；

⑥贵金属和辛迪加；

⑦跟单信用证和保函；

⑧旅行支票；

⑨银行账务。

每一大类消息报文又分很多小类，并且都有严格的格式要求和互斥条件等。

简单地说，可以把 SWIFT 的报文想象成一封已经定好格式的邮件，付款人、收款人、中途经手人、交易类型、交易明细（金额、币种、清算信息、收付款人信息）、费用等格式都已经定好，只要按照其报文格式进行操作即可。

对于 SWIFT 系统在跨境支付中的作用，首先需要了解国际收付清算体系的原理，支付的内涵是因交易而产生的货币债权转移。所谓债权，是指对货币的所属权利，在债权转移的过程中涉及资金流和信息流的转移。在一个完整的支付过程中，支付动作代表的就是信息流，通俗地讲就是我如何告知你，我需要付给你钱；清算则代表资金流，通俗地讲就是我如何真实地把钱给到你。以我国为例，如果要把一笔资金从银行 A 账户转到银行 B 账户，这其中涉及的资金流是通过我国资金结算系统进行，信息流则是通过支付清算系统进行（如图 2 所示）。

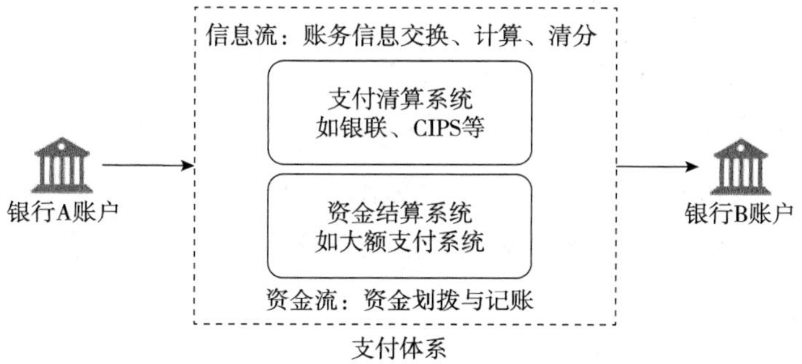

图 2　支付体系设计资金流与信息流的流动

（资料来源：中信证券）

延伸来看，国际收付清算体系也是资金流和信息流的跨境流动，只不过整个体系都是在国际间进行的。SWIFT 系统则是作为信息流的支付清算系统，这个系统只专职于信息流传递和信息传输标准设计，不影响资金流。SWIFT系统信息传递机制如图3所示。

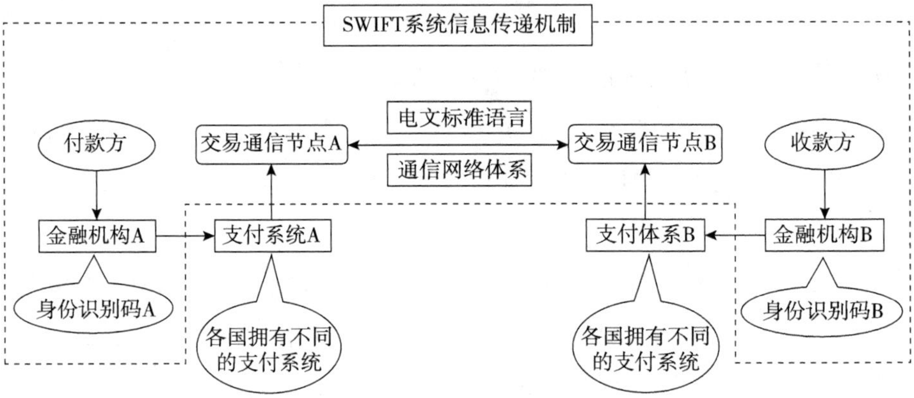

图3　SWIFT 系统信息传递机制

（资料来源：SWIFT 官网、申万宏源研究所）

本文通过以下例子进一步进行解释。比如 A 想从他的美国银行账户向 B 在澳大利亚的银行账户汇款 1000 美元，根据两家银行之间的关系，有以下两种情况。

（1）当银行间已经建立了关系时

如果两家银行已经建立了关系，那么两家银行就有相互之间的商业账户。比如美国银行直接向澳大利亚银行发送 SWIFT 消息或付款指令，美国银行将从 A 的个人账户扣除 1000 美元（资金流出），并将 1000 美元记在澳大利亚银行持有的商业银行账户，接着澳大利亚银行将 1000 美元记入 B 的个人账户（资金流入）。

（2）当银行间没有既定的关系时

如果两家银行没有建立关系，那么两家银行互无商业账户，因此必须通过中间银行进行转账，中间银行是这两家银行开设商业账户的地方，我们假设中间银行为 M 银行，与第一种情况类似，美国银行先向澳大利亚银行发送 SWIFT 消息，美国银行从 A 的账户中扣除 1000 美元（资金流出），并由美国银行向 M 银行发出指令，让 M 银行从美国银行的商业账户中借记 1000 美元，并记入澳大利亚银行的商业账户，M 银行从转账金额中扣除一小笔中介费（假设为 10 美元），并将 990 美元记入澳大利亚银行的商业账户，然后澳大利亚银行将向 B 的个人账户存入 990 美元（资金流入）。具体流程如图 4 所示。

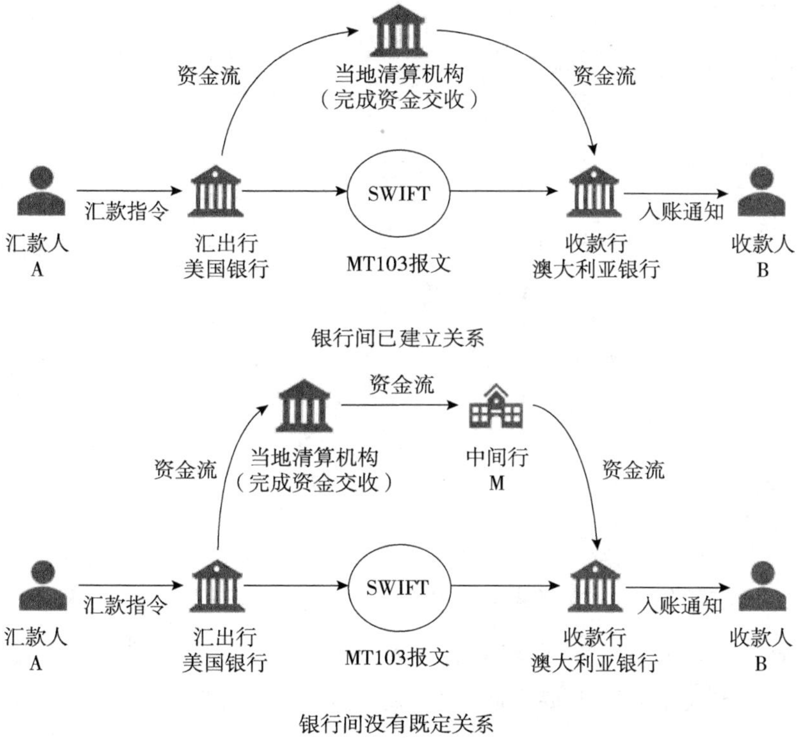

图 4　跨境收付清算流程

1.3　SWIFT 的中立性

“1973 年，来自 15 个国家的 239 家银行齐聚一堂，携手解决一个共同的问题：如何沟通跨境支付。”这是 SWIFT 官网里简史的开头一句话。SWIFT 的全名是 Society for Worldwide Interbank Financial Telecommunications（环球同业银行金融电讯协会），它是一个国际银行间非营利性的国际合作组织，作为一个非营利性组织，为保持其中立性，其总部刻意远离了纽约和伦敦这两大金融中心，设在比利时的布鲁塞尔。自 1977 年开始，SWIFT 开始集中开展跨银行报文处理与传输，旨在取代此前银行普遍使用的电报模式。在近 50 年的发展中，共有超过 200 个国家 11000 多个机构作为成员加入了 SWIFT，全年日报文处理量达到 4.2 亿条。从创立到今天，SWIFT 的具体发展历程如图 5 所示。

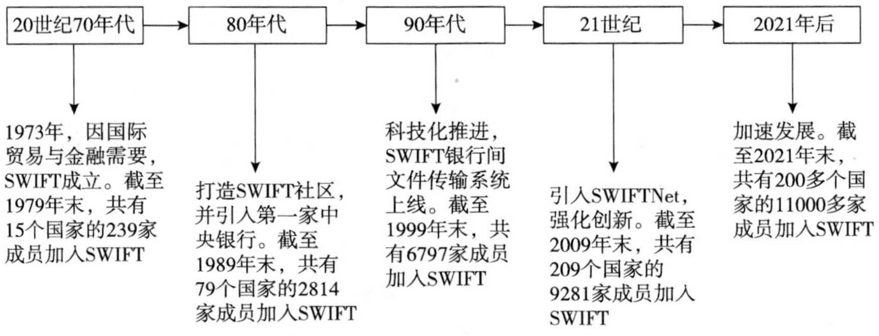

图 5　SWIFT 的发展历程

（资料来源：东北证券）

SWIFT 在发展的过程中，深深地把中立性刻入基因中，它通过对管理制度的设计，使其免于单一团体的操控。一开始，SWIFT 只有美国一个数据中心。但后来，为了对抗美国政府的审查及维持中立性，特别是数据合规的要求，SWIFT 引入了欧洲数据中心。目前，SWIFT 的数据中心采用全球化的布局，拥有荷兰、瑞士、美国三个数据中心，欧洲的数据由荷兰和瑞士的数据中心处理，美国的数据由美国和瑞士的数据中心处理，其他国家和地区的数据根据负载均衡和其偏好由以上任一个数据中心处理。

1.4　SWIFT 的格局重塑

SWIFT 不仅在跨境支付中起着关键作用，SWIFT 数据中心还拥有着国家间贸易的重要信息。虽然 SWIFT 名义上为中立组织，但其早已被多方垂涎已久。早在 1992 年就有组织对 SWIFT 的武器化感兴趣，但真正到了 2001 年 9 月 11 日的“9·11”恐怖袭击后才被重塑了格局。当时，美国政府利用“恐怖分子资金追踪计划"向 SWIFT 开具法院传票获得相关的信息，且由于 SWIFT 在美国设置有数据中心，因此 SWIFT 很难拒绝美国政府获取数据的要求。SWIFT 也尝试过抵抗，例如，2006 年比利时政府宣称提供交易信息违反欧盟隐私法规、SWIFT 在 2009 年底停止在美国的服务器上存储部分关键信息。但在 2012 年，美国参议院通过了《2012 年减少伊朗威胁和叙利亚人权法》（*Iran Threat Reduction and Syria Human Rights Act of* 2012），其给予了美国政府对向伊朗中央银行、特别指定国民和被冻结人士名单中的伊朗金融机构提供服务的金融信息服务提供商进行制裁的权力，包括 SWIFT 本身、SWIFT 的高管及参与 SWIFT 的银行。之后欧盟也出台了类似的政策。如图 6 所示，这些举动标志着"金融核弹"SWIFT 正式登上了历史舞台。

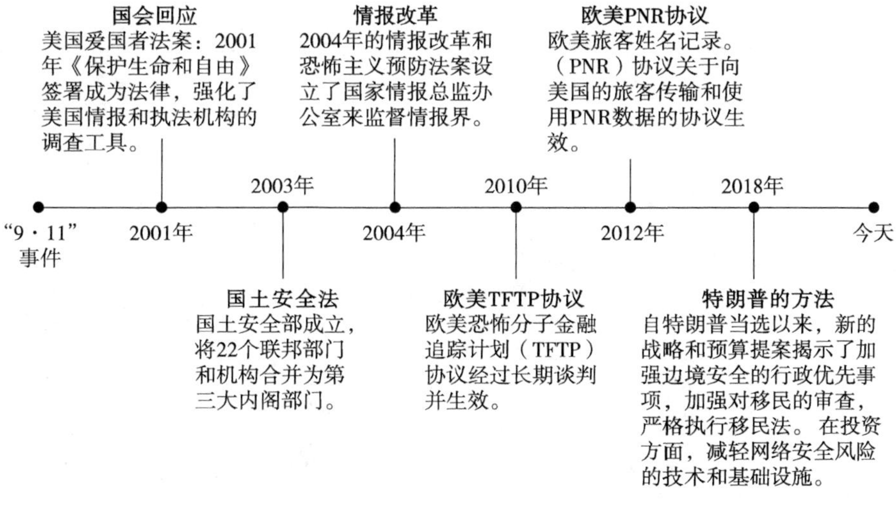

图 6 "9·11"事件后重塑了 SWIFT 格局

（数据来源：东北证券）

1.5 美国对 SWIFT 的影响

"9·11"事件后，SWIFT 已逐渐成为美国的金融武器。当下美国对 SWIFT 有着很强的影响力，这主要体现在以下几个方面。

①美元是 SWIFT 第一大国际支付货币，2022 年 1 月占比 39.92%。

②美元在国际货币体系中独领风骚，具体来看，美元在国际外汇储备中居首位。

③纽约作为 SWIFT 的一大数据中心，“9・11”事件后美国借“反恐”名义加大了对数据中心的审查与控制。

④美国在 SWIFT 董事会中占据重要位置，并且人数与少数国家并列最多（2 人，总共 25 人）。

近十年来，美国曾多次将 SWIFT 系统作为金融制裁的武器，中断 SWIFT 系统服务相当于没收开展国际金融业务的银行的“门牌号”。通过切断被制裁的金融机构、企业或国家与 SWIFT 系统之间的联系，美国可使被制裁方无法通过 SWIFT 系统进行金融信息传输，也无法通过美元结算通道进行贸易。被制裁方的银行将成为国际支付体系中没有户口的“黑户”，导致国际贸易支付结算难以开展，此时，被制裁方相当于一座“金融孤岛”。切断 SWIFT 的具体影响路径如图 7所示。

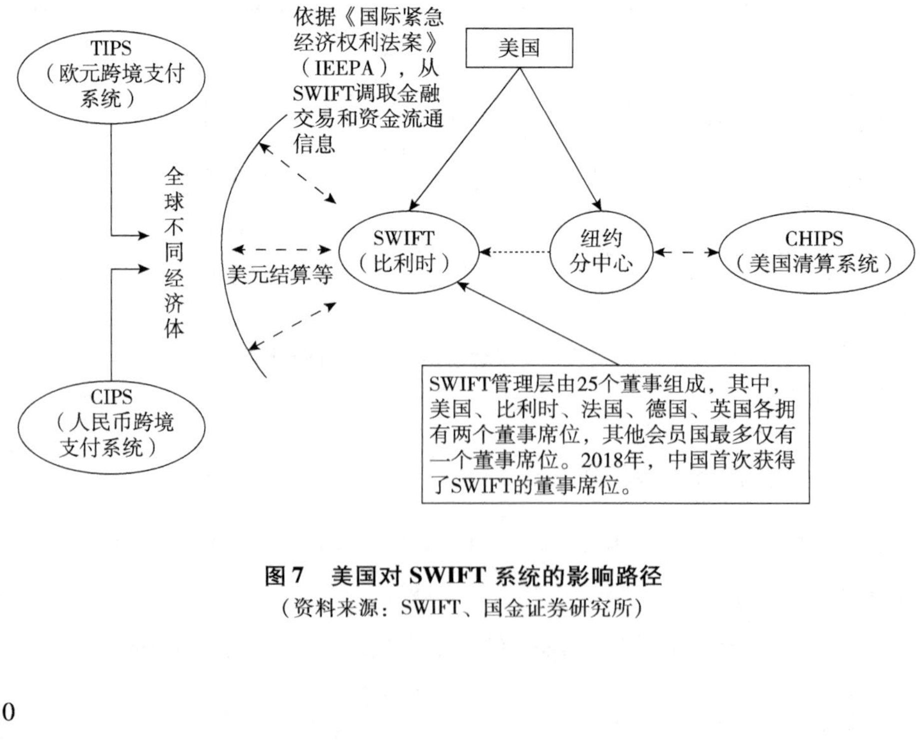

图 7 美国对 SWIFT 系统的影响路径

（资料来源：SWIFT、国金证券研究所）

1.6 SWIFT 目前的不可替代性

SWIFT 作为传输信息流的系统，最主要的功能是在跨境支付前进行信息通信，随着网络技术的发展，想要创建一个类似的工具并不困难。特别是在 SWIFT 武器化后，部分国家在若干年前也意识到其带来的风险和问题，因此也建立过类似的工具去替代 SWIFT，如法国、德国和英国创建的 INSTEX 系统、俄罗斯推出的 SPFS 系统、中国推出的 CIPS 系统。那么，上述这些"国家级 SWIFT 替代者"在国际收付清算中是否可以真正代替 SWIFT 呢？

SWIFT 并非不可替代，只是目前来说，要替代 SWIFT 仍有很长的路要走。中国人民银行原行长周小川曾表示，避开 SWIFT 在理论上是可行的，因为它的基础是贸易，实在不行就以物易物，进行易货贸易。但如果在易货贸易中出现差额，还是需要货币。过去，这种差额可能是记账贸易差额，比如中国和一些国家的差额以瑞士法郎记账。

虽然 SWIFT 可替代，但是替代 SWIFT 要做很多事情，而且在替代前和过渡期内可能会让贸易受到影响。因此，就目前来说，这些"国家级的 SWIFT 替代者"还不能改变 SWIFT 的不可替代性。

具体来说，主要表现在以下几个方面。

①难以创建一个安全、有效率且承担多方共识的系统去挑战 SWIFT 系统的主导地位。SWIFT 的核心价值在于提供可靠、安全的网络和统一的语法来使金融信息能更高效地传输，并通过高效的信息传输促进金融市场的流动性，金融市场的高流动性能减少贸易的摩擦成本。SWIFT 从开始建立到现在，参与的金融机构非常多，保密方面也做得很好，已经形成了一个安全且有效的系统，目前其交易通信服务已经占据全球 80% 以上，若想要创建一个承担着多方共识的交易网络，需要花费很多时间和资源去度过参与数较少导致通信难以实现，以至于影响贸易效率的过渡期，并需要在金融风险、用户习惯、国际规则等方面进一步完善。另外，参与者对安全上的顾虑远比想象中高很多。因此，短期内难以创建一个完善的系统去挑战 SWIFT 系统的主导地位。

②挑战美元霸权“道阻且长”。SWIFT还代表着美元霸权，美元霸权在于美元充当着全球货币的角色，全球约90%的外汇交易与国际贸易都要通过美元来计价和结算。例如，在中俄收付清算系统的资金结算中，由于人民币对卢布的汇率是套算汇率，所以无论付款代理行和收款代理行在中国境内还是在俄罗斯境内，都需要通过美元来联系。套算汇率是指两种货币通过各自对第三种货币的基本汇率套算得到的汇率，例如，假定人民币与美元的基本汇率为1美元等于6.6元人民币，美元与卢布的基本汇率为1卢布等于0.01美元，则人民币与卢布的汇率即应为1卢布 =0.066元人民币（6.6×0.01），因此人民币与卢布之间的兑换必须经过美元来进行清算。

就如东北证券所说，SWIFT的不可替代性在于美元的收付清算是“国家级SWIFT替代者”的“阿喀琉斯之踵”。对“国家级SWIFT替代者”而言，最大的问题并不是软件或者硬件的问题，而是美元体系不会接纳这些替代者。所以就算“国家级SWIFT替代者”再优秀，也无法挑战目前SWIFT所处的地位。

2. 事件影响

2.1 对被制裁方的影响

2.1.1 前车之鉴：伊朗被“踢出”SWIFT的后续影响

前面已提及，目前SWIFT是世界重要跨境支付通信系统，具有不可替代性，并且美国对SWIFT的影响力很大，美元体系更是难以撼动。俄罗斯作为世界第二大石油出口国，石油出口收入对本国出口贸易有举足轻重的作用。在被制裁前，俄罗斯与其他国家进行石油贸易，使用的是作为国际货币的美元结算，原因在于美元是当今的世界货币，可以在全世界范围内通用。例如，俄罗斯向日本出口石油，如果日本使用日元进行结算，俄罗斯将接收到大量日元，但由于日元并不是国际上广泛流通的货币，假设俄罗斯想要用日元去法国采购商品，法国如果不接受日元，那么俄罗斯的日元就不能在法国使用，这就是此前俄罗斯一直使用美元结算石油贸易的重要原因之一。而且，国家之间通过 SWIFT 系统进行结算，不仅保证了贸易过程安全，而且快速便捷，减少了很多贸易成本，也促进了各国之间的进出口贸易往来。中断 SWIFT 系统服务，相当于金融机构、企业或者国家之间无法通过 SWIFT 系统传输金融信息，也无法通过美元结算通道进行贸易，跨国贸易将受到严重影响。

美国曾多次把 SWIFT 作为制裁其他国家的"大杀器"，对于俄罗斯，这是第一次，但对于 SWIFT，这类制裁已早有经验，比如此前就已经将伊朗排除在外。此次制裁对俄罗斯经济究竟会造成怎样的影响，可以参考此前对伊朗制裁的后续影响。

2012 年，美国欲迫使伊朗放弃核武器，推动欧盟和 SWIFT 对伊朗进行金融制裁。3 月 15 日，SWIFT 宣布，根据欧洲联盟制裁伊朗金融业的决定，从 3 月 17 日开始终止 30 家伊朗银行使用 SWIFT 进行跨境汇兑交易。此外，欧盟关于禁止其成员国为伊朗石油贸易提供金融结算服务的决议也于 3 月 17 日正式生效。根据欧盟法规，SWIFT 切断了伊朗银行及其他实体与外界的金融通信渠道，使伊朗被迫成为"金融孤岛"，进出口贸易严重受阻。美国通过 SWIFT 对伊朗进行金融制裁被普遍认为是将伊朗重新拉回"伊核协议"谈判桌的重要工具，并最终在 2015 年重新达成了"伊核协议"。2016 年 1 月，伊朗银行重新接入 SWIFT，石油出口得以短暂恢复。2018 年美国政府单方面撕毁"伊核协议"，再次将伊朗的金融机构"踢出"SWIFT。虽然此次制裁被认定为美国单方面行为，联合国安理会不通过、欧洲国家不支持，但由于美元处在国际支付清算体系中的绝对主导地位，迫使欧盟董事会机构和 SWIFT 接受了美国的要求。美国对伊朗的制裁措施及影响如表 2 所示。

表 2　美国曾使用 SWIFT 制裁伊朗

<table>
<tr><th>制裁措施</th><th>制裁影响</th><th>反制措施</th></tr>
<tr><td>2012 年 2 月，美国参议院提议美国国会通过立法禁止 SWIFT 允许疑似伊朗受制裁的银行和实体利用其网络</td><td rowspan="2">伊朗成为“金融孤岛”，迫于压力，伊朗重新与美国谈判，达成“伊核协议”</td><td rowspan="4">面对美国的制裁，伊朗应对措施包括：
①出口品折价销售
②石油换商品
③使用比特币交易等</td></tr>
<tr><td>2012 年 3 月，美国以核计划为由，要求 SWIFT 取消伊朗所有金融机构的会员资格，终止 SWIFT 对 30 家伊朗银行跨境支付报文传递服务项目。同年，美欧对伊朗的核工业进行金融制裁，将 4 家伊朗银行“踢出”SWIFT 系统</td></tr>
<tr><td rowspan="2">2018 年 5 月，美国政府单方面撕毁“伊核协议”，再次将伊朗的金融机构“踢出”SWIFT。此次美国单方面制裁行为并未获得联合国安理会和欧盟的支持，但由于美元在国际支付清算体系中的绝对主导地位，迫使欧盟董事会机构和 SWIFT 接受了美国的要求</td><td>SWIFT 制裁破坏了伊朗贸易关系和条件，直接减少了净出口总额</td></tr>
<tr><td>SWIFT 制裁恶化了伊朗国内消费和投资环境。国内出现燃料短缺、生活物资匮乏、货币大幅贬值、严重的通货膨胀和大规模游行罢工的混乱局面</td></tr>
</table>

资料来源：招商证券。

美国两次制裁均导致伊朗原油出口大幅下降，引发货币贬值、通货膨胀、经济衰退等一系列连锁反应。原油是伊朗的经济命脉，从数据来看，制裁使伊朗原油出口量从 2012 年的每天 210 万桶大幅缩减至 2015 年的每天 108 万桶，在 2016 年重新接入 SWIFT 后，原油出口量恢复到 192 万桶。并且，2018 年美国政府再次利用 SWIFT 对伊朗制裁后，使伊朗原油出口从 2018 年的每天 185 万桶“跳水式”下降至 2020 年的每天 40 万桶（如图 8 所示）。由于油气出口在伊朗经济中占据不可或缺的地位，引发伊朗国内一系列连锁反应，比如货币大幅贬值（如图 9 所示）。通货膨胀率从 2018 年的 18.0% 迅速飙升至 2019 年的 39.9%（如图 10 所示）。金融制裁发生后伊朗经济大幅萎缩，2012

年和 2018 年伊朗实际 GDP 增速分别为 -7.4% 和 -6.0%，在制裁后的几年内 GDP 增速也持续下滑（如图 11 所示）。

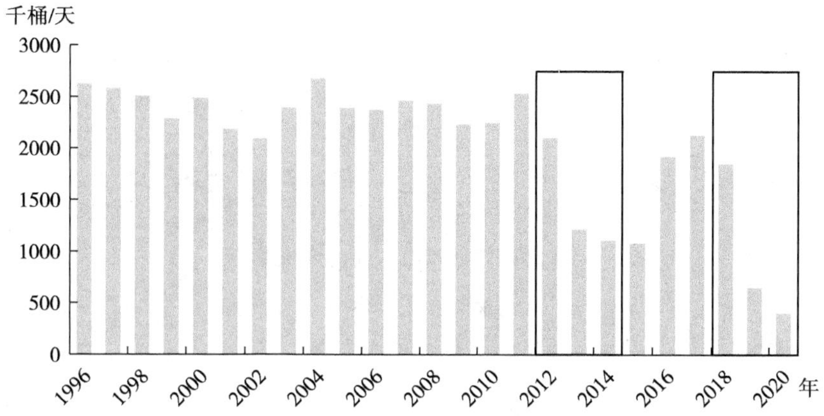

图 8　伊朗原油出口数量

（数据来源：Wind）

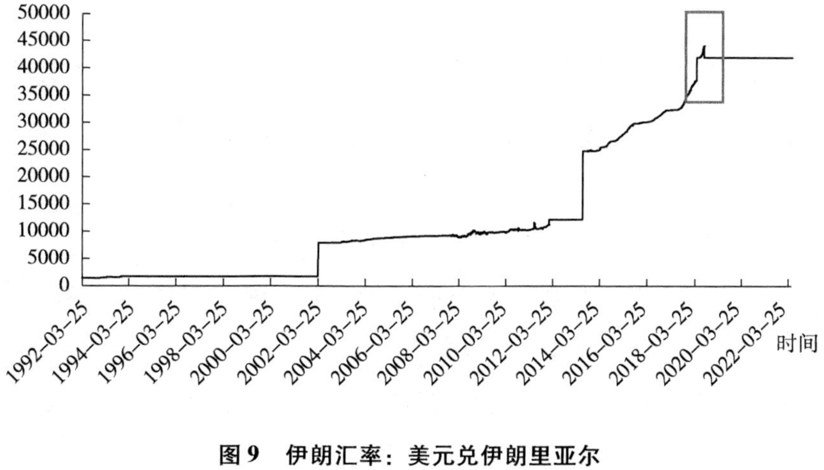

图 9　伊朗汇率：美元兑伊朗里亚尔

（数据来源：Wind）

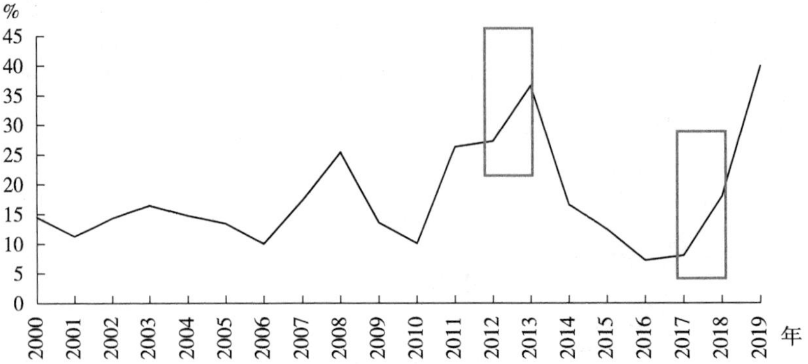

图 10　伊朗 CPI：同比增长率

（数据来源：Wind）

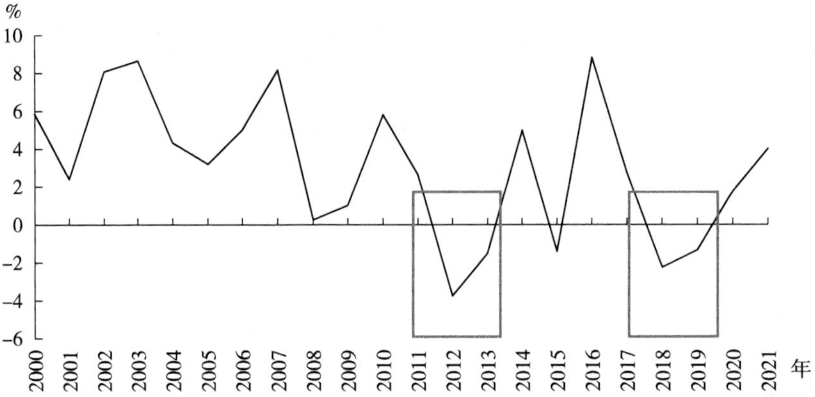

图 11　伊朗 GDP：实际同比增长率

（数据来源：Wind）

2.1.2　昨日重现：俄罗斯的后续影响

“伊朗当时被制裁的影响极有可能在俄罗斯出现。”厦门国际银行投行分析员任涛表示，将某经济体的特定金融机构“踢出”SWIFT 系统，将会导致该经济体与其他经济体之间的资金及对应的贸易往来出现一定程度的萎缩，并进一步冲击经济基本面，对外债偿付可能会产生一定冲击。同时，俄罗斯与伊朗同作为石油出口国，SWIFT 制裁也会在一定程度上推动石油等大宗商品价格波动幅度加大，增大全球通货膨胀压力。但如中央财经大学证券期货研究所研究员、内蒙古银行研究发展部总经理杨海平所说，"产生影响的原理虽然是一致的，但对俄罗斯和伊朗两个经济体制裁的效果不可能完全一致。"原因在于俄罗斯的内循环能力比伊朗更强，并且在开辟其他结算来减缓 SWIFT 封杀令的影响的替代模式方面具有更好的准备和更强的能力。

具体来说，本轮欧美对俄罗斯制裁的影响主要体现在以下几个方面。

（1）金融市场上

①增大短期资金流出压力，加剧俄罗斯股市、债市、汇市波动，俄罗斯央行可能还需要消耗较多的外汇储备。此次 SWIFT 制裁措施公布恰逢周末，股市处于闭市状态，在 2 月 28 日开盘后，俄罗斯股市出现暴跌，为避免因不确定性带来更大的冲击，俄罗斯股市当日开始暂停交易，并休市长达一个月，创下了俄罗斯现代史上最长休市时间的纪录。自制裁以来，俄罗斯股市大幅下降近 40%。在外汇市场，卢布兑美元开盘也暴跌（如图 12 所示），不到半小时俄罗斯外汇市场美元价格就上涨 41.6%，收盘涨幅达 42.86%，1 美元可以兑换到约 117 卢布，也就是 1 卢布居然兑换不到 1 美分。对应换算，卢布大幅贬值近 30%，导致卢布在国际货币体系中边缘化的趋势更加明显。由于俄乌局势持续紧张，俄罗斯银行出现了大量存款外流的挤兑情况，为了留住存款，俄罗斯银行纷纷上调各自的卢布存款利率，国债利率也大幅度上升。到

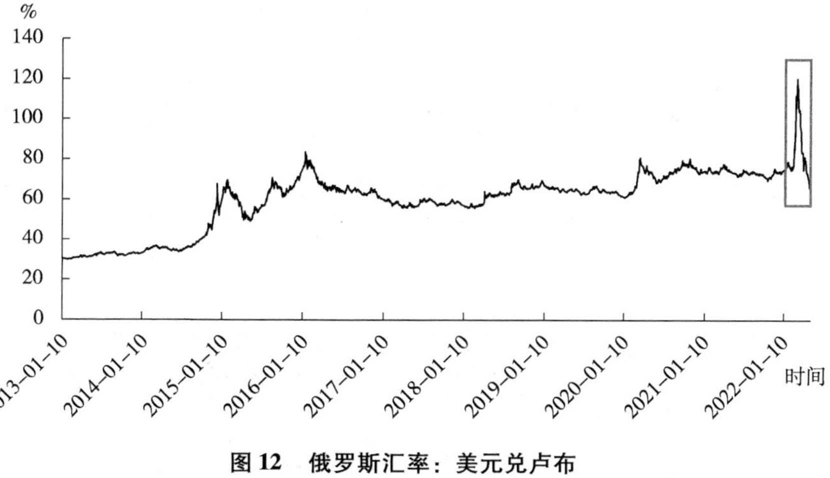

图 12　俄罗斯汇率：美元兑卢布

（数据来源：Wind）

2022 年 3 月 2 日，俄罗斯 10 年期国债收益率已经超过前两轮的最高点（如图 13 所示）。俄罗斯金融市场动荡，遭遇股市、债市、汇市“三杀”。近期，俄罗斯央行还表示在未来三个月将动用国际储备来维护金融市场的稳定和减轻卢布贬值的压力，在此之前，即 2014 年俄罗斯金融危机期间，俄罗斯央行就利用外汇储备来维护金融市场的稳定，那时的外汇储备减少了近 1500 亿美元（如图 14 所示）。为应对此次危机，俄罗斯的外汇储备也将减少。

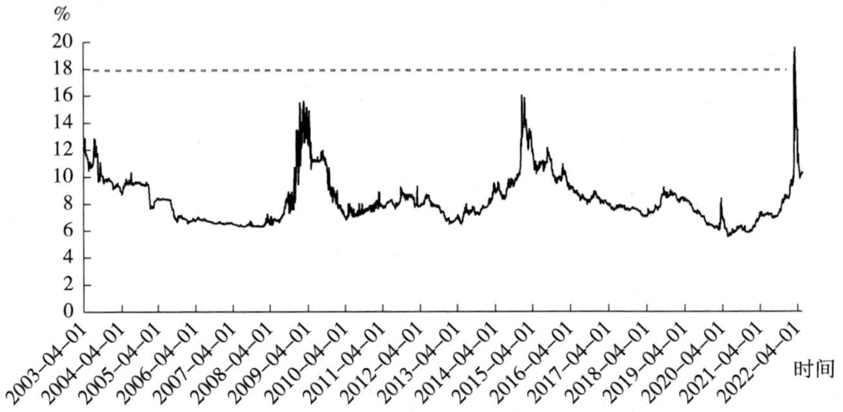

图 13　俄罗斯 10 年期国债收益率

（数据来源：Wind）

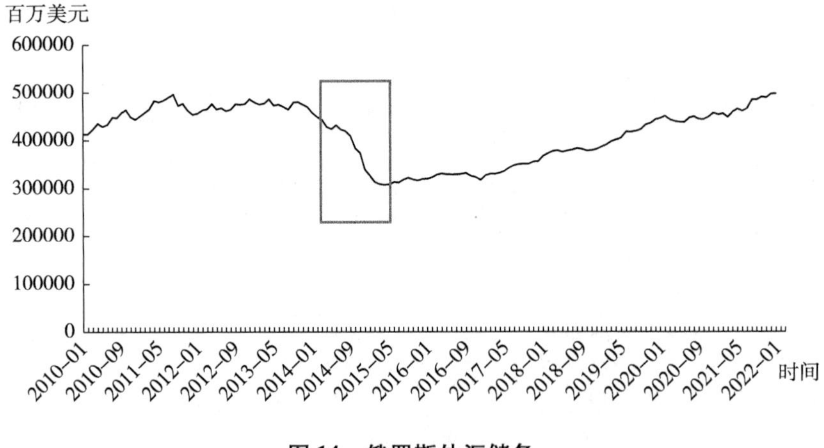

图 14　俄罗斯外汇储备

（数据来源：Wind）

②债务违约风险增大。美国禁止俄罗斯央行进行任何美元交易，并且将俄罗斯部分银行“踢出”SWIFT 系统，因此导致俄罗斯对外支付受阻，而后美国又冻结俄罗斯政府和央行的外汇账户，使俄罗斯近一半的外汇储备受限，虽然 3 月俄罗斯通过已经冻结的海外账户偿付了债息，暂时避免违约，但随着西方对俄罗斯制裁的进一步增加，俄罗斯债务违约风险会有所增加。据美国彭博社 4 月 6 日的消息，咨研机构 ICE Data Services 旗下的 CMA 数据显示，俄罗斯债务违约保险成本 4 月 5 日已经大幅上涨，这意味着俄罗斯在 5 年内违约的可能性为 87.7%。

③融资能力被削弱。在国际融资渠道方面，据财联社报道，全球三大信用评级机构——标准普尔、惠誉和穆迪撤销了对俄罗斯和俄罗斯实体的评级，这将限制俄罗斯的融资能力。此次制裁更是导致俄罗斯政府或许将长期被国际融资市场拒之门外，并且重返之路也将困难重重。

（2）进出口市场上

损害出口贸易，对俄罗斯经济造成严重影响。俄罗斯是全球重要的出口国，其中，有色金属钯、铂、镍等和农产品小麦、大麦、葵花籽等均占世界比重 10% 以上，欧美利用 SWIFT 系统制裁俄罗斯银行时仅考虑了为对欧洲经济造成较大问题的原油和天然气提供支付渠道的银行，并未考虑为有色金属和农产品提供支付渠道的银行，因此对有色金属和农产品来说，在跨境交易信息传递等方面可能会受到较大的阻碍。同时，俄罗斯作为第一大天然气出口国和第二大石油出口国，原油出口收入在该国出口贸易中占据着举足轻重的地位。如图 15 所示，近年来俄罗斯的出口贸易在俄罗斯 GDP 中占比达到 25% 以上，贡献了俄罗斯财政收入的 45%。虽然当前欧美制裁并未涉及原油、天然气贸易，但根据方正中期研究院表示，制裁对能源领域的间接影响已经显现出来，包括部分原油买家及船东拒绝购买和运输俄罗斯原油，导致俄罗斯原油贴水（远期汇率低于即期汇率）大幅走跌以及从俄罗斯港口出发的油轮运费大幅上涨，俄罗斯能源对外供应面临中断风险。一旦欧美对俄罗斯能源领域的制裁落地，全球约 25% 的石油和天然气供应就会面临中断，俄罗斯的财政收支将严重恶化。

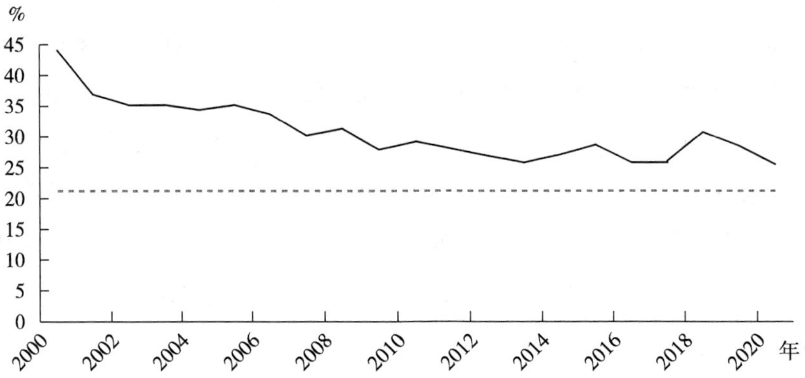

图 15　俄罗斯商品和服务出口占 GDP 的比重

（数据来源：Wind）

2.2　“伤敌一千，自损八百”：对制裁方的影响

2.2.1　对欧洲的影响

（1）能源成本长期抬升，能源通货膨胀压力增大

俄罗斯是欧洲最大的贸易伙伴国，切断 SWIFT 会导致俄罗斯出口受阻，能源需求旺盛的欧洲必然首当其冲受到通货膨胀压力。根据欧盟委员会的数据，2020 年上半年欧盟进口总值约为 953 亿欧元，其中，70.6% 为石油进口额。如图 16 和图 17 所示，根据 2019 年的数据，欧盟 27% 的石油、41% 的天然气进口都来自俄罗斯，切断 SWIFT 则可能会影响欧盟和俄罗斯能源交易，拉高能源价格，并增大通货膨胀压力。正如光大银行金融市场部宏观研究员周茂华说道：“这是必然的，全球处于相互联系的复杂系统中，俄罗斯是全球重要的能源及部分商品出口国，一旦俄罗斯能源及部分商品出口受到限制，势必对全球能源商品市场构成严重冲击，由于俄罗斯出口在全球占比大，短期内难以有效找到相应商品替代，尤其欧洲对俄乌能源及部分商品依赖程度高；同时，国际能源价格再度飙升对欧美通货膨胀势必火上浇油，欧美被迫加快收紧政策，经济陷入滞胀的风险上升。”

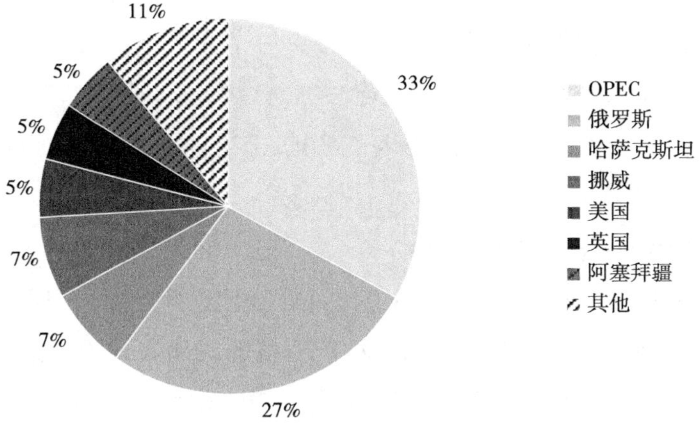

图 16　欧盟 2019 年原油进口份额来源

（数据来源：CEIC）

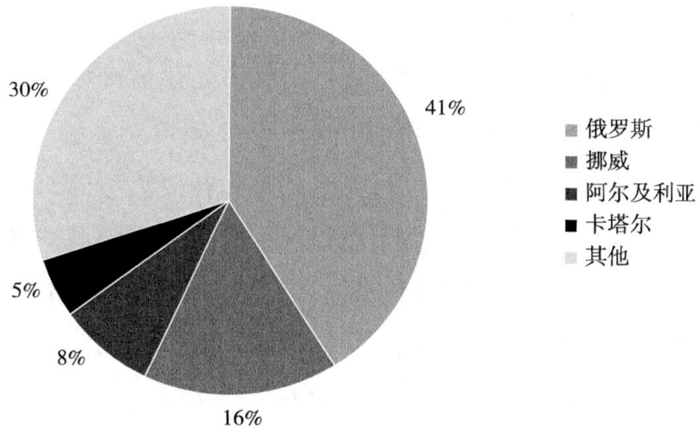

图 17　欧盟 2019 年天然气进口份额来源

（数据来源：CEIC）

如果俄罗斯和欧洲的关系进一步紧张，俄罗斯能源价格将继续长期抬升，而且俄罗斯能源一旦切断，就可能会造成 4.4 亿欧洲人的"灾难"，欧洲人太需要能源来提供暖气度过冬天了。尽管欧洲可以选择从美国进口液化天然气，但进口的成本并不是欧洲民众所能承受的。就如中国青年网评论员说道："没有俄罗斯的天然气和石油，欧洲大陆残酷的冬天可能会给数百万人带来灾难，一年没有像样的谷物收获可能意味着饥饿，一个商业季度没有足够的能源供应可能意味着全球经济的终结。”就连法国总统马克龙也说，“下一个冬季，当不再有俄罗斯天然气时，我们将感受到由此产生的后果。”可以说欧洲人的福祉离不开俄罗斯的能源。

（2）将给欧洲银行带来风险敞口

利用 SWIFT 制裁可能还会使西方银行面临俄罗斯金融公司债务违约的风险，根据国际清算银行的数据，总部在俄罗斯的实体共欠国际银行（包括在俄罗斯的国际银行）约 1210 亿美元。具体来看，俄罗斯在西方最大的主权债务持有者是德国保险公司安联和美国投资公司贝莱德，虽然这两个巨头的规模足以抵御金融风暴的直接影响，但规模较小的公司对当前的危机完全没有准备，一旦俄罗斯无法偿还债务，规模较小的公司则直接面临倒闭风险。

2.2.2 对美国的影响

将俄罗斯“踢出”SWIFT 会加速俄罗斯去美元化的进程，倒逼俄罗斯使用更多人民币。目前看来，俄罗斯更倚重 SPFS（俄罗斯金融信息传输系统）和中国的 CIPS（中国跨境银行间支付系统）来弥补被禁用 SWIFT 的损失。在 2014 年克里米亚冲突中，美国和欧盟就已经威胁俄罗斯将其“踢出”SWIFT 系统，当时俄罗斯已经开始研发 SPFS 进行反制。截至 2022 年 2 月，已经有 331 家来自不同国家的金融机构使用 SPFS 系统，虽然 SWIFT 短期内难以被替代，但从长期来看，势必会削弱美元的地位。

3. 俄罗斯的应对

3.1 “未雨绸缪”：俄罗斯早前防御

3.1.1 开发和使用其他结算系统，减少对 SWIFT 的依赖

在俄罗斯国内，2014 年 7 月就成立了国家支付卡系统（NPCS），并在

2015 年 7 月发行了第一批用于该系统的银行卡——米尔卡。据招商证券了解，近年来在俄罗斯政府的推广下，米尔卡的使用量快速增加，目前米尔卡的交易额已经占到俄罗斯卡交易额的 25%。此外，俄罗斯金融机构还与国际金融集团万事达、运通、银联等建立联系，发行联名卡，俄罗斯要求其他国际支付系统的银行卡必须纳入俄罗斯国家支付系统才能在俄罗斯流通。因此，所有国际支付系统银行卡在俄罗斯国内的支付交易都需要通过俄罗斯的 NPCS 系统处理，NPCS 系统为俄罗斯人民、企业、政府提供了高质量的支付清算。

为减少对 SWIFT 的依赖，俄罗斯还在 2014 年建立了 SPFS 信息系统，基本上复制、模拟了 SWIFT 系统，该系统于 2019 年投入使用，而且可以在一定程度上替代 SWIFT 系统。俄罗斯卫星通讯社、俄罗斯央行发布的年度报告显示，2020 年俄罗斯 SPFS 系统的使用量相比 2019 年提升了 1 倍，在俄罗斯境内的使用比例更是达到了 20.6%。但据统计数据显示，2020 年 SPFP 系统一年处理金融信息传输量只有 1300 万条，而 SWIFT 日处理量就达到了 4200 万条。虽然在使用者的数据、使用频率、使用范围等方面，两者仍不在一个量级（如表 3 所示），正因为俄罗斯有了后备力量 SPFS，才能逐渐减少对 SWIFT 的依赖。

现如今欧美利用 SWIFT 这一“大杀器”对俄罗斯进行制裁，俄罗斯早前未雨绸缪构建的国家支付卡系统和金融信息系统 SPFS 可以在一定程度上对这个“大杀器”有一定的抵御作用，至少可以保证所有国际支付系统的银行卡结算在俄罗斯国内正常使用。

值得一提的是，中国的人民币跨境支付系统（CIPS）也让俄罗斯另辟蹊径，成为俄罗斯与中国贸易的另一种选择。

表 3　SWIFT 系统与 SPFS 系统对比

系统名称	SWIFT 系统	SPFS 系统
参与机构	约 11000 家	400 多家
信息传输量	日处理量 4200 万条	年处理量 1300 万条
覆盖地区	200 多个国家和地区	主要在俄罗斯国内

3.1.2　摆脱美元的“魔爪”

在过去的几年里，俄罗斯已经开始努力采取措施以消除美元对其经济运行和金融市场的“隐性”控制，俄罗斯央行数据显示，俄罗斯将美元储备削减到仅占全部储备规模的 16%，而在 4 年前，俄罗斯的美元储备却超过了 40%。这意味着俄罗斯正积极地削减其持有的美国国债，并从其主权财富基金中移除美元资产。回溯 2017 年，俄罗斯持有 1000 亿美元以上的美国政府债券（如图 18 所示），2022 年 1 月数据显示，俄罗斯目前仅持有 20 亿美元的美国政府债券，相比 2017 年末下降了 96% 以上，可见俄罗斯对美国国债持有量的削减之大。俄罗斯外长拉夫罗夫也表示，虽然当前俄罗斯央行开发的金融信息传输系统还没有 SWIFT 国际支付系统稳定，但是俄罗斯本国的系统已经开始运行。他认为，俄罗斯应在保证本国经济平衡的前提下，坚持去美元化。

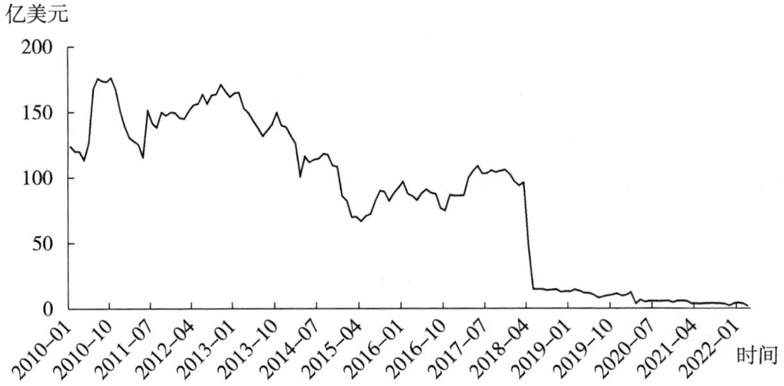

图 18　俄罗斯持有美国国债数量

（数据来源：Wind）

尽管当前俄罗斯要完全摆脱美元还不太可能，但是俄罗斯一些出口贸易的合同已开始切换到用欧元交易。据招商证券报道，俄罗斯进口贸易以美元结算的比例从 2013 年的 79.5% 大幅下降至 2021 年的 55%（如图 19 所示）；出口贸易以美元结算的占比则从 2013 年的 40.6% 下降至 2021 年的 35.5%（如图 20 所示）。截至 2020 年末，俄罗斯最大的石油公司已经完全改用欧元结算，包括近日我国和俄罗斯之间签订的一份长期的石油和天然气大单，采用的结算货币也是欧元。

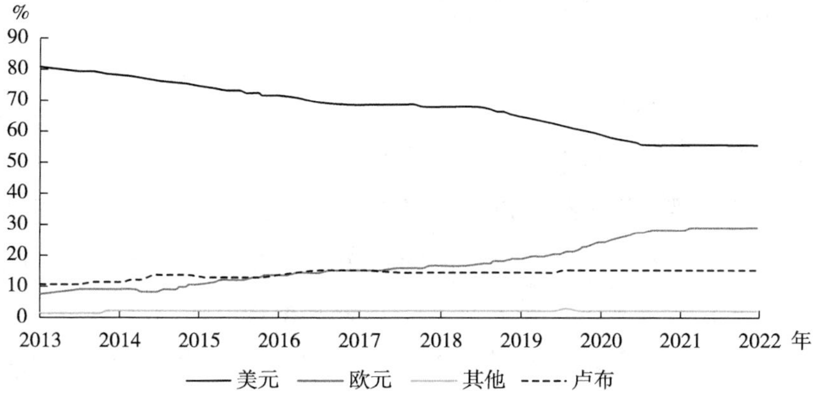

图 19　俄罗斯贸易结算币种分布——进口占比

（数据来源：Wind）

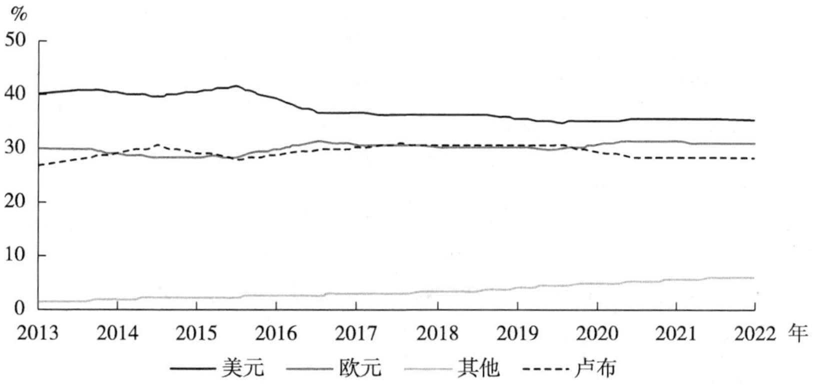

图 20　俄罗斯贸易结算币种分布——出口占比

（数据来源：Wind）

俄罗斯天然气工业石油公司发布消息称，未来中国航空公司飞机在俄罗斯加油费用卢布结算，俄罗斯航空公司飞机在中国加油费用人民币结算，直接绕开美元。

3.2 “目兔顾犬”：俄罗斯救市措施

3.2.1 国内采取救市措施，维持金融市场稳定

为维持国内金融市场稳定，俄罗斯央行表示通过隔夜回购拍卖提供1万亿卢布，也就是俄罗斯央行以市场汇率购买银行手中的债券，并约定第二天将债券买回，为银行机构提供额外流动性支持。俄罗斯央行还表示，如果事态严峻，还可能开展资本流动管理和资产购买措施。同时，2022年2月28日，俄罗斯央行宣布上调基准利率至20%。3月1日，俄罗斯各大商业银行纷纷上调各自的卢布存款利率，俄罗斯储蓄银行和外贸银行将卢布存款利率上调至18%，天然气工业股份银行上调至18.2%，泽尼特银行上调至20%。俄罗斯的部分应对措施如表4所示。

表4 俄罗斯采取的各项救市措施和反制措施

时间	俄罗斯的应对措施
2月24日	从2022年2月24日11时起禁止外汇和场外市场进行卖空交易
2月24日	扩大可作为抵押品的Lombard清单范围，加入MBS、公司债和欧元债；并降低最低信用评级要求，以确保金融机构的流动性充足
2月25日	俄罗斯央行将在2月28日和3月1日通过回购向市场投放3万亿卢布流动性
2月25日	俄罗斯央行发布了美元兑卢布和欧元兑卢布的T+0/T+1交割外汇掉期交易条款
2月25日	取消系统重要性银行和经纪商的流动性覆盖比率要求，直到2022年末
2月28日	将俄罗斯关键利率从9.5%提高至20%
2月28日	降低2~90天SLF的利率
2月28日	限制莫斯科交易所的交易时间，3月1日至5日，莫斯科交易所的外贸和货币市场交易取消盘前和盘后交易时段，开始时间比平时推迟3小时
2月28日	暂停外国投资者出售俄罗斯有价证券
2月28日	总统令内容包括：禁止俄罗斯人和俄罗斯公司向境外汇出外币以偿还贷款，或将外币转入某国外账户；俄罗斯出口商从2022年1月1日获得的外汇收入中的80%将被强制结汇；上市公司只有在特定条件下，才能在2022年12月31日前进行股票回购
3月2日	从3月3日起降低金融机构法定存款准备金

资料来源：俄罗斯央行、招商证券。

3.2.2　加强国际合作，寻求更多贸易伙伴

俄罗斯还将加强与新兴市场国家的联系和合作，扩展国际融资渠道，寻求更多的贸易伙伴。据英国《每日邮报》报道，巴基斯坦总理伊姆兰·汗在2022年2月24日与俄罗斯总统普京会晤后，宣布巴基斯坦将从俄罗斯进口约200万吨小麦，并购买俄罗斯天然气。这无疑是在俄罗斯最需要获得国际支持的关键时刻伸出了友谊之手。不仅如此，中国作为俄罗斯最大的贸易伙伴，在俄罗斯被制裁的背景下，多家俄罗斯银行选择加入中国人民币跨境支付系统（CIPS），采用人民币进行交易，并与中国签订了价值数千亿元的石油和天然气合约。

3.3　"挽大厦于将倾"：卢布结算令

此前，以美国为首的西方国家实施一系列经济措施对俄罗斯进行制裁，包括将俄罗斯重要的7家银行"踢出"SWIFT系统，这虽然使俄罗斯经济大受影响，但由于欧美等国需要进口俄罗斯石油和天然气，这7家银行并不包括作为石油和天然气主要支付渠道的俄罗斯联邦储蓄银行和俄罗斯天然气工业银行，俄罗斯的出口贸易仍可以进行，贸易暂且也可以利用美元或者欧元交易。但欧美等国不断对俄罗斯围追堵截，还将俄罗斯3000亿美元外汇储备和部分海外资产进行冻结。尽管国际社会已经多次敦促美国必须要尽快将该笔资产解冻，然而美国却视若无睹，甚至还想要直接瓜分该笔资产。此举一出，俄罗斯在境外的资产就存在没办法转回境内的风险。

面对欧美的步步紧逼，俄罗斯利用天然气开始了反制。2022年3月23日，俄罗斯总统弗拉基米尔·普京宣布，俄罗斯向不友好国家和地区供应天然气时将改用卢布结算，并在3月31日签署国家法令，从4月1日起开始实施，"卢布结算令"正式登场。

"卢布结算令"推出之前，以欧洲为例，向俄罗斯购买天然气的流程是：欧洲与俄罗斯双方先签署合同，俄罗斯在欧洲当地的银行开设一个账户，欧洲买家只需要将欧元付款到俄罗斯在当地银行开设的账户，俄罗斯便会提供天然气给欧洲，交易完成，此时俄罗斯收到的款项是在欧洲当地的银行。此次西方国

家制裁导致了欧洲的各家银行都没有足够的卢布库存，俄罗斯就存在无法将欧元兑换成卢布的风险，最重要的是在这一过程中，欧美等国能将俄罗斯的境外资产冻结。4 月 7 日，英国外交大臣便宣布了一系列对俄罗斯的新制裁，其中，就提到了将冻结俄罗斯联邦储蓄银行和莫斯科信贷银行的资产。

“卢布结算令”推出后，俄罗斯修改了交易的规则，避免了上述存在的风险。“卢布结算令”是指对俄罗斯“不友好国家和地区”的公司应当先在俄罗斯银行开设卢布账号，再经此账号支付所购买的俄罗斯天然气。如果拒绝以卢布结算购买天然气，这些公司将被视为未遵守天然气合同规定义务，合同效力将被终止。现在欧洲想要向俄罗斯购买天然气的流程是：欧洲与俄罗斯双方先签署合同，由原来的俄罗斯在欧洲当地的银行开设一个账户变成欧洲在俄罗斯境内指定银行开户，欧洲将款项付到指定银行开设的账户，银行负责将欧元转成卢布支付给俄罗斯天然气公司，天然气公司将会供气，交易完成。由此可以看出，新的规则和旧的规则最大的不同在于俄罗斯把交易主场拉回了俄罗斯境内，并将支付和结算过程独立出来。

“卢布结算令”前后，买家向俄罗斯购买天然气流程如图 21 所示。

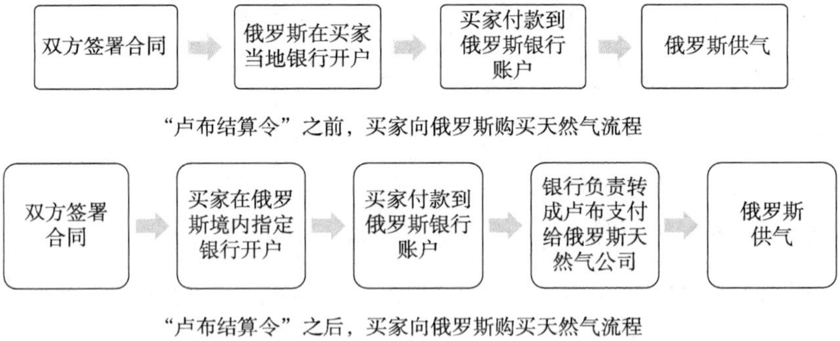

图 21　“卢布结算令”前后，买家向俄罗斯购买天然气流程

根据旧的规则，买家只需要把款项付清，剩下的货币兑换等事情都由俄罗斯解决，所以一旦 SWIFT 将俄罗斯全面踢出系统，俄罗斯在境外的资产就成了账面资产，没有了转回国内的可能。而且由于买家已经付款，俄罗斯不得不按照合约供应天然气，俄罗斯将损失严重。但在“卢布结算令”后，买家需要解决款项如何汇入俄罗斯境内的问题，而俄罗斯天然气卖家只负责接受卢布发货，此时按照合约，如果俄罗斯无法收到款项，天然气公司也不会供应天然气。

"卢布结算令"将俄罗斯原本被动的局势逆转，普京也表示，用卢布结算天然气是俄罗斯向金融主权迈出的一步，卢布并不是买家直接汇款，而是俄罗斯的金融机构负责结汇，再付给企业。换言之，俄罗斯并不是直接接受卢布付款的，而是要将金额汇款至外币账户，然后授权银行将其换成卢布。为什么俄罗斯不直接接受卢布付款，而是要进行一层兑换操作？此举也给俄罗斯留下两条后路：

第一，调整卢布汇率。俄罗斯指定第三大银行——俄罗斯天然气工业银行作为唯一收款行，收款行还具有兑换货币功能，最重要的是，银行制定兑换汇率是市场化的，可以调整银行卢布汇率。俄罗斯天然气工业银行作为俄罗斯的第三大银行，自然能负责执行国家意志，因此，如果某些国家想要从俄罗斯购买天然气，但是又对俄罗斯不友好，银行可以调整汇率使他们付出更高的成本，而且调整的汇率也不会影响俄罗斯群众，因为群众可以选择别的银行进行兑换，但外国买家只能选择这家银行兑换卢布，可以说是彻底捏住了对天然气高需求的欧洲的软肋。

第二，稳定汇率，维持人心。俄罗斯天然气公司的强制结汇，让政府有了充分的外汇来源。前面提到，俄乌冲突爆发时，俄罗斯汇率一度暴跌 30%，民众也曾产生恐慌情绪，取空了提款机，卢布大幅贬值，虽然俄罗斯的内循环经济能让俄罗斯维持整体的生存，但这会影响进口贸易和民众的信心。有了充分的外汇储备，能给卢布汇率带来巨大的支撑，更重要的是，"卢布结算令"让卢布在国际上更有地位，并且倒逼欧盟国家增加外汇储备中的卢布持有，而增加外汇储备中卢布持有的可能途径有两条：一是向俄罗斯扩大出口商品换取卢布，增加外汇储备中的卢布持有，这样一来就等于取消对俄罗斯进口贸易的限制，俄罗斯对外经济贸易通道被打开；二是用欧元甚至黄金等外汇储备在俄罗斯国内银行购买卢布，在一定程度上也对冲了国际市场卢布汇率波动风险。无论采取哪一种途径获取卢布，都将增强卢布的跨国支付能力，缓解西方国家对俄罗斯的经济制裁，维持卢布对外汇率的相对稳定。

俄罗斯经此次一转攻势后受到了很大的启发，表示之后考虑把“卢布结算令”运用到小麦、化肥等其他商品资源上。“卢布结算令”将让欧洲在短期内继续保持对俄罗斯高压制裁的计划寸步难行。

4. 居安思危：中国的举措

虽然此次欧美对俄罗斯的制裁导致我国对俄罗斯的出口量略微受到影响，但最直接的影响有限，因为在2021年，中国对俄罗斯贸易规模仅占中国进出口的2.42%，并且俄罗斯的经济体量近年增长较弱，仅相当于我国一个省的经济体量。再者，中俄贸易还可以绕过SWIFT系统采用人民币结算。但是，中国仍然需要警惕由此引发的通货膨胀、全球金融市场波动、资本金融市场波动回流避险资产等一系列事件相互交错埋下的跨市场风险的间接影响。

近几年，中美贸易摩擦给双方经贸关系的发展都带来了消极影响，我们无法确定俄罗斯当前所遭受的境遇是否会在中国身上重演。

此次欧美将俄罗斯这样一个大国“踢出”SWIFT系统，带给我国最强烈的警示是中国作为贸易大国，在跨境支付领域布局上要做好预案，至少可在一定程度上抵御美国金融威胁与制裁的冲击。

其实为抵御外国的威胁与制裁的冲击，中国在近些年已逐渐推进人民币国际化和发展本国跨境支付系统，甚至开启世界瞩目的数字货币，具体来看，主要表现在以下几个方面。

4.1 推进人民币国际化

据国联证券调查，截至2022年1月，人民币在国际支付中的占比仅为3%，而美元、欧元分别为40%和37%（如图22所示），人民币与其有很大差距。但从全球市场份额看，近几个月人民币份额显著提升（如图23所示），从2021年8月的1.85%快速提升至2022年1月的3.2%，短短5个月的时间就提升了1.35个百分点，而且根据2022年3月底IMF发布的数据看，截至2021年第四季度，人民币在全球外汇储备中的占比升至2.79%，创造了历史新高。此外，截至2020年末，人民银行也与40个国家和地区的货币当局签署双边本币互换协议，互换金额近4万亿元，从2021年12月以来人民币在国际支付体系占比的排名已经连续2个月保持第四的地位。这一趋势表明人民币国际化的进程正在加速，也体现了人民币的储备总额稳步上升。这或许部分解释了近几个月，在风口浪尖的俄罗斯2022年初外汇储备中，人民币资产占比从12.8%升至17.1%，甚至超过了美元资产份额的10.9%，以及为什么即便在美联储加息背景下，人民币汇率仍然可以表现坚挺。推进人民币国际化，摆脱对美元的依赖，才能增强对抗金融制裁的免疫力。

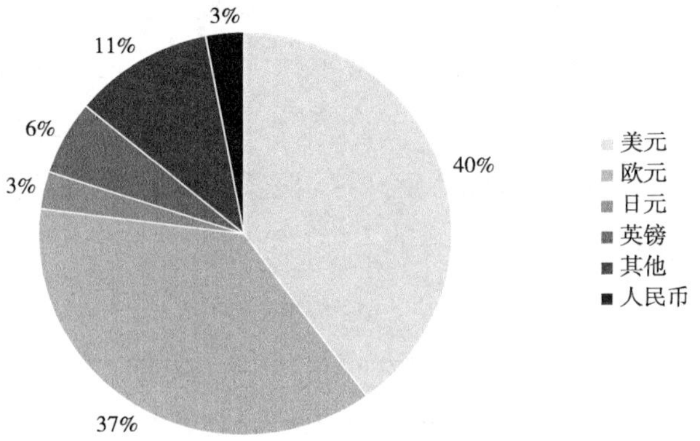

图22　国际支付货币份额

（数据来源：Wind）

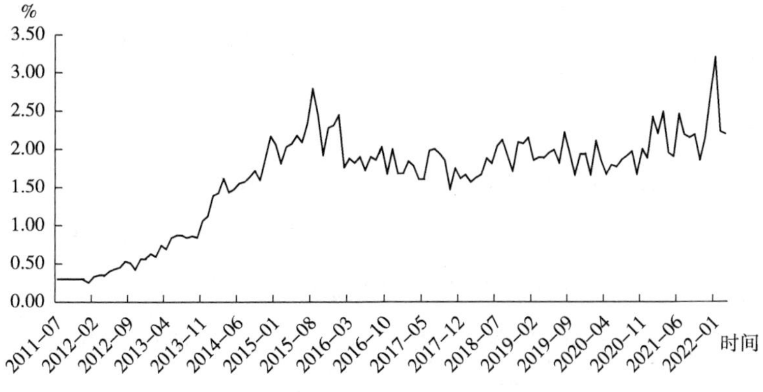

图23　人民币国际支付占全球市场份额

（数据来源：Wind）

4.2 发展本国跨境支付系统

人民币跨境支付系统（CIPS）为人民币跨境支付架起了专属通道。CIPS是专门用于人民币跨境支付清算业务的支付系统，是由中国人民银行组织开发的独立支付系统，为境内外金融机构人民币跨境和离岸业务提供资金清算与结算服务。CIPS的发展历程如表5所示，CIPS早在2012年就开始建设，截至2022年1月末，CIPS系统共有1280家参与者，其中，直接参与者75家、间接参与者1205家，覆盖全球103个国家和地区，特别是“一带一路”推动了中国与共建国的经贸往来，扩大了人民币的使用规模和范围。据华泰期货统计，2021年，CIPS系统共运行了250个工作日，累计处理支付业务达334.2万笔，同比增长了51.6%，金额共计79.6万亿元，同比增长了75.8%。由于该系统主要处理的是全球人民币国际支付业务，所以交易量的上升也体现了人民币国际地位的提高。

表5 CIPS发展历程

时间	事件
2012年4月	CIPS系统开始建设
2015年10月	CIPS系统正式上线
2018年3月	CIPS系统（二期）成功投产试运行
2019年	人民币跨境支付系统处理业务188万笔，金额34万亿元，日均处理业务7537笔，金额1357亿元

资料来源：国信证券。

对跨境清算来说，虽然CIPS与SWIFT有本质上的区别，CIPS是清算系统，而SWIFT是金融通信网络，并且CIPS不能完全代替SWIFT，但是由于国内交易有独立的通信网络，也就是在国内进行人民币结算时，可以脱离SWIFT网络，从而减少对SWIFT的依赖。一般来说，通过SWIFT体系进行的跨境结算时间周期为几天，但如果收付双方都在CIPS体系内的话，清算效率则比SWIFT高很多。具体而言，如图24所示，CIPS的参与者可以分为直接参与者和间接参与者，参与者一般为银行，境内直接参与者可以在 CIPS 开设账户，并直接利用专线与 CIPS 联系，境外直接参与者则可以利用专线或 SWIFT 报文与 CIPS 联系；而间接参与者则需要通过 SWIFT 向直接参与者发送报文，委托直接参与者通过 CIPS 办理人民币跨境支付结算业务，所以如果收付双方都在 CIPS 体系内运作，清算效率会高很多。在本次对俄罗斯的制裁中，俄罗斯开发和建设自己的跨境支付系统，并且多家银行选择加入 CIPS 系统，可见发展本国跨境支付系统更是提高我们在大国博弈中抵御风险能力的重要一环。

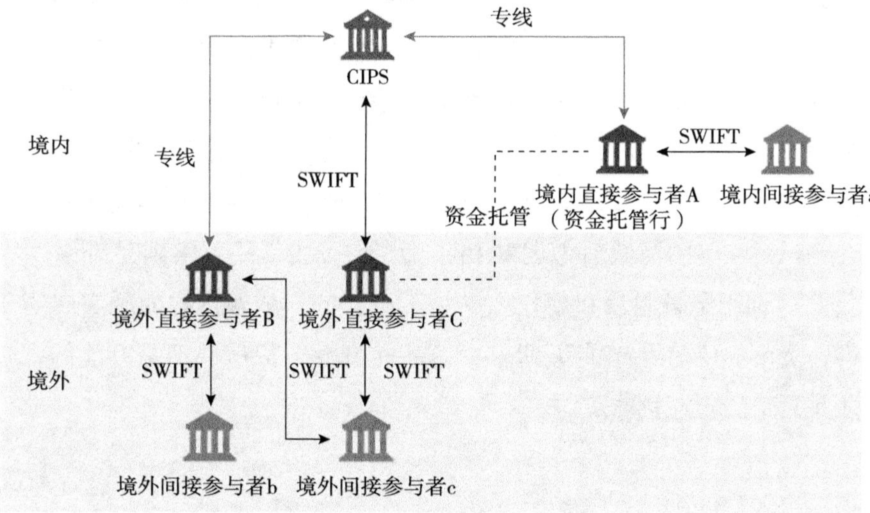

图 24　CIPS 系统架构

（资料来源：2020 年人民币国际化报告、招商证券）

4.3　数字人民币开启跨境支付新篇章

如果说 CIPS 的建立可以降低对 SWIFT 的依赖，那么数字人民币的开启则有可能彻底摆脱 SWIFT 系统。数字货币采用的是区块链技术，并且由银行统一管理，但其记账系统是分布式的，会自动记录所有交易的路径和具体细节，且在支付的同时就可以自动完成查询、比对和验证，也就是说在每一次支付的同时，系统已经自动完成了记账和清算，并不需要经过类似 SWIFT 的中间系统。而且，数字人民币在跨境支付中可以降低交易成本、缩短交易时间，并有国家信用的背书。但目前数字人民币的跨境使用仍处于探索阶段，如果数字人民币能在未来国际货币市场上获得一定的地位，它或许将完全有能力与美元和欧元任何主权货币脱钩。

5. 结语

此次欧美等国利用 SWIFT 制裁俄罗斯事件虽然对俄罗斯的经济造成了一定的损害，但从另一个角度看，也加快了俄罗斯“去美元化”的进程，且对欧美自身产生了一定的负面影响。此事件给全世界敲响了警钟，SWIFT 若是彻底沦为政治工具，全球也定将掀起“去美元化”和数字货币的风潮。

本次俄罗斯的“卢布结算令”更是令俄罗斯国内的人心迅速聚集，让国际社会意识到欧美的制裁看似是招招致命的“大杀器”，实则是外强中干的“纸老虎”。利用金融制裁和霸权主义是不可行的，金融机构的脱实向虚更是要不得，货币的价值在于能买到多少商品和资源，货币并不是万能的，资源本身才是真正的硬通货。

一“石”是否能激起千层浪？①②③④

——黑石集团 CMBS 违约案例分析

随着金融市场的发展，金融产品多样性增加，可满足不同企业的融资需求。商业地产抵押贷款支持证券（CMBS）自 1983 年在美国金融市场问世以来，主要经历了四个发展阶段，已是目前接受度和普及度较高的企业融资方式之一，具有发行价格低、流动性强、放贷人多元化、对母公司无追索权、可充分利用商业地产的价值等特征。

自 2020 年以来，受全球疫情影响，金融市场和房地产市场受到极大冲击。尤其自 2022 年以来，俄乌冲突的爆发标志着地缘政治风险的加剧，影响了全球能源市场的供给；美国、芬兰等国家均面临着通货膨胀率不断上升、宏观环境疲软的局面，而央行的加息又进一步加剧了房地产市场的下行趋势。而 2023 年，华尔街最大的另类资产管理机构黑石集团的浮动利率商业地产抵押贷款支持证券（FROSN－2018 DAC）发生违约，更是让金融市场投资者大跌眼镜。2008 年雷曼兄弟倒闭事件会再度重演吗？美国房地产市场会再次经历危机吗？

---

① 本案例由广东外语外贸大学金融学院邓超和林佳漫撰写，作者拥有著作权中的署名权、修改权、改编权。

② 作者工作单位：广东外语外贸大学金融学院，金融开放与资产管理研究中心，广州华南财富管理中心研究基地。

1. CMBS 市场简介

1.1 何为 CMBS

商业地产抵押贷款支持证券（Commercial Mortgage Backed Securities，CMBS）是证券化产品中较为创新的融资方式。商业地产抵押贷款的债权银行会将符合一定条件的商业不动产抵押贷款组成“资产池”，并基于该“资产池”预期可获得的收入，通过证券化过程将资产打包出售，向投资者发行可自由流通债券。此类抵押贷款支持证券的底层资产为房地产抵押贷款，还款人一般为房地产开发商或物业公司，还款资金来源为房地产未来的租金、运营收入等企业营业收入。

商业地产抵押贷款支持证券（以下简称 CMBS）特点众多，包含发行价格低、流动性强、放贷人多元、对母公司无追索权、可充分利用商业地产的价值等特征；另外，CMBS 的交易结构也较为复杂，涉及底层物业资产选择、贷款发放、企业预期租金和运营等收入的预测和监管、债券的申购和赎回等多层交易结构（见图 1）。

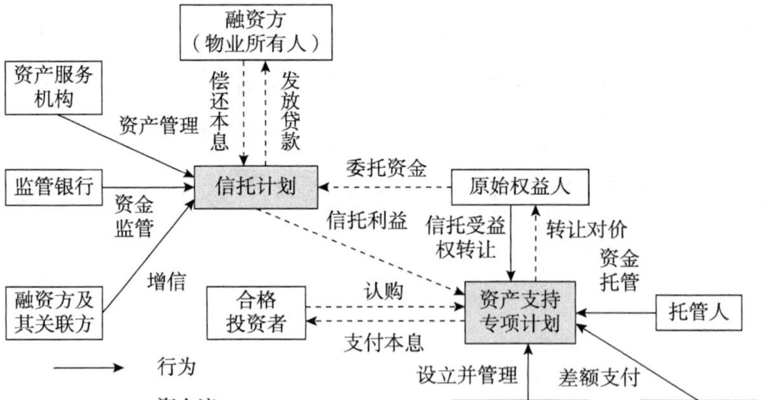

图 1　CMBS 交易机制

1.2 CMBS 市场发展历程

CMBS 产品于 1983 年在美国问世，至今已发展了近 40 年。随着 CMBS 产品在美欧亚等多个市场上的实践，其成了房地产开发商除传统融资手段外的新融资选择，CMBS 产品在全球不动产市场的普及也推动着 CMBS 产品的不断改良与发展，该产品成熟度不断提高。

1.2.1 初登金融舞台

第一单商业抵押贷款支持证券成交于 1983 年，其诞生源于美国 Fidelity Mutual 人寿保险公司所出售的价值 6000 万美元的商业抵押贷款证券化产品。当时，美国 Fidelity Mutual 人寿保险公司将此类新产品出售给了三家人寿保险公司，揭开了商用房产抵押贷款证券化市场的序幕。通过美国 Fidelity Mutual 人寿保险公司所出售的 CMBS，市场发现了此类证券化产品也不失为一种创新且有效的融资渠道，部分金融机构开始期待其发展，并将其纳入企业融资选择的范围内。

Fidelity Mutual 人寿保险公司所开展的这笔交易评级为 AAA 级，为后来效仿 CMBS 产品交易的商业银行、储贷机构等金融机构开了好头，提振了市场对创新商用房地产相关金融产品的信心。

1986 年，美国实施税制改革，并通过不动产抵押贷款投资管道（REMIC）法案。该法案的主要内容是允许 CMBS 通过特殊的信托形式进行资产证券化，规避了在信托形式中的税费征收。

1.2.2 危机中见机遇

20 世纪 80 年代的美国正处于里根政府统治时期，罗纳德·里根在美国群众对前任总统吉米·卡特的怨怼声中被推选为美利坚合众国总统，其任期为 1981 年至 1989 年。

受 20 世纪 70 年代美国经济滞胀、失业加剧和宏观调控失败等的影响，加之第二次石油危机和两伊战争等地缘政治风险对国际市场上石油价格的极大冲击，20 世纪 80 年代的美国面临着极大的经济调整压力。虽然里根政府已尝试通过发布新税制及减税计划、控制货币供应量、遏制通货膨胀等政策来调整，且稍有成效，但由于财政赤字难以削减、新税制改革短期内效果背离预期等遗留问题，经济增长仍较乏力，美国面临巨额贸易逆差和沉重债务。

20世纪80年代末，受宏观经济衰退、银行不良贷款率增加以及海外债务牵连等诸多因素的影响，美国经历了房地产价格崩溃以及银行危机的爆发，而相伴而生的便是金融机构危机和民众日渐增长的恐慌情绪。由于美国房地产市场衰退，商业房地产抵押贷款违约现象不断增加，相关从事商业房地产抵押贷款的储贷机构面临高不良贷款率及破产风险。20世纪80年代初期至中期，房地产贷款占银行资产的比率从10%左右上升至50%～60%。房地产贷款可得性的提高催生了房地产泡沫，也导致了80年代末众多银行遭受惨重损失，甚至破产。在此背景下，商业银行发现在1988年《巴塞尔资本协议》核心资本、资本充足率等指标的要求下，通过CMBS方式持有不动产抵押债权所占用的资本要少于直接发放商业地产抵押贷款，可满足《巴塞尔资本协议》的要求。因此，华尔街的金融从业者及金融机构在此次银行与房地产危机中发现了CMBS的产品比较优势，纷纷开始布局CMBS产品，同时也推动了CMBS产品在美国市场的加速发展。

此外，在应对储贷危机时，美国国会于1989年成立专门机构重组信托公司（RTC）来处理已经破产倒闭的储贷机构，将多项资产打包放入一个CMBS项目后出售，目的是盘活已倒闭机构的可用资产，且成效良好，所挽回的资产损失高于预期。RTC此举更是进一步推动了CMBS的发展，提高了金融市场中CMBS的普及度和接受度。

同一时期，中国商业房地产市场正处于起步阶段。20世纪80年代中后期，中国商业房地产以已成规模的百货商店为主，商业房地产市场率先在大城市及沿海城市发展。但彼时中国仍处于商业房地产市场的起步及快速成长期，以及金融市场的建设期，尚未出现CMBS产品。

1.2.3 欲速则不达

在20世纪90年代美国新技术革命蓬勃开展的背景下，美国在21世纪即将到来之时面临科技泡沫破裂危机。此次科技泡沫主要因美国在应对东南亚经济危机时所采取的降息政策，导致内外资开始涌入科技股市场。随着美国多次政策调整、回调等，科技泡沫进一步膨胀并在2000年破裂。科技泡沫膨胀过程中，美国民众纷纷加入了科技股投资大军，增加了他们所持有的股票资产和共同基金；而在泡沫破裂后，居民开始敬畏股票市场，并减少手中所持有的相关资产。当时，小布什政府推出“居者有其屋”政策，居民开始将目光转向房地产。

为了刺激经济，自2001年起，美联储连续13次降息，联邦存款利率从2001年1月的5.98%下降至2003年7月的1.01%；多次降息极大地推动了居民在房地产市场的消费与房地产信贷市场的空前发展，成为小布什总统引以为傲的政绩；小布什政府在2002年通过的《美国梦首付法案》也怂恿了无充足还款能力的居民申请抵押贷款用于购买房产。这一系列举措果真百利而无一害吗？不然，此次“开闸放水”也在无形中催生了房地产泡沫。

自2004年起，为应对飙升的房价以及逐渐被吹胀的泡沫，美联储进行多次加息，意在给不断上涨的房价“刹车”，但这也使贷款人还贷压力增大，尤其是原本就没有充足还款能力的低收入人群，因此不良贷款率也不断提高。在诸多因素的催化下，次贷危机最终爆发。

此次危机使美国乃至国际金融市场开始审慎对待商业房地产抵押融资方式，对正在蓬勃发展的CMBS产品而言是一次较大的冲击。根据美联储数据可知，在次贷危机爆发前，2007年美国市场通过CMBS方式获得商业房地产抵押融资的资本比例约为32.7%，略高于银行。但在次贷危机后，银行等传统融资渠道再次成为主流。

1.2.4 骤降后恢复

次贷危机后，因美国经济环境恶化及信用市场紧缩，CMBS的发展一度受阻，尤其在次贷危机后两年内，该市场一度面临冻结局面。次贷危机的爆发使美国相关监管部门开始反思应以何种方式规范金融市场，以促进金融市场的有序运行。俗话说，不破不立，此次危机也让金融机构开始反思如何改良和完善金融产品。

华尔街吸取了次贷危机的教训，针对 CMBS 具体产品条款进行修改，推动了产品升级换代。针对 CMBS 底层资产，华尔街提高了底层资产筛选标准，淘汰质量低、风险高的底层资产；降低贷款价值比率，加强风险控制；评级机构也提高了对 CMBS 的增信要求；美国监管部门提议实施信用风险留存规则，即发行人至少持有一定比例的证券化产品等，而该风险留存规则也于 2014 年美国政府颁布的《多德—弗兰克法案》中被明确规定，其于 2015 年 12 月对 CMBS 产品生效。一系列新规的实施规范了 CMBS 市场，降低了 CMBS 的投资风险，也促进了 CMBS 市场的成熟稳健发展。

综上所述，CMBS 发展历程如图 2 所示。

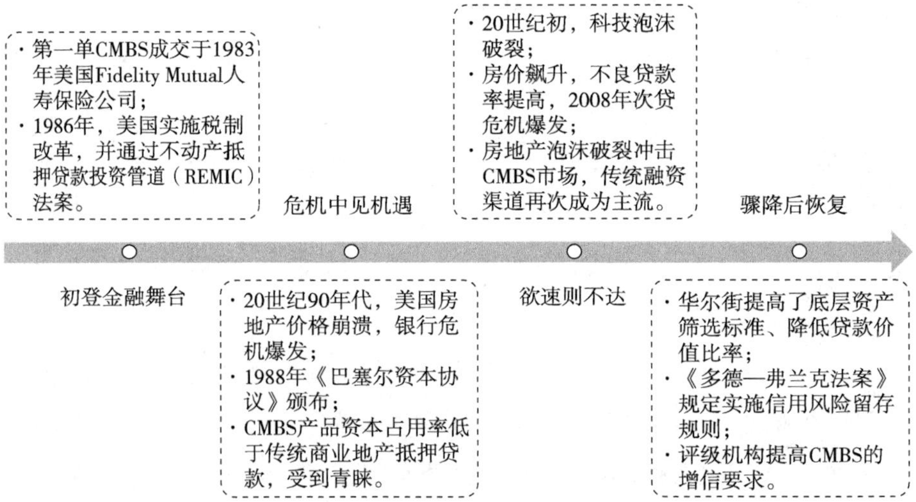

图 2　CMBS 发展历程

1.3　黑石集团简介

黑石集团（Blackstone Group）于 1985 年成立于华尔街，创始人为史蒂夫·施瓦茨曼（Stephen A. Schwarzman）和彼得·彼得森（Peter G. Peterson)。目前，黑石集团是全世界最大的独立另类资产管理机构之一，也是一家金融咨询服务机构，并于2007年6月22日在美国纽约证券交易所挂牌上市。黑石集团资产管理服务对象包含个人投资者和养老基金、保险公司、主权财富基金等机构客户。黑石集团的另类资产管理业务涵盖房地产、对冲基金、优先债务基金、私募股权和信贷、封闭式共同基金等，范围较广。此外，公司还提供企业并购、重组等金融咨询服务。

黑石集团正式成立于1985年，并在1987年完成首只基金收购的工作，共募集6.35亿美元。其在1991年便开始组建房地产投资团队，在公司成立的较早期就开始关注房地产板块；之后房地产业务也成了公司的核心业务之一。

黑石集团是华尔街最大的私募股权巨头，其地位如同市场的风向标。截至2022年底，据黑石集团年报披露，公司资产管理规模为9747亿美元，约6.73万亿元人民币，远超全球前五大另类资产管理公司中的后四位，即阿波罗、战神、凯雷集团和KKR。

2. 多事之秋　埋下伏笔

2.1　惨遇挤兑危机　现金流受限

2022年10月，黑石集团旗下的房地产板块产品（BREIT）遭遇挤兑。BREIT是黑石集团在2017年推出的一只开放式私募REITs，该基金不可公开交易，但投资人可按照基金管理人公布的估值，按需进行赎回申请。该基金超90%的资金用于配置不动产权益资产，少量用于配置不动产债券资产。截至2022年第三季度，该基金共持有5200余项物业资产，投资组合总值超1200亿美元，净资产规模超700亿美元。

2022年10月，公司收到高达18亿美元的信托赎回申请，赎回申请金额合计为基金净资产规模（NVA）的2.5%。根据黑石集团份额赎回规则，投资者可以赎回相应份额，单月赎回金额上限为该基金资产净值的2%，去除基金约 40% 的杠杆后可计算出基金资产净值的 2%，约 14 亿美元，单季度赎回上限为 5%，约 35 亿美元；可见 2022 年 10 月，黑石集团所收到的赎回申请金额已超出单月上限。但对投资者的超标赎回申请，黑石集团仍全部履约。本以为此次履约有利于提高投资者对黑石集团及该房地产信托产品的信心，避免恶意挤兑现象发生，但事与愿违，在黑石集团履约后，等待公司的是接连数月的基金赎回请求。

2022 年 11 月，BREIT 申请赎回请求持续增加，黑石集团仅批准投资者赎回请求的 43%，共批准赎回约 13 亿美元。出于对公司资金流动性安全以及其他投资人持仓的净值稳定性的考虑，黑石集团选择对这次的超额赎回行为启动限制赎回比例的保护措施。2022 年 12 月，因信息不对称及受前两个月投资者纷纷赎回基金的影响，其他投资者也开始担忧资产的安全性，纷纷加入赎回的队伍中。此时，因为 10 月和 11 月投资人赎回金额占净资产规模约 4.7%，所以 12 月黑石集团根据单季度赎回的 5% 上限，将赎回比例调整至 0.3%。

2023 年 1 月，BREIT 申赎金额高达 53 亿美元，黑石集团按照申赎限额规定，批准赎回 13 亿美元；2 月总赎回请求为 39 亿美元，仅批准 14 亿美元赎回申请；3 月总赎回请求为 45 亿美元，公司仅满足 15% 的赎回申请；4 月赎回请求金额与 3 月持平。由此可见，至 2023 年，黑石 BREIT 的赎回申请仍未停止，投资者对 BREIT 乃至金融市场的前景仍存有疑虑。

黑石集团 BREIT 申赎发展经过如图 3 所示。

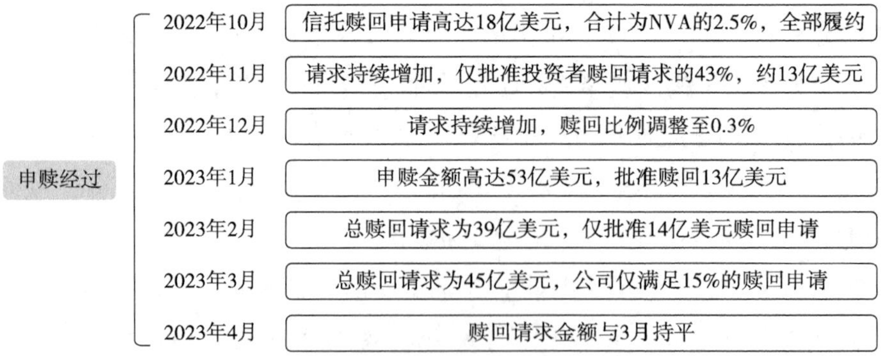

图 3　黑石集团 BREIT 申赎发展经过

2.2 出售多项资产 提高流动性

在黑石集团遭受挤兑后，公司也采取了相应的措施来充实公司现金流，应对此难题。2022 年 12 月 2 日，黑石集团宣布以 12.7 亿美元的价格将其所占的美高梅大酒店和曼德勒海湾度假村 49.9% 的股份卖给 VICI Properties。2023 年 1 月，黑石三次出售资产。据 2023 年 1 月 24 日消息称，公司计划将其在印度的最大地产投资信托公司 Embassy Office Parks 50% 的股份出售给私募股权公司贝恩资本，该部分股权当下市值约为 4.8 亿美元；1 月 25 日，以 2.4 亿欧元出售巴塞罗那的一处建筑；1 月 29 日，将伦敦圣凯瑟琳码头以 4 亿英镑出售新加坡前首富郭令明旗下的新加坡房地产商城市发展（City Developments Limited）。在外部融资上，2023 年初，黑石集团与加州大学达成合作，由加州大学向 BREIT 投资 40 亿美元，持有期 6 年，但黑石需向加州大学保证其至少 11.25% 的年化收益。

综上所述，黑石集团资产出售情况如表 1 所示。

表 1 黑石集团资产出售情况

时间	资产	售价
2022 年 12 月 2 日	美高梅大酒店和曼德勒海湾度假村 49.9% 的股份	12.7 亿美元
2023 年 1 月 24 日	商谈将市值约为 4.8 亿美元的 Embassy Office Parks 50% 的股份出售给私募股权公司贝恩资本	4.8 亿美元
2023 年 1 月 25 日	巴塞罗那的一处建筑	2.4 亿欧元
2023 年 1 月 29 日	伦敦圣凯瑟琳码头	4 亿英镑

2.3 缘何挤兑 浅析因果

一是亚洲投资者为提高其资金流动性。据彭博社的分析称，此次申请赎回 BREIT 基金份额的多为亚洲投资者，原因主要为投资人出现恐慌情绪和对自身资产安全性和流动性的担忧。上述原因还可体现在 2022 年 10 月 24 日中国香港股市大跌现象中，其中，恒生指数和恒生国企指数跌幅为 2008 年以来最大。

二是信息不对称导致的不合理决策。2022 年，黑石集团 BREIT 基金投资回报率超9%，表现远远优于同期公开市场上的其他REIT产品，加之BREIT基金将其净利润的90%以上份额用于月度分红。信息不对称理论认为，掌握更多市场信息的一方有更大的获利机会，且可以通过出售信息给掌握信息较少一方来赚取利润。由于信息不对称等因素，投资者无法具体获悉项目投资详情、底层资产变动信息以及黑石产品估值依据。基于此，部分投资者在出于对疫情反复冲击下的不动产价值波动的担心，对黑石集团产品估值的不理解、对产品认知的不充分和对可得利润的贪婪等因素的推动下，选择赎回份额。

三是恐慌下的羊群效应。金融市场中，羊群效应随处可见。在金融市场中，当其他投资者纷纷作出同一种投资决策时，原地不动的“羊”逐渐恐慌，开始质疑自己的决策是否正确，于是被外界噪声影响，加入羊群。在此次申赎中，是否有一部分投资者正是随大流的羊呢？

目前，市场上对投资者疯狂申请赎回基金份额的讨论多种多样，对投资者申请的真实原因不得而知。但不可否认的是，此次挤兑事件的发生，在一定程度上影响了金融市场的秩序，导致市场恐慌情绪的升温。

3. 祸不单行　东窗事发

3.1　协商展期遭拒　债券被判违约

2023年3月2日，贷款服务机构Mount Street判定黑石集团价值5.62亿美元的浮动利率商业地产抵押贷款支持证券（FROSN－2018 DAC）发生违约。该证券于2023年2月14日到期，但黑石集团尚未偿付，且与投资人协商展期遭拒。

黑石集团于2017年6月收购了芬兰房地产企业Sponda旗下共165处商业地产，涵盖办公楼、商场、物流中心等地产，收购款项来自花旗银行、摩根士丹利、加拿大皇家银行和高盛四家银行所提供给黑石集团的总计为25.4亿欧元的贷款，其中，5.91亿欧元贷款在2018年3月被打包成了商业地产抵押担保证券（CMBS）并公开发行。商业地产抵押贷款支持证券属于固定收益类产品，通常以债券形式存在，该债券的承销商是花旗银行和摩根士丹利，底层抵押资产为前述165处商业地产中的63栋办公室和商店资产组合，总市值为8.88亿欧元，且上述63处商业地产在2018年的年租金为6030万欧元。此债券就是由黑石集团通过收取其在芬兰所拥有的商业地产的租金，向债券投资人支付利息。但由于芬兰房地产市场疲软等多方面因素，公司所持有的商业房地产租金现金流不稳定，从而导致公司无法在2023年2月14日按时还本付息。在债券到期前，黑石集团已基于自身情况，预测出可能违约场景，所以曾与投资人协商，寻求债券展期；但受当前市场波动、经济下行等宏观经济因素影响，投资者希望尽早收回投资资产，故黑石集团此次展期请求遭到拒绝。

在黑石集团无力偿付，且申请展期无果的情况下，贷款服务机构 Mount Street 判定该债券违约。

3.2 内外交困 多方承压

3.2.1 通货膨胀率高企 欧美央行多次加息

美联储数次加息，债务成本上涨。2022年，受宏观经济变动、疫情冲击、地缘政治风险等因素影响，美国通货膨胀水平不断上升。2022年1月，美国通货膨胀水平为1.9%，6月时通货膨胀率已飙升至9.10%，达到美国本轮通货膨胀的高峰。为了应对2022年初开始上升的通货膨胀率，美联储开始收紧货币政策。3月起，美联储宣布加息25个基点；5月上调50个基点；6月、7月、9月和11月各加息75个基点；12月再次加息50个基点（见表2）。2022年美联储数次加息导致市场利率水平持续上升，进而导致了债务成本上升（见图4和图5）。不断上涨的利率使黑石集团旗下商业房地产抵押贷款利息增加，对公司流动性要求更高，也增大了其运营资金成本。

表2 2022年美联储加息时间表

时间	加息幅度	目标利率
2022年1月	暂未加息	0.00%～0.25%
2022年3月	加25个基点	0.25%～0.50%
2022年5月	加50个基点	0.75%～1.00%

续表

时间	加息幅度	目标利率
2022 年 6 月	加 75 个基点	1. 50% ~1. 75%
2022 年 7 月	加 75 个基点	2. 25% ~2. 50%
2022 年 9 月	加 75 个基点	3. 00% ~3. 25%
2022 年 11 月	加 75 个基点	3. 75% ~4. 00%
2022 年 12 月	加 50 个基点	4. 25% ~5. 00%

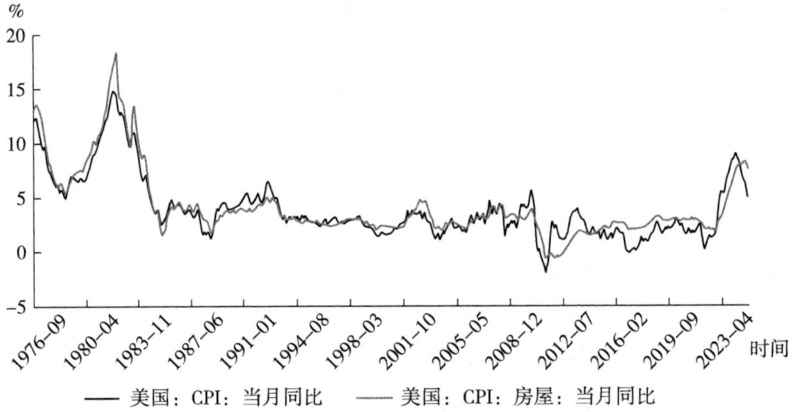

图 4　美国 CPI 同比变化图

（数据来源：同花顺 iFinD）

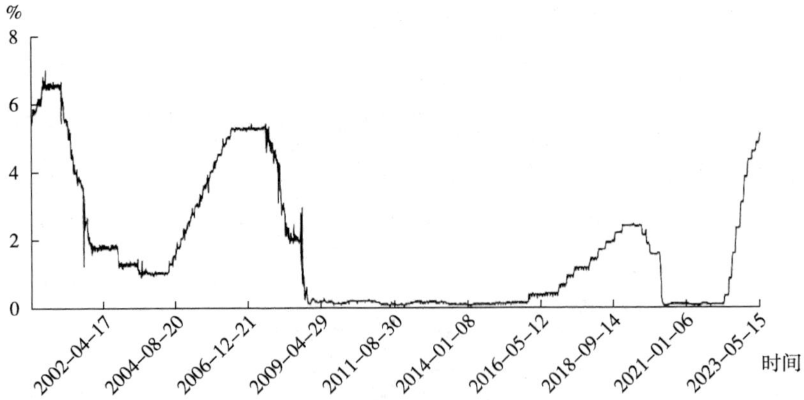

图 5　美国联邦基金利率同比变化图

（数据来源：同花顺 iFinD）

芬兰通货膨胀率上升，打击居民消费信心。根据芬兰统计局的数据，2022年芬兰的消费价格平均上涨7.1%，创下过去40年来最高涨幅（见图6）。2022年受俄乌冲突影响，能源产品因短期供给受到较大冲击而价格飙升，加之食品价格的上升，芬兰整体物价水平上涨，通货膨胀率随之升高，其经济陷入难以自拔的困境。另外，自2022年7月起，欧洲央行为解决通货膨胀问题和应对经济下行危机，宣布加息。这是欧洲央行自2011年以来的首次加息。此次欧洲央行将欧元区三大关键利率上调50个基点，将主要再融资利率、边际借贷利率和存款机制利率分别上调至0.5%、0.75%和0。

图6　芬兰CPI同比变化图

（数据来源：同花顺iFinD）

综上所述，2022年，芬兰乃至欧洲均面临通货膨胀率飙升，利率水平上涨的局面。此次黑石集团违约债券的底层资产正位于芬兰，由于利率提高而导致的地产价值下降、疫情所导致的商用地产空置率上升等因素降低了投资者信心，投资者希望能尽早收回资金。

3.2.2　地缘政治风险加剧　外部环境动荡

俄乌冲突爆发，国际局势紧张。2022年2月，俄罗斯和乌克兰爆发冲突。此次俄乌冲突引起了全球范围的关注，牵涉了广泛的国际利益。Dario Caldara

和 Matteo Iacoviello 基于美国《卫报》《纽约时报》等 10 家报刊中与地缘政治事件相关的文章数量，构建了月度地缘政治风险指数①。该指数可用于度量地缘政治风险程度；指数值越高，说明该时间段内地缘政治风险越高，国际政治局势越紧张（见图 7）。由该指数可知，2022 年 2 月俄乌冲突爆发时的地缘政治风险指数达到了继 2003 年伊拉克战争后的最高值，表明了俄乌冲突的严重性及其对世界政治局势的影响程度。随着经济全球化趋势加强，各国之间的利益休戚相关。此次俄乌冲突也直接影响了芬兰房地产市场以及黑石集团 CMBS 底层资产的质量，增大了黑石集团债券再融资的难度。

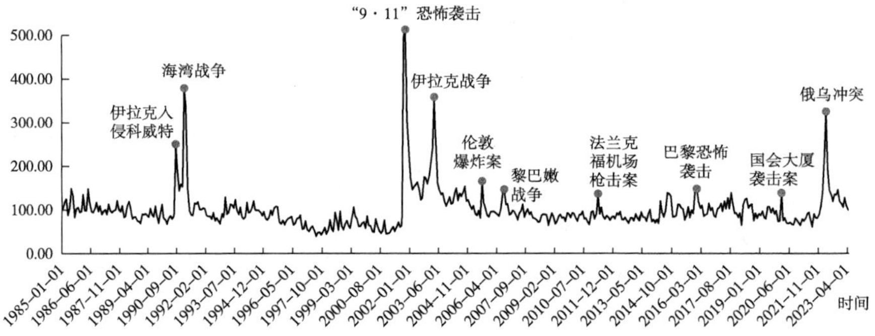

图 7　1985—2023 年地缘政治风险指数

地理位置邻近，威胁加剧。芬兰早已在世界永久中立国名单中，但此次俄乌冲突爆发，使芬兰受到了前所未有的威胁。芬兰包括其国民均担心炮火可能蔓延至国内，故开始寻求庇护，于 2022 年 5 月 18 日申请加入北约。作为中立国的芬兰突然申请加入北约，使国际投资者对当前地缘政治风险的加剧有更清晰的感知，但与此同时也有更深的担忧。据报道，2023 年 4 月 4 日，芬兰正式加入北约，成为北约第 31 个成员。这意味着若俄罗斯与芬兰产生冲突，北约的其他 30 个成员国将为芬兰提供军事支持。同时，美国作为乌克兰的盟友，可能会向乌克兰提供军事支持，此举影响了美国国内经济形势，提高了地缘政治风险，加剧了当前国际局势的严峻性，也打击了投资者对国际投资的信心。

① 数据来源：http：//www. policyuncertainty. com/gpr. html。

底层资产吸引外资受限，黑石再融资成本高。此次违约债券底层资产所在地芬兰，由于俄乌冲突，其地理位置成了芬兰寻求国际投资的阻碍，降低了芬兰国内资产的估值，影响不动产资金回流。目前，俄乌局势多变，战争不断，国际投资者在寻求投资机会时均有意避开武装冲突地区。芬兰的地理位置使其国内投资机会无法与国际投资者、投资资金相匹配，也导致了黑石集团无法以合适价格出售其在芬兰的资产，及时偿还债务。由于黑石集团此次违约的 CMBS 底层资产位于芬兰，在违约事件后，黑石集团可能面临较高的再融资成本。

3.2.3 疫情反复 房地产价值承压

持有资产无法按期出售，影响债务偿付。截至 2022 年底，黑石集团仍持有的、从芬兰 Sponda 公司收购的不动产数量为 45 处，其余资产均已在收购后出售。一般来说，如黑石集团此类另类资产管理机构会在收购房地产后，将部分资产出售，用于支付一部分本金，同时也可以降低未来估值变动的风险。但因 2020 年全球新冠疫情暴发，在芬兰购置商用房地产的投资人减少，黑石集团无法顺利地将其计划的资产进行出售，该计划只能搁置，在一定程度上影响了黑石集团投资成本的回收以及债务的偿付。由于疫情期间市场波动大，房地产估值风险增高，价值承压，黑石集团 CMBS 的再融资风险和成本也随之上涨。

CMBS 底层资产空置率上升，租金收入减少。此外，在黑石集团所持有的商业房产中，办公地产市值占总市值的比重为 77%。但由于 2020 年以来的疫情冲击，芬兰办公场所的空置率不断上升，进而导致了黑石集团租金收入的减少。根据惠誉国际信用评级有限公司和 DBRS Ratings 所披露的数据可知，自 2020 年以来，该债券底层资产的空置率一直在 40% 以上。截至本次债券违约事件发生时，其底层资产空置率已超 45%，说明由于疫情冲击所导致的居家办公和芬兰通货膨胀、经济下行，芬兰当地市场对商业房产的租赁需求有所下降。戴德梁行的数据显示，2022 年第四季度芬兰首都赫尔辛基 13 个主要办公区域的空置率为 12.6%，较上一季度增长了 0.4%，预计 2023 年将继续增加。如前文所述，黑石所持有的不动产的租金收入主要用于投资者利息的支付；在租金收入减少，运营成本不变甚至上升的情况下，黑石集团用于向投资者支付利息的现金池缩小，即企业违约的风险相应增加。加之俄乌冲突的爆发、芬兰经济下行和当地房地产市场疲软，其底层资产价值下降。2022年12月1日，惠誉国际信用评级有限公司就已下调了FROSN－2018指定公司所发行的7只债券产品中6只产品的信用评级。

综上所述，黑石集团CMBS违约原因分析如图8所示。

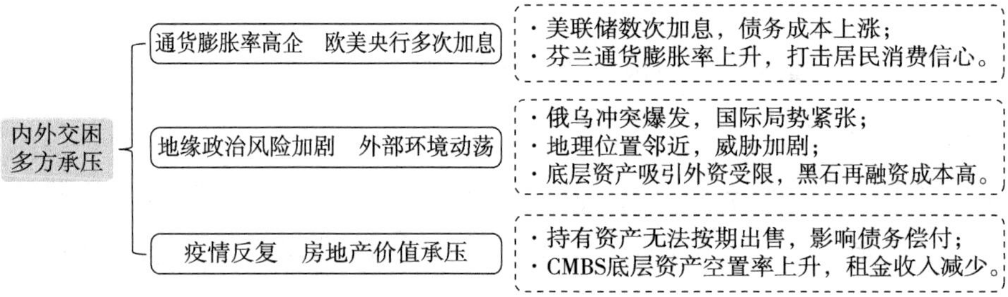

图8　黑石集团CMBS违约原因分析

3.3　根株牵连　浅谈影响

目前，社会各界对黑石集团CMBS违约事件议论纷纷，新闻标题“暴雷”字眼频频出现，使读者不禁思考，此次事件是否与2008年次贷危机前雷曼兄弟事件性质相似？美国的房地产市场又将崩溃了吗？当前是否应警惕金融危机的出现？黑石集团此次违约对金融业或房地产市场有何影响？

3.3.1　警钟敲响　防范地产危机

黑石违约揭露市场现状，商业房产需求缩减。从房地产行业层面看，黑石集团作为另类资产管理企业，持有大量美国房地产，在美国房地产行业具有举足轻重的地位。此次黑石CMBS违约事件为社会各界及投资者敲响了警钟，同时也揭露了美国房地产行业疲软、商业地产价格下降、房产危机可能步步逼近的事实。根据商业房地产公司Cushman & Wakefield的数据，旧金山和洛杉矶2023年第一季度的平均办公室空置率为21.6%（见图9）。此数据表明，在宏观经济下行、疫情冲击和电子商务发展的形势下，商业房地产受办公模式变化的影响，使用率降低、空置率上升，并逐渐变成“僵尸”办公楼。此现象降低了房地产业主的租金收入，提高了不动产运营成本；再者可能会影响与该资产相关的 CMBS 价值，从而也提高了 CMBS 发行方的风险。美国商业地产联合会发布的报告显示，新冠疫情期间，投资大型商业地产公司的 CMBS 出现了远高于历史平均水平 115% 的潜在违约率，其上述办公模式的改变导致了运营成本上升而租金收入下降的局面。另外，随着商业环境日益数字化和全球化，居家办公或分散式办公模式可能成为主流形态。这表明商业地产可能将持续下滑趋势，其需求增长可能会在未来进一步缩减。

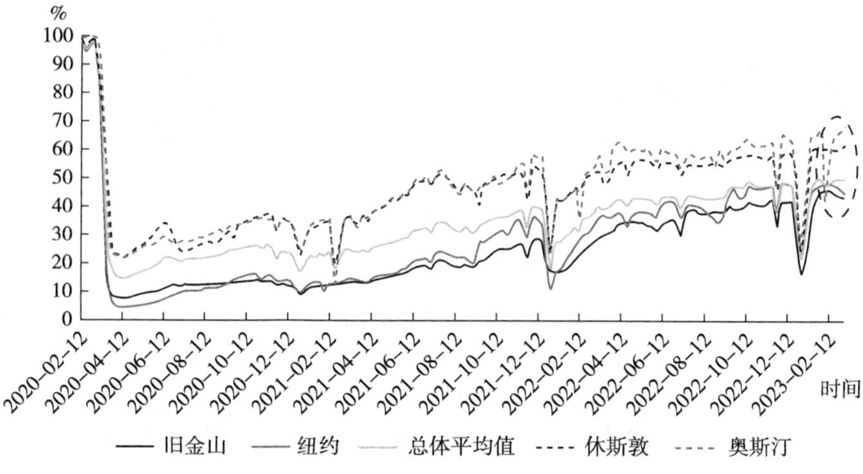

图 9　美国部分城市写字楼平均入驻率

CMBS 违约风险趋高，黑石违约并非个例。2023 年 2 月，Brookfield Asset Management 和美国太平洋投资管理公司（PIMCO）旗下的哥伦比亚不动产信托公司均出现违约现象，涉及金额分别高达 7.5 亿美元和 17.2 亿美元。CMBS 违约现象频繁出现，极大地打击了房地产行业和投资者的自信心，也进一步暗示市场参与者地产危机或将出现。

房地产市场不断收缩，形势不容乐观。NAHB 指数是美国房屋销售及整体支出的一个领先指标。若该指数高于 50，表明房地产市场在扩张；若低于

50，则表明房地产市场正在收缩。由图 10 可知，自 2022 年起，NAHB 指数开始呈下降趋势，2023 年虽略有回升，但截至目前，该指数仍低于 50，说明房地产市场仍不容乐观，正在收缩。市场种种迹象均为投资者敲响警钟，需防范房地产危机出现。

图 10　美国住房市场指数

（数据来源：同花顺 iFinD）

3.3.2　黑天鹅事件频发　防范风险外溢

银行危机接连不断，动摇民众信心。2023 年 3 月，美国硅谷银行、签名银行、Silvergate 银行接连破产倒闭，引起民众恐慌，动摇了美国民众对银行业的自信心。2023 年 5 月 1 日，美国第一共和银行宣告破产倒闭，被联邦储蓄保险公司监管，立即出售给摩根大通，成为美国历史上第二大破产银行。另外，西太平洋合众银行、阿莱恩斯西部银行等区域银行股价一度暴跌，金融系统稳定性遭到质疑。在银行危机不断发酵过程中，美国民众对未提取的银行存款的担忧和焦虑不断增加，潜在挤兑风险较高。

银行与商业房地产休戚相关，应防范风险外溢。房地产市场下行和商业地产价格缩水影响了银行资产端规模。根据美联储最新数据，截至 2023 年 4 月 26 日，美国所有商业银行资产端的商业地产贷款共计约 2.91 万亿美元，其中，小型银行拥有 1.96 万亿美元，占比达 67.4%；美国大型银行持有 8460

亿美元，占比约为29.1%。由以上数据可知，在房地产市场趋于疲软、利率上升的宏观环境下，若商业地产出现价值调整幅度过大、租金回收不稳定等情况，银行信贷风险将会上升。以2023年5月初破产的第一共和银行为例，根据其年报显示，截至2022年底，该行房地产抵押贷款浮亏达193亿美元。此笔浮亏无疑是埋下的“雷”，而“雷”在2023年5月轰鸣。对中小型银行而言，其风险敞口大于大型商业银行。FDIC的数据显示，截至2022年底，银行持有4440亿美元的CMBS，未实现亏损达到430亿美元，CMBS违约和量价齐跌将进一步损害美国中小银行的利益。若稍有不慎，此类规模较小且资产端中商业地产占比较高的银行可能会遭受严重的信贷损失，被称为“优质资产”的商业地产不再“优质”，甚至会成为中小银行资产负债表中的“雷”。

银行信贷收紧，冲击商业地产。据上述内容可知，截至2023年4月26日，中小型商业银行承担高达68%的商业地产贷款。随着诸如黑石集团CMBS违约、硅谷银行破产倒闭等事件的发生，中小银行开始提高信贷标准，谨慎发放商业地产信贷。信贷标准收紧将加剧商业房地产当前的困境，导致房地产企业面临融资收紧、资金流紧张等难题。

此次黑石集团CMBS违约事件的爆发，加剧了人们对银行体系健康和稳定性的担忧，也使银行业对商业房地产贷款、CMBS产品的审批越发审慎。

3.3.3 企业声誉受损 信任危机加剧

挤兑事件尚未解决，违约案件又添新“伤”。2022年10月开始的黑石集团BREIT挤兑事件尚未解决，截至2023年4月申请赎回金额为45亿美元，企业仍无法全部履约。而2023年3月爆发的黑石CMBS违约案件无疑再次打击了投资者的自信心，有损企业声誉，同时加剧了投资者对黑石集团的信任危机。

融资与再融资成本提高。作为一个另类资产管理企业，黑石集团仍需频繁与投资者打交道。首先，此次BREIT申赎和CMBS违约事件，无疑会让投资者在考虑是否与其合作时，对企业能否顺利履约、资金收益能否如期收回等事宜“打上问号”，即增加合作达成的难度。其次，在当前宏观经济下行所导致的市场疲软情况下，基于黑石集团的“前科”，投资者可能要求更高的项目回报率或资产收益率作为合作的前提，即违约事件可能增加黑石集团未来的融资和再融资成本，提高企业运营成本。最后，此次黑石集团被判定债券违约后，特别偿债机构（Special Servicer）介入处理。黑石集团曾在判定违约之前与投资者协商展期但未果。在特别偿债机构介入后，黑石集团可以更集中地与投资人进行谈判，也许会得到更有效的处理结果，或可能面临因债券违约引起的争端。

综上所述，黑石 CMBS 违约影响分析如图 11 所示。

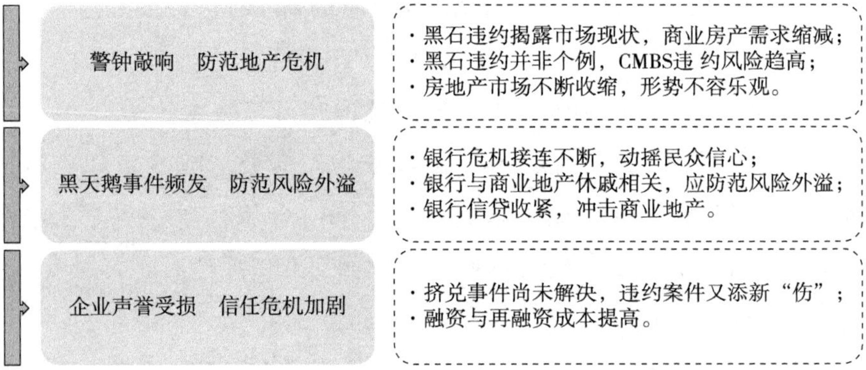

图 11　黑石 CMBS 违约影响分析

4. 危机与机遇并存　未来将何去何从

黑石债券违约或为“导火索”，应防范房地产危机和金融风险。虽然此次黑石债券违约事件不足以成为如雷曼兄弟倒闭一般的“暴雷”事件，但结合近期金融市场表现可知，此次 CMBS 违约事件已显示出当前疲软、下行的商业地产宏观环境，加以高通货膨胀、地缘政治风险、投资人集体信心下降并对证券进行集中兑付等因素对金融市场所带来的消极影响。违约事件的集中出现极大地打击了投资者信心，加强了投资者和社会各界对金融市场和房地产市场稳健性的担忧。黑石债券违约或为危机的“导火索”，金融市场和投资者应警惕金融风险的外溢。

黑石信心满满，业务仍顺利进行。根据黑石集团年报可知，截至 2022 年底，黑石集团资产管理规模为 9747 亿美元，其中，地产类总管理资产 5650 亿美元，故此债券违约总额仅占公司整体资产管理规模较小比例。根据黑石集团声明，这笔债务非 Sponda 公司核心资产，该公司其余投资组合仍在进行融资中，表现良好。在 2023 年 3 月黑石集团被判定债券违约后，4 月 13 日黑石集团宣布其旗下最新的全球房地产基金 Blackstone Real Estate Partners X 已完成最终募资。BREP X 共获得 304 亿美元的总资本承诺，是有史以来最大的房地产或私募股权基金。黑石集团并未受债券违约事件的影响，而是在积极推进公司其他项目募资计划。此外，受市场流动性收紧的影响，房地产市场略显疲软，房地产企业商业信贷获取遇到困难。近日，黑石集团正与美国大型地区性银行进行谈判，希望为其提供贷款。

综上所述，房地产市场未来将何去何从，黑石集团将如何妥善处理债券违约后续事宜，美国银行业危机是否将持续发酵，本文不得而知，但可拭目以待。

一厢情愿的流动性管理

——硅谷银行倒闭风波①②③④

北京时间2023年3月9日凌晨5时，美国第十六大商业银行硅谷银行（Silicon Valley Bank，SVB）宣布将其全部210亿美元的可销售证券打包出售，该组合基本上由美国国债和抵押贷款支持证券（Mortgage - Backed Security，MBS）组成。硅谷银行表示，该笔交易因此产生了18亿美元的税后损失，并将在2023年第一季度入账，同时预估2023年净利息收入将大幅减少。

与此同时，随着美联储的不断加息，美国利率上升，抵押贷款支持证券和美国国债等固定收益证券的价格相应下跌。为了抵消资产出售所带来的损失，硅谷银行称正在筹集22.5亿美元，其中包括从私募股权公司泛大西洋投资（General Atlantic）处筹集5亿美元、向投资者发行12.5亿美元的普通股和另外5亿美元的可转换优先股。一石激起千层浪，消息发布当天，硅谷银行股价跌超60%，股价创2016年9月以来新低，市值蒸发96亿美元，拖累美国银行业的股票和债券大跌，引发创投界恐慌，股票而后停牌。美国监管文件数据显示，仅3月9日一天内，投资者和储户试图从硅谷银行提取的资金已经高达420亿美元，而此时该银行的现金余额仅为-9.58亿美元，这已然是美国十多年来最大规模的挤兑事件之一。

---

① 本案例由广东外语外贸大学金融学院的吴柏毅和林跃腾撰写，作者拥有著作权中的署名权、修改权、改编权。

② 作者工作单位：广东外语外贸大学金融学院，金融开放与资产管理研究中心，广州华南财富管理中心研究基地。

③ 案例版权：归属于作者与作者单位所有。

④ 本案例只供课堂讨论之用，并无意暗示或说明某种行为是否有效。

3 月 10 日凌晨，多家知名创投公司（包括 Founders Fund、Coatue 等）建议企业从硅谷银行金融集团撤出资金。随着市场恐慌情绪蔓延，硅谷银行金融集团子公司硅谷银行的储蓄资金外流速度超过了其出售资产募集资金的速度，并于当日被美国联邦存款保险公司（Federal Deposit Insurance Corp, FDIC）接管。加利福尼亚州金融保护和创新局当日发表一份声明称，该局已经接管硅谷银行并任命联邦存款保险公司为接管人，硅谷银行的储户存款将由联邦存款保险公司进行最高不超过 25 万美元的赔付。该举措初步控制了事态。

截至 3 月 12 日，包括红衫资本在内的 325 家风投机构共同签署了一份支持硅谷银行的声明，650 名创始人也签署了共同声明要求监管部门阻止灾难的发生。而此时美国财政部部长耶伦在接受采访时表示，目前联邦政府不考虑对该银行进行大规模救助。但其实，截至当天，美联储同美国财政部一直在积极商讨应对举措。

仅过了一天，3 月 13 日，美国金融监管机构就宣布采取行动以保护储户资金安全，包括设立一个由财政部提供资金的规模为 250 亿美元的新贷款计划。根据该计划，对硅谷银行储户的赔付不再以 25 万美元为上限，而是能全额赔付。该计划将提供长达一年的紧急贷款。

3 月 14 日，硅谷银行正式恢复营业，似乎宣告了这场倒闭风波暂告一段落。

3 月 27 日，美国第一公民银行从联邦存款保险公司的托管中收购了硅谷集团旗下所有银行业务，这场引发全球银行业动荡的危机事件至此也落下帷幕（见表 1）。

表 1　硅谷银行倒闭事件发生时间表

时间	事件
2023 年 3 月 9 日	美国第十六大商业银行硅谷银行宣布将其全部 210 亿美元的可销售证券打包出售，该组合基本上由美国国债和抵押贷款支持证券组成。硅谷银行表示，该笔交易因此产生了 18 亿美元的税后损失，并将在 2023 年第一季度入账，同时预估今年净利息收入将大幅减少。同日，硅谷银行称正在筹集 22.5 亿美元，其中包括从私募股权公司泛大西洋投资处筹集 5 亿美元、向投资者发行 12.5 亿美元的普通股和另外 5 亿美元的可转换优先股

续表

时间	事件
2023 年 3 月 10 日	多家知名创投公司（包括 Founders Fund、Coatue 等）建议企业从硅谷银行金融集团撤出资金。市场恐慌情绪蔓延，硅谷银行金融集团子公司硅谷银行的储蓄资金外流速度超过了其出售资产募集资金的进程，并于当日被美国联邦存款保险公司接管，任命联邦存款保险公司为接管人，硅谷银行的储户存款将由联邦存款保险公司进行最高不超过 25 万美元的赔付
2023 年 3 月 12 日	包括红杉资本在内的 325 家风投机构共同签署了一份支持硅谷银行的声明，650 名创始人也签署了共同声明要求监管部门阻止灾难的发生。而此时美国财政部部长耶伦在接受采访时表示，目前联邦政府不考虑对该银行进行大规模救助
2023 年 3 月 13 日	美国金融监管机构宣布采取行动以保护储户资金安全，包括设立一个由财政部提供资金规模为 250 亿美元的新贷款计划。根据该计划，对硅谷银行储户的赔付不再以 25 万美元为上限，而是能够全额赔付。该计划将提供长达 1 年的紧急贷款
2023 年 3 月 14 日	硅谷银行正式恢复营业
2023 年 3 月 27 日	美国第一公民银行从联邦存款保险公司的托管中收购了硅谷集团旗下所有银行业务

资料来源：财联社。

1. 硅谷银行经营模式及业务特点

硅谷（Silicon Valley）是美国加利福尼亚州北部旧金山湾区圣塔克拉拉谷的别称，云集了世界顶尖的高新技术企业。硅谷银行便是从这里起家，从 1983 年设立以来，它逐渐发展成美国第十六大商业银行，并以集团形式（SIVB）在纳斯达克交易所上市。硅谷银行以其极具特色的经营模式和业务服务，在美国银行业日趋激烈的竞争中逐渐站稳脚跟。

1.1 科创企业的摇篮：硅谷金融集团

硅谷银行金融集团（硅谷银行 Financial Group）是一家多元化的金融服务公司，也是一家银行控股公司和金融控股公司。硅谷银行金融集团于 1999 年 3 月在美国特拉华州注册成立，主要服务于美国国内及主要国际市场的新兴成长型企业客户，在生命科学、医疗保健等领域为相应行业的企业、相应投资机构及这些企业或投资机构的高管等高净值个人提供综合化的金融服务。

在组织架构方面，硅谷银行金融集团按照客户群体和融资方式将业务主要分成四个部分，包括硅谷银行、硅谷私人银行（Silicon Private）、硅谷资本（Silicon Capital）以及硅谷证券（Silicon Securities），具体情况如图 1 所示。其中，硅谷银行实际指的是硅谷银行面向企业和商业客户端的机构金融服务条线；硅谷私人银行则指的是硅谷银行的私人银行（Private Banking）和财富管理（Wealth Management）部门，主要面向各类高净值客户，以上两个部分实际均在同一持牌法人银行——硅谷银行旗下，而硅谷银行为硅谷银行集团的核心机构；硅谷资本指的是硅谷银行金融集团下的创投基金等各类私募基金管理人，为独立的法人实体，由硅谷银行金融集团控股；硅谷证券则是硅谷银行金融集团下的独立法人投资银行（Investment Bank）机构，为硅谷银行金融集团全资子公司。截至 2023 年 5 月 15 日，硅谷银行已被第一公民银行收购，硅谷资本、硅谷证券未受影响，仍正常运营。

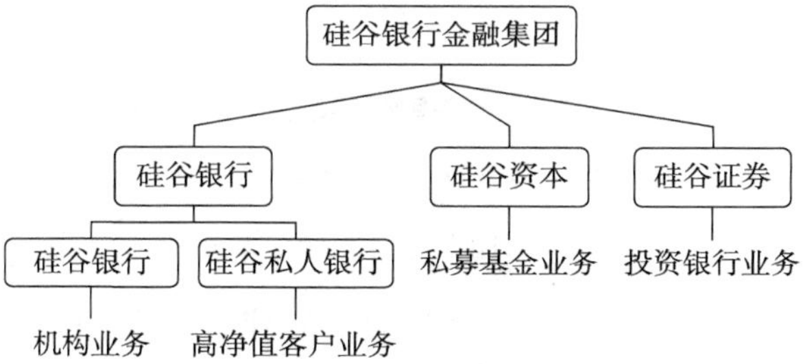

图 1　硅谷银行金融集团组织架构

（资料来源：2023 年硅谷银行招股说明书）

1.2　集团的核心：硅谷银行

1.2.1　硅谷银行

硅谷银行是硅谷银行金融集团的核心，成立于 1990 年，是为全周期科创企业及高净值个人提供贷款、融资、并购咨询、杠杆融资及结构化融资等综合化金融服务的金融机构。该法人包括硅谷银行（对公业务）和硅谷私人银行（对私业务）两部分。

1.2.2 硅谷银行的主要客群

在主要客群方面，硅谷银行主要服务于高科技创新型企业、PE/VC 等创投基金和此类企业或基金的高管等高净值客户，客户群体集中度较高（见图 2）。硅谷银行的客户具体包括以下几类。

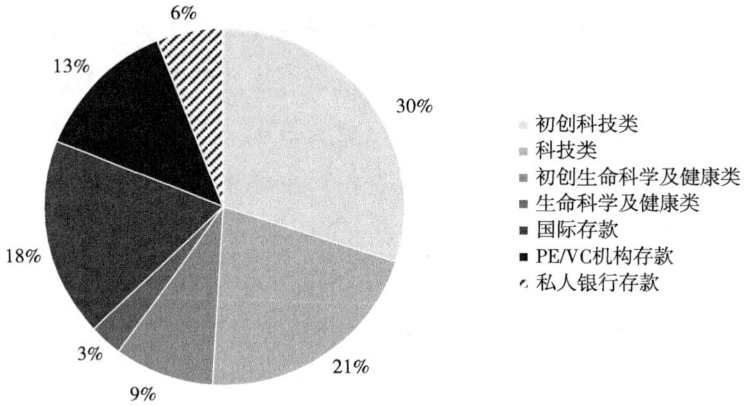

图 2　硅谷银行客群分布

（资料来源：硅谷银行 2022 年报）

一是科技和生命科学/医疗健康等科技创新型企业。主要包括技术和硬件（如半导体、通信、数据和储存电子等）、企业和消费者软件/互联网（如基础设施软件、应用程序、软件服务、数字内容和广告技术等）、生物制药、健康科技、医疗保健等行业及领域。对此类客户而言，硅谷银行通过提供覆盖企业初创期、成长期以及成熟期全生命周期的金融服务来维持良好的客户关系。

二是私募基金（Private Equity）、风险投资（Venture Capital）及创投基金客户。此类客户中有很大的比例是硅谷银行金融集团服务的高成长性企业的投资者，为其所提供的金融服务不仅包括直接向其提供贷款，还包括为其提供存款、资金管理以及多币种金融解决方案等综合化金融服务，以满足 PE/VC 客户跨境资本流动带来的各类金融需求。

三是高端酿酒客户。主要是来源于美国西部的优质葡萄酒生产商，硅谷银行为其生产经营提供金融支持。

四是私人银行客户。主要包括高新技术企业的高管以及 PE/VC 专业人士等高净值客户，硅谷银行向其开展银行对私业务。

1.2.3 硅谷银行的业务类型

硅谷银行为科技创新企业提供全周期、多方面的金融服务，按企业客户成长周期来划分，主要可以分为三类业务：初创公司业务（SVB StartUp Banking）、早期公司业务（SVB Early Stage）和成熟公司业务（SVB Corporate Banking）。

第一类是硅谷银行初创业务条线，为企业成长周期处于“早期”（Emerging）阶段的客户提供服务。硅谷银行一般将年销售收入 500 万美元以下、主要从事研发工作、只向市场提供少量产品或服务的初创企业归为该条线的服务对象。该类企业的融资主要来源于家人和朋友资金、“种子”资金或“天使”投资者资助，或者仅经历了一轮风险投资。硅谷银行协同硅谷银行集团的其他部门一般向该类企业提供创业贷款、“投贷结合”等金融产品，此外还可为其介绍其他投资者、提供创业辅导等。

第二类是硅谷银行早期业务条线，为企业成长周期处于“中期”（Mid-stage）和“后期”（Later-stage）的客户提供服务。硅谷银行一般将年销售收入 500 万美元至 7500 万美元，在市场上拥有更成熟的产品或服务，并且处于扩张期的企业归为该条线的服务对象。该类企业主要依赖风险投资为其提供的资金，部分客户可能已经完成 IPO 或即将 IPO。硅谷银行协同硅谷银行金融集团的其他部门向该类客户提供的主要服务涵盖流动资金贷款、夹层融资、中期担保融资等，同时还为客户定制投资方案，提供资产管理等。

第三类是硅谷银行成熟业务条线，主要服务于成熟的大型企业。硅谷银行一般将年销售收入超过 7500 万美元，在市场上能提供多元化产品及服务的成熟大型企业列为该条线的服务对象。该类企业能较为成熟地依赖各类资本市场和各种商业银行获得多样化的融资，为了满足这类企业的金融服务需求，硅谷银行协同硅谷银行集团的其他部门积极向这些企业提供定制化的金融服务方案。

1.2.4 硅谷银行的业务模式

在业务模式方面，硅谷银行依托其多年服务硅谷高科技产业以及拥有多种金融牌照等优势，探索出一套服务高成长性企业的“投贷联动”的金融模式（见图3）。所谓“投贷联动”，就是指银行以“股权投资+信贷”结合的方式为企业提供融资支持的一类业务。具体来看，可分为以下三种模式。

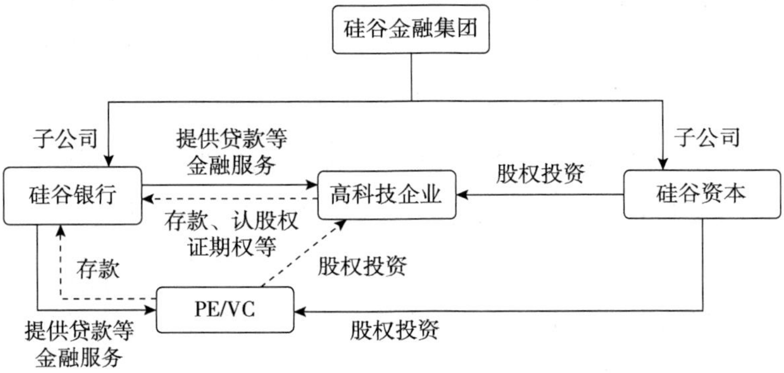

图3 硅谷银行“投贷联动”业务模式

（资料来源：硅谷银行公开披露文件）

第一种，“贷款+股权认证”模式。硅谷银行向高成长性企业提供风险贷款，并创新引用“认股权证”抵补信贷风险。在这个模式中，风险贷款额度一般为企业最近一轮股权融资金额的25%～35%，具体贷款的类型和规模与企业业务规模、筹集的股权数量与质量、筹集债务的目的等息息相关。风险贷款的还款来源主要依赖于企业后期所募集获得的风险资本，即企业融资性现金流，而非企业经营性现金流。因此，硅谷银行关注的是企业未来筹集股权融资以支持公司增资和偿还债务的能力，而不是企业的历史现金流或未来开展日常经营活动所产生的现金流。与此同时，在为企业发放风险贷款时，硅谷银行要求免费获得一定比例的股权认证，股权认证通常为企业总股本的1%～2%，这样做的目的是，在企业公开上市或被并购时获取权证收益。“贷款+股权认证”模式使风险贷款具有银行贷款和股权投资双重属性，主要目的在于缓释风险：当企业上市成功或持有的股权价值增加时，持有的股权认证能带来额外收益，这部分收益在一定程度上抵消了向初创期成长型企业提供贷款所承担的风险。

第二种，“贷款+子公司投资”模式。1999 年后，美国允许混业经营，硅谷银行拓展了“投贷联动”方式，即在硅谷银行向企业提供贷款等金融服务的基础上，通过成立金融集团并设立子公司硅谷资本（SVB Capital）协同对企业开展股权投资业务。硅谷资本可以直接投资于企业或者 PE/VC 机构，由此为企业提供股债综合融资服务。硅谷资本主要采用两种直接融资模式：直接参与，即参股目标企业，但是参股比例一般低于其他 PE/VC 的比例；间接参与，即以 FOF 的形式，借助投资其他 PE/VC 对目标企业进行投资。

第三种，“贷款+PE/VC 投资”模式。2012 年，为适应美国沃尔克规则监管要求，硅谷银行从 PE/VC 机构撤回部分权益资金，转而以过桥贷款等方式加大对 PE/VC 机构的信贷投放，解决 PE/VC 机构在对企业投资或并购时的临时性资金短缺问题。在该模式下，硅谷银行通过向 PE/VC 提供信贷支持，进而间接投资目标企业。

截至 2022 年底，三种业务模式中硅谷银行使用最多的是第三种，即“贷款+PE/VC 投资”模式。从图 4 可以看出，硅谷银行的贷款结构较为稳定，2018—2022 年其提供给 PE/VC 机构用作过桥资金的贷款占比均超过 50%，且在 2021 年占比达到峰值，为 57.27%。这说明 PE/VC 机构是硅谷银行主要的贷款去向。

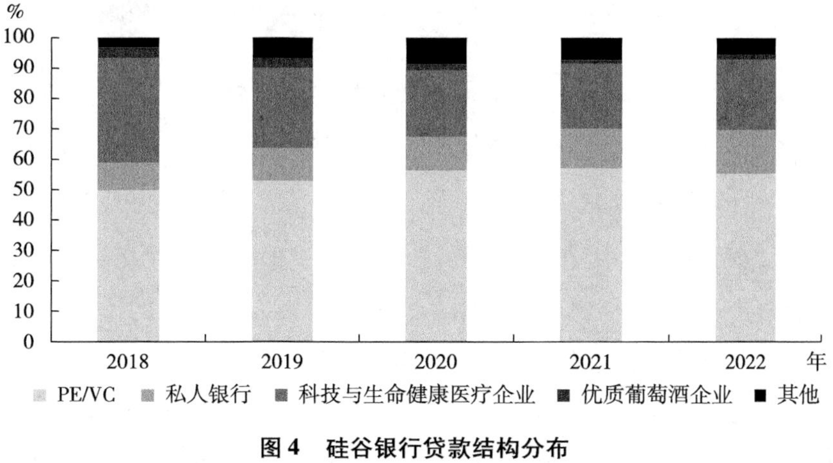

图 4　硅谷银行贷款结构分布

（资料来源：硅谷银行年报）

通过“投贷联动”模式，首先，硅谷银行能在自身与目标企业之间设置隔离带，如通过硅谷资本、PE/VC 机构等进行投资，可以防范可能出现的风险事件；其次，在硅谷银行对企业提供金融服务时，能获取认股权证期权，在企业上市或者并购的时候能获取额外收益；最后，经过专业投资机构筛选的企业往往具有高成长性的特点，其可预估的未来现金流是 PE/VC 等投资机构偿还贷款的重要保障，硅谷银行因此得以获取稳定、可观的利息收入，减少坏账风险。

结合图 5 和图 6 可以看出，硅谷银行的贷款创造收入的能力比较稳定，贷款利息收入占总收入的情况同贷款净额占总资产的比重相适应。也就是说，“投贷联动”模式创造收入的能力较为稳定，是健康、可持续的业务模式。

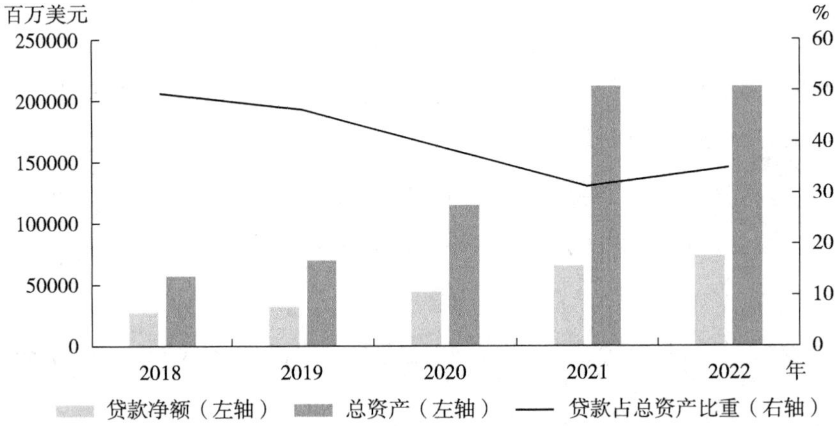

图 5　硅谷银行的贷款净额与总资产情况

（资料来源：硅谷银行年报）

1.2.5　硅谷银行的资产端情况

尽管“投贷联动”是健康稳定的业务模式，但从图 5 中可以发现，硅谷银行的总资产在 2021 年出现大幅增长，贷款净额占总资产的比重快速下降，同年，贷款利息收入占总收入的比重也快速下降。

由图 7 可以看出，在资产方面，2021 年硅谷银行的证券投资资产［包括可供出售金融资产（Available - for - sale securities，AFS）、持有至到期证券

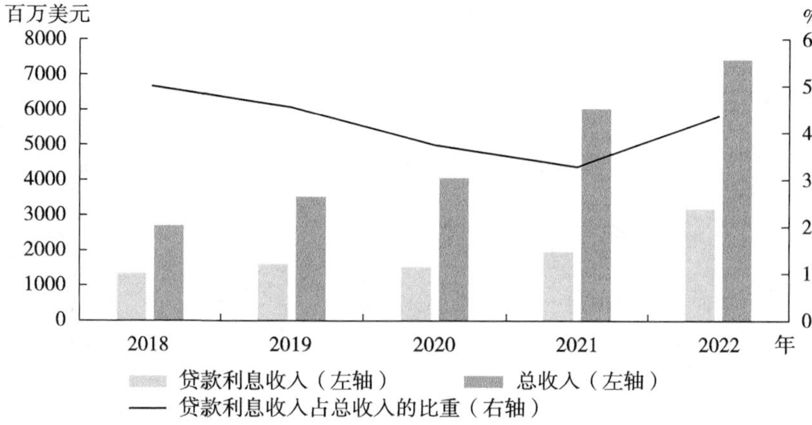

图 6　硅谷银行的贷款利息收入与总收入情况

（资料来源：硅谷银行年报）

（Held - to - maturity securities，HTM）］出现大幅度增长，占总资产的比重从 2020 年的 41.13% 增长至 2021 年的 59.35%，增长了 18.22%。资产结构的异常改变带来了风险与不确定性。从图 8 可以看出，随着持有至到期证券的快速增长，总资产也快速增加，其中涉及的风险仍需要进一步评估。

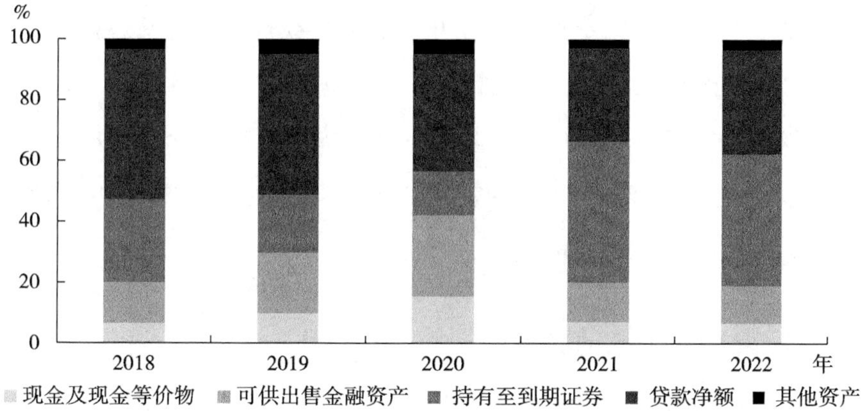

图 7　硅谷银行资产结构分布

（资料来源：硅谷银行年报）

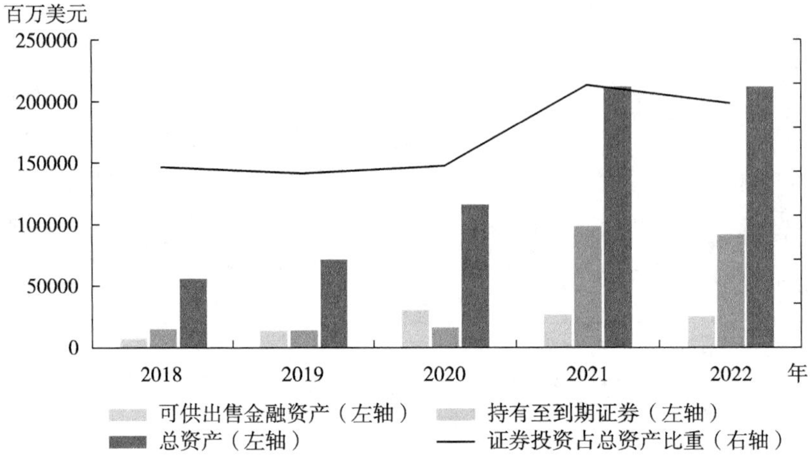

图 8　硅谷银行证券投资与总资产情况

（资料来源：硅谷银行年报）

2. 美联储加息背景下的硅谷银行

2021 年，硅谷银行快速增长的 HTM（持有至到期证券）只是冰山一角，海平面底下处处是美联储的身影。2020 年 3 月 15 日，美联储宣布降息，将联邦基金利率从 1.25% 下调至 0.25%，几近为零。这意味着，金融机构在美联储的存款利息已经降到谷底，进而市场上开始涌现出大量的资金。资金的保值增值是投资人考虑的第一目标，此时，投向固定收益证券［美国国债、抵押贷款支持证券（Mortgage - Backed Securities）等］或许是比较保险的做法。

2.1　零利率时代：银行业的福音

2.1.1　零利率时代的优势

零利率时代指的是美联储将联邦基金利率降到接近零水平的时代。美联储作为美国金融市场上最特殊的存在，可以通过调节联邦基金利率对宏观金融进行调控。

所谓联邦基金利率，就是美国同业拆借市场的利率，而这一利率主要受到美联储拆借利率影响。由于美联储是美国金融行业里最特殊的存在，因而当美联储调节自身的拆借利率时，在市场机制的作用下，整个银行市场的同业拆借利率也会随之改变。当美联储增加其拆借利率时，在市场资金比较短缺的情况下，联邦基金利率本身就承受上升的压力，所以它必然随着美联储的拆借利率一起上升。在市场资金比较宽松的情况下，美联储提高拆借利率，向美联储拆借的商业银行就会转向其他商业银行，听任美联储的拆借利率孤零零地“高处不胜寒”。然而，美联储可以在公开市场上卖出国债，吸纳商业银行过剩的超额准备金，造成同业拆借市场的资金紧张，迫使联邦基金利率与美联储拆借利率同步上升。当美联储降低其拆借利率，商业银行之间的拆借就会转向商业银行与美联储之间，因为向美联储拆借的成本低，整个市场的拆借利率就将随之下降。重复操作之后，长此以往，美联储的拆借利率也就决定了联邦基金利率。

当美联储宣布降息时，商业银行会选择从美联储处取回自身超额资金，转而投向各类资产，如购买美国国债，或者投资于房地产等实物资产。随着需求的增加，各类资产的价格也水涨船高。

如图 9 所示，零利率时代下，美联储联邦基金利率降到极低的水平，而此时十年期美国国债的收益率还保持一定的韧性，在美国国债与联邦基金利率之间还是存在着一定利差的。当存在期限利差时，在不考虑其他因素的情况下，理论上，商业银行可以通过极低的利率在同业拆借市场借入资金投向长期债券（如国债），获取长期债券尚可的收益率，同时又可以将长期债券在同业市场上抵押出去，再次以零利率借入资金，继续买入长期债券……几轮操作下来，商业银行可以获取到期限利差的红利。举个例子，商业银行可以以 0.25% 的拆解利率借入资金，买入收益率为 1.25% 的 10 年期美国国债，此时商业银行的成本为 0.25%，收益为 1.25%，可以获取 1% 的利差收益。然后，商业银行可以选择将手上的 10 年期美国国债抵押出去，再次以 0.25% 的拆借利率借入资金，买入收益率为 1.25% 的 10 年期美国国债，再次获取 1% 的利差收益，而当债券收益率上升时（如 1.25% 升到 1.35%），这个利差收益随之扩大（由 1% 升到 1.1%）。理论上，只要利差不为 0，那么就存在获取期限红利的空间。

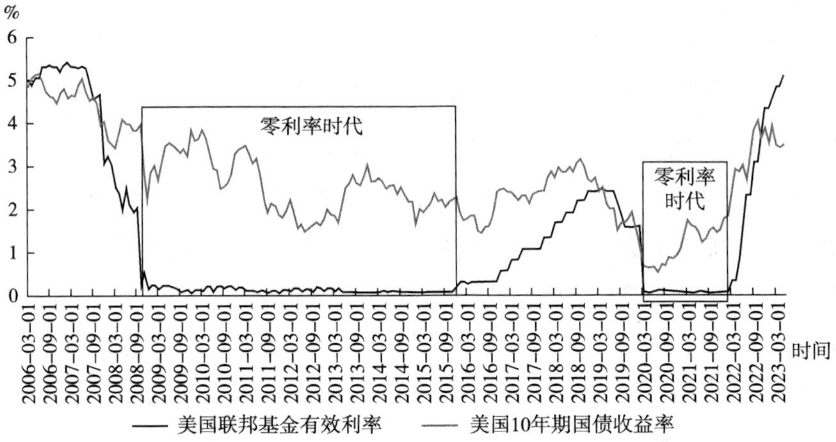

图 9　美联储联邦基金利率与国债收益率

（资料来源：万得金融终端）

由图 10 可以看出，在 2020 年进入零利率时代后，硅谷银行通过上述模式，使证券投资非息净收入（Noninterest income：Gains on investment securities，net）增加了 2.87 亿美元，增速达 212.62%。随着 2022 年零利率时代的结束，这样的资本运作模式自然也就行不通了。但无论如何，零利率时代给银行业带来的好处，基本体现在“期限利差”上，商业银行可以从长期债券与基准债券的利差中获取收益。

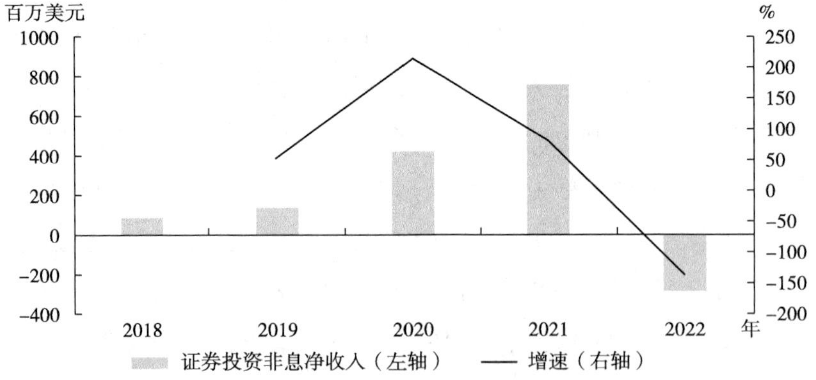

图 10　硅谷银行证券投资非息净收入

（资料来源：硅谷银行年报）

2.1.2 零利率时代的隐患

然而，零利率时代对银行来说真的只是提供期限利差的红利那么简单吗？事实上，零利率也埋下了隐患，这个隐患便是市场价格波动风险。由于利率触底，市场对利率可能存在一个上升的预期，此时如果利率上升，那么对债券来说，其实际价格会出现下跌，而持有此债券的银行将承受债券浮亏。

举个例子，对一个新发行的10年期债券来说，假设其息票利率为7%，每年付息，按债券上标明的面值1000美元出售。在不考虑其他因素的情况下，当市场利率上升，债券的到期收益率由7%上升至8%（期限仍为10年）时，其实际价格也随之下跌到929美元，下降了71美元。具体计算过程如下：

首先计算该债券的麦考利久期（D）：

$$D = \sum_{t=1}^{T} \frac{CF_t/(1+r)^t}{P} \times t \qquad (2-1)$$

式中，D为麦考利久期，CF为当期现金流，r为息票利率，P为债券面值，t为时间。

因此，有：

$$D = 1000 \times 7\% \div (1+0.07)^1 \div 1000 \times 1 + 1000 \times 7\% \div (1+0.07)^2 \div 1000 \times 2 + \cdots + (1000 + 1000 \times 7\%) \div (1+0.07)^{10} \div 1000 \times 10 \approx 7.60(\text{年})$$

此时用修正久期（D_m）计算债券价格的变动：

$$D_m = \frac{D}{(1+r)} \qquad (2-2)$$

$$\Delta P = -D_m \times r \times P \qquad (2-3)$$

有：

$$D_m = 7.60 \div (1+0.07) \approx 7.10$$

$$\Delta P = -7.10 \times 1\% \times 1000 = -71$$

也就是说，此时债券实际价格只有1000－71＝929（美元），债券价格缩水了7.1%。如果此时持有该债券的商业银行是通过杠杆操作买入的该债券（如通过在同业市场上借入资金买进该债券），那么该债券的价格缩水带来的浮亏将被成倍放大。

为应对市场价格波动带来的风险，银行业普遍采取了一种做法，那就是将所持有的长期债券统统放到持有至到期投资会计科目下（Held - to - maturity securities，HTM），至少也要放在可供出售金融资产科目下（Available - for - sale securities，AFS）。这是因为在会计准则上，为了让一般的企业更关注自身的经营状况，HTM 的价格波动不计入利润表，也不计入资产负债表，仅用摊余成本（Amortized Cost）计量；AFS 的价格波动不计入利润表，仅计入资产负债表。

通过将长期债券划分到 HTM 与 AFS，商业银行可以很好地规避市场价格波动带来的风险。然而，这种做法却更像是一种“鸵鸟政策”，认为“浮亏不算亏”。其最大的问题在于，一旦出现期限错配的情况，例如，利率大幅增长，或者负债端出现大额资金出走，那么在实际操作中，就很难做到将长期债券持有至到期，更不谈快速卖出债券止亏。随着债券的浮亏逐渐扩大到商业银行无法承受而不得不低价卖出的地步，其中的浮亏也就会变成实际亏损，此时就可能面临挤兑的危机。

正如图 11 和表 2 所示，在零利率时代的 2020 年，硅谷银行的证券投资收益中，AFS 与 HTM 的收益快速增长并达到峰值，然而此后浮盈逐渐下降，甚至出现大幅浮亏，为后来的“暴雷”埋下了隐患。

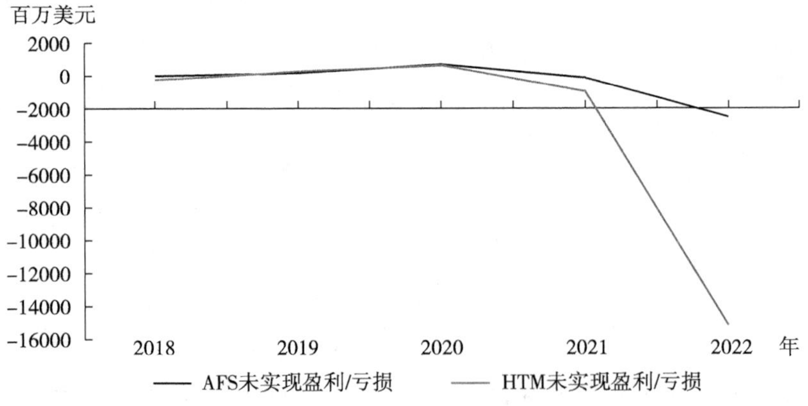

图 11　硅谷银行长期债券收益情况

（资料来源：硅谷银行年报）

表 2　硅谷银行长期债券收益情况　　　单位：百万美元

年份	2018	2019	2020	2021	2022
可供出售金融资产					
摊余成本	7862	13894	30245	27370	28602
公允价值	7790	14015	30913	27221	26069
未实现收益/损失	-72	121	668	-149	-2533
持有至到期投资					
摊余成本	15487	13843	16592	98202	91327
公允价值	15188	14115	17217	97227	76169
未实现收益/损失	-299	272	625	-975	15158

资料来源：硅谷银行年报。

2.1.3　硅谷银行的存款结构

与资产端快速增长的 AFS、HTM 相对应的，是硅谷银行在负债端快速增加的不计息活期存款。得益于零利率时代，科创类企业掀起了 IPO 热潮，并从 IPO 中获取了大量低成本资金存于硅谷银行。硅谷银行因此得以在负债端吸纳大量的存款。由图 12 可以看出，在 2020—2021 年，硅谷银行的不计息活期存款平均增速达 104.07%，处于飞速增长的状态，并于 2021 年达到峰值。与之同步，计息存款也处于快速增加的状态，平均增速为 101.44%，几乎是每年翻一番。

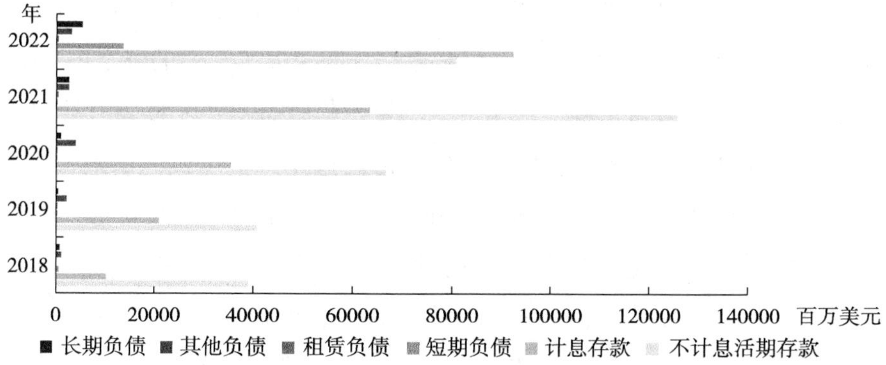

图 12　硅谷银行负债情况

（资料来源：硅谷银行年报）

飞速增长的存款主要来源于科创类企业客户，总体来看，新增存款中大部分为非计息活期存款，预计主要为企业经营账户中沉淀资金。由图 13 可知，2020 年和 2021 年硅谷银行非计息活期存款分别增长 256.78 亿美元、593.32 亿美元，分别占当年新增存款的 63.84%、68.02%。得益于负债端非计息存款高增，硅谷银行负债端成本明显优化。硅谷银行 2020 年计息存款成本率与计息负债成本率分别为 0.24%、0.33%，较 2019 年分别下降 85 个、91 个基点。2021 年负债成本进一步改善，负债端优势进一步扩大。

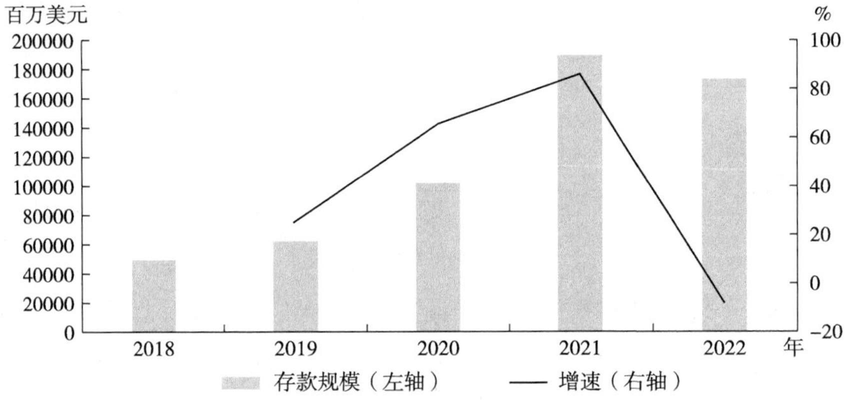

图 13　硅谷银行存款规模及增速

（资料来源：硅谷银行年报）

结合资产端与负债端两头看来，不难发现，在零利率时代，随着市场上资金量的增加，硅谷银行的主要客户——科创型企业获取了大量的资金用作上市，硅谷掀起了一场 IPO 热潮。随之而来的，是客户将资金源源不断地存于硅谷银行，这些资金成本低、期限短，此时，硅谷银行选择将资金投向期限长、收益率尚可的 AFS 与 HTM，借此获取期限错配的收益。从具体投资资产看，HTM 投资以住房抵押贷款支持证券为主，AFS 投资以美国国债与住房抵押贷款支持证券为主。截至 2021 年末，硅谷银行 HTM 中住房抵押贷款支持证券占比为 76.14%，较 2019 年末提升了 12.72%；AFS 中美国国债与住房抵押贷款支持证券占比分别为 58.23%、35.16%，较 2019 年末提升了 9.04% 和降低了 5.42%。

由图 14 和图 15 可以看出，2020 年硅谷银行所获得的大量不计息活期存款，基本用于购买住房抵押证券（Mortgage – Backed Securities），结合图 8 可以发现，2020 年所购买 MBS 基本放置于 AFS 科目下，而 2021 年就将大部分 MBS 放置于 HTM 科目下了。这样做，市场的价格波动就很难完全在资产负债表、利润表中反映出来，因而可以在一定程度上规避市场价格波动带来的风险。

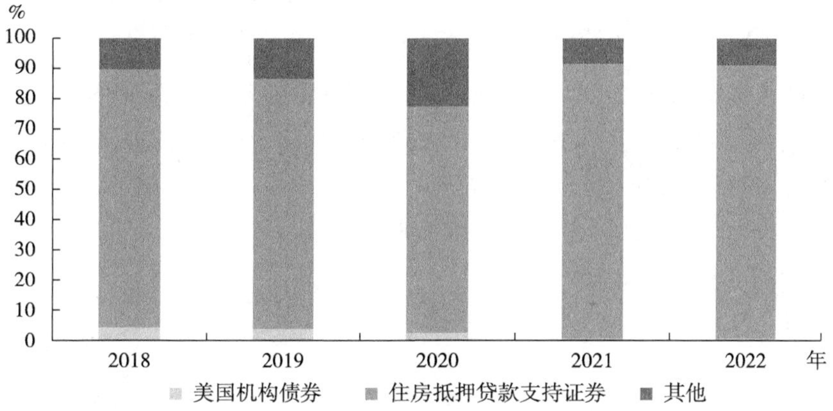

图 14　硅谷银行 HTM 资产结构

（资料来源：硅谷银行年报）

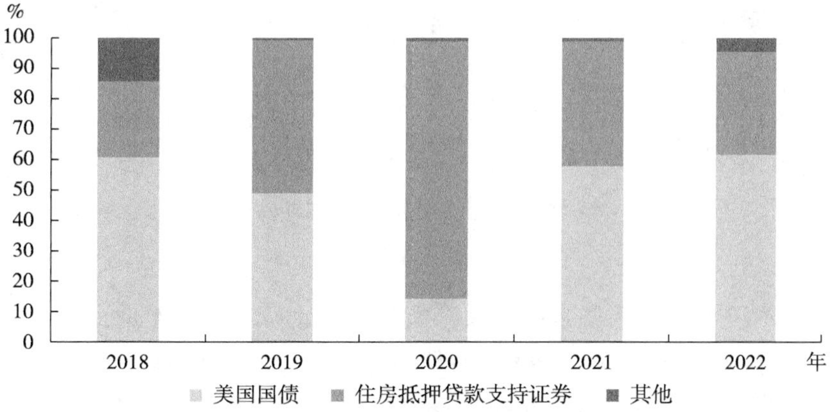

图 15　硅谷银行 AFS 资产结构

（资料来源：硅谷银行年报）

2.2 加息周期：银行业的梦魇终至

零利率时代，美联储持续向市场放水，开始无限量、无底线地实施量化宽松政策。所谓量化宽松政策，主要是指中央银行在实行零利率或近似零利率政策后，通过购买国债等中长期债券，增加基础货币供给，向市场注入大量流动性资金的干预方式，以鼓励开支和借贷，也被简化地形容为间接增印钞票。如果说量化宽松政策是“开闸放水”，那么无限量、无底线地实施量化宽松政策就是“凿坝泄洪”，使市场中充斥着大量的热钱。从图16可以看出，美元M2货币在2020年快速增长，2020—2021年达到了二十年来高位水平。

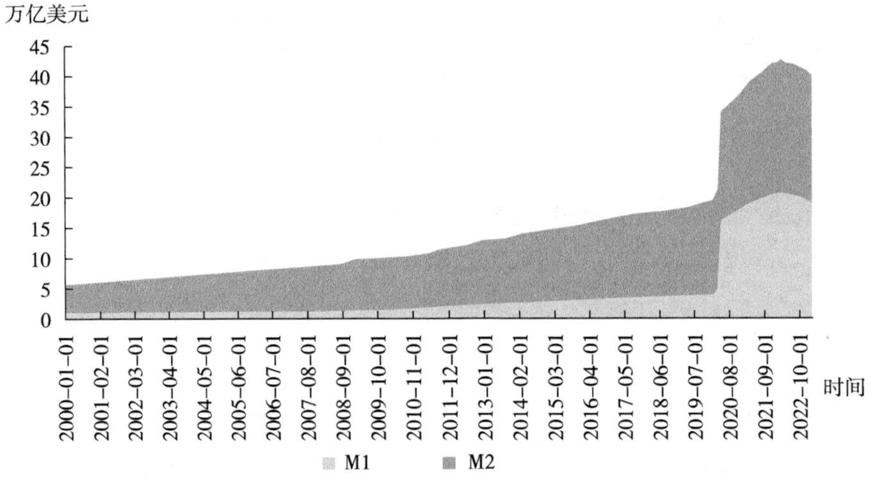

图16 美元M1与M2货币发行量

（资料来源：The Federal Reserve）

当“水灾”来临，最明显的反映就是物价上涨、通货膨胀。通货膨胀一般可以通过CPI反映出来，CPI是衡量消费品价格变化的指标，从消费者的角度衡量价格变化。同时，CPI也是衡量购买趋势和衡量通货膨胀的重要方法。由图17可以看出，从2021年1月开始，美国CPI快速上行，到2022年1月，当月CPI已经高达7.50%，进入历史高位。

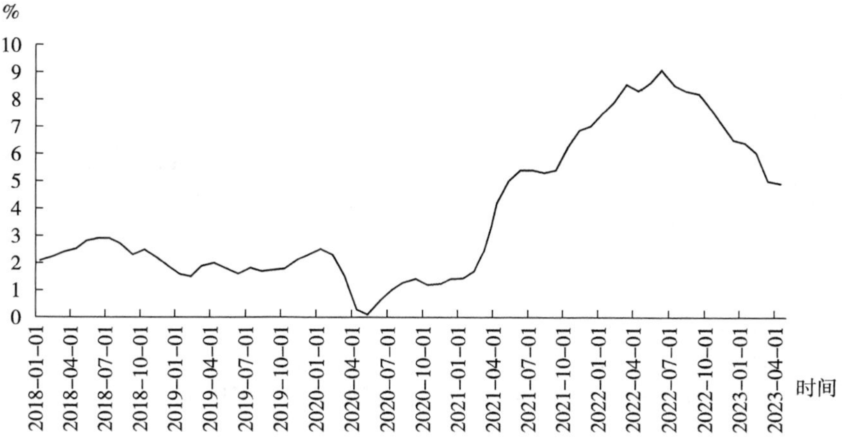

图 17　美国当月实际 CPI

（资料来源：万得金融终端）

不断加剧的通货膨胀使美国普通人的生活水平降低，贫富差距拉大，社会矛盾激化。而且相应地，美元的开闸放水，使美元贬值。由图 18 可以看出，2020—2022 年，市场上大量增加的货币供应使得美元指数持续走弱，美元持续贬值降低了美元资产对国外投资者的吸引力，可能导致外国投资者抛售美元资产，进而使美国自己手中持有的美元资产（主要是美国国债）暴涨。由图 19 可以看到，截至 2020 年 12 月，在美债的持有者中，外国投资者合计 26%，而美国人自己持有的美债总额已经攀升至 27.7 万亿美元的高位，占比 74%，所以，不管是为了缓解通货膨胀，还是继续维持美元的统治地位，美联储的加息都是势在必行的。

当“放水”太多以至于“水灾”时，是时候抽水了。2022 年 3 月美联储开始加息。截至当地时间 2023 年 5 月 3 日，美联储已经连续第 10 次加息，累计加息幅度达 500 个基点。

通过加息，从美国国内看，市面上大量的热钱回笼美联储，流通于市场中的货币量相应减少，进而减缓物价的上涨，控制通货膨胀以防止其进一步恶化。而在国际市场上，美联储加息使大量的资金回流美国，美元走强，美元升值，美元的升值可能会给外国借款人带来额外的压力，进而影响全球债务市场。

图 18　美元指数走势

（资料来源：万得金融终端）

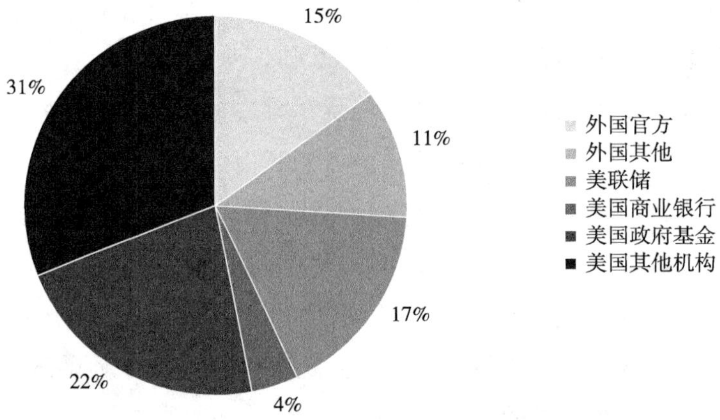

图 19　2020 年 12 月美国国债余额结构

（资料来源：美国财政部）

然而，从商业银行的角度看，美联储此次激进的加息却并非一件好事。首先，美联储加息使贷款端需求减退，商业银行在同业拆借市场中的利率飙升，使商业银行很难通过同业拆借市场进行资金的融通操作。而对投资者来讲，由图 20 可以看到，贷款利率快速上升，从 2022 年 1 月的 4. 85% 一路涨到 2023 年 4 月的 8% 水平。如此高昂的贷款费用使广大投资者望而却步，贷款意愿降低、贷款需求下降。其次，美联储加息使存款端出现资金出走的局面，特别是 PE/VC 等专业投资机构的“聪明钱”，会追求投资回报率更高的资产，而不是放置于银行之中。从贷款与存款的角度看，美联储加息给商业银行带来的负面影响较大，主要表现为：（1）从同业拆借市场上借钱的成本变高；（2）储户存款出走。这两点的影响对一个大型银行来说或许还算可控，但对以储户存款为主要资产来源、购买了大量长期债券的小型银行来说，就是一场噩梦了。

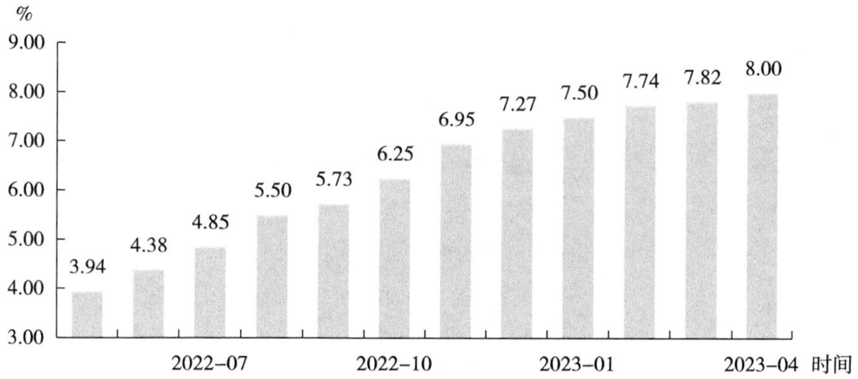

图 20　美国商业银行贷款利率

（资料来源：Trading Economics）

漫长的加息对那些大量持有长期债券的银行来说是致命的。以硅谷银行为例，美联储加息导致硅谷银行的活期存款资金快速流出，表现为资产负债表上，负债端不计息活期存款快速减少（见图 21）。同时，美联储的加息导致债券价格下跌，硅谷银行投资的 HTM 与 AFS 出现浮亏。从表 2 可以看到，截至 2022 年末，硅谷银行 HTM 与 AFS 的未实现损失分别为 151. 60 亿美元、25. 33 亿美元，较 2021 年末分别增长了 1028. 82%、709. 27%。

硅谷银行只是一个缩影，整个美国银行业在此时都承受着现金流枯竭的压力。由图 21 可以看到，自 2022 年开始，整个银行业的存款出现负增长，大批以储户存款为资产负债表的主要组成部分的中小型银行面临着现金流断裂的危机。其中，持有大额浮亏的固定收益证券的银行受到的影响最大，硅谷银行首当其冲。由图 22 可以看到，随着美联储的加息，2022 年美国银行业遭受了固定证券投资的大额未实现亏损，这个浮亏还在不断扩大，银行业的冬天已经来临。

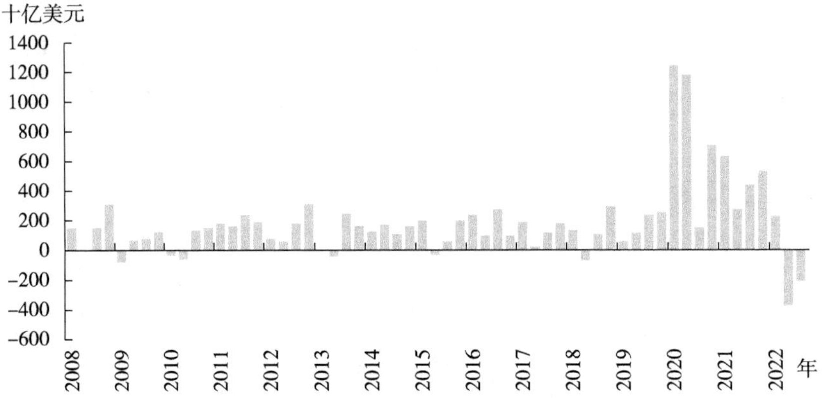

图 21　美国银行业存款状况

（资料来源：FDIC）

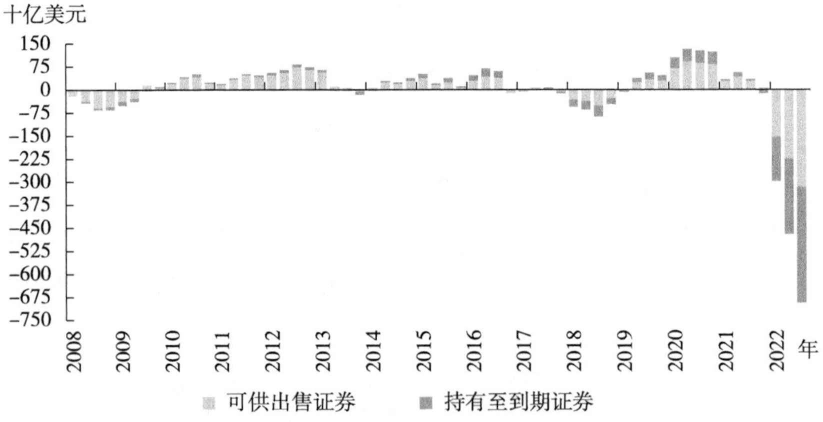

图 22　美国银行业证券投资未实现损益情况

（资料来源：FDIC）

2.3 浮亏实现：决策失误还是无奈之举

“浮亏不是亏”的理念，从某些角度看无可厚非。对商业银行来说，不论浮亏如何扩大，只要手头上有足够的现金流，那么浮亏完全是正常的投资风险，是可被接受的，也就是所谓的“不算亏”。此时，一旦将浮亏资产卖出，那么未实现亏损就会转化为真实亏损，就会对商业银行的资金情况造成打击。硅谷银行便是如此，在浮亏 176 亿美元的情况下，硅谷银行宣布以低于摊余成本的价格出售其 AFS 资产，这一交易直接使硅谷银行的部分浮亏转为真实亏损，且亏损额达 18 亿美元。为了弥补亏损，硅谷银行又通过定向增发、发行普通股、优先股等行为来筹资，而在筹资失败的消息传出之后更是引发了储户挤兑，最终不得已宣布破产。综观整个事件，正是由于浮亏转为真实亏损，使硅谷银行需要定向增发、发行普通股、优先股等进行筹资，而筹资的失败又加剧了储户的挤兑，最终破产。一环扣一环，故事似乎是从浮亏开始的，这不禁让人觉得作出将浮亏转为真实亏损的战略决策是领导者的无能。然而，浮亏的实现，仅仅只是硅谷银行的决策失误吗？或者说，硅谷银行是否可以选择不折价出售 AFS 资产？或是否可以从一开始就选择不买 MBS 等长期债券以此规避可能出现的价格风险呢？

在回答上述问题之前，我们需要明白，从浮亏到破产的整个链条中缺少了最关键的一环，那就是现金流（cash flow）。

由图 23 可以明显看到，2020—2021 年投资活动现金流净额猛涨，这得益于宏观环境政策的宽松。而 2020—2021 年筹资活动现金流净额也大幅增加，其中大部分是储蓄存款。不难发现当期所筹集资金基本用于当期投资，且期初现金也被用于当期投资活动（主要是购买长期债券）。然而在 2022 年，情况急转直下，筹资活动中所获取的存款为 -160.94 亿美元，同比下降了 120.57%（见图 24）。存款的快速流出主要与美联储的加息有关，加息导致储户更愿意将存款取出，转为现金持有或者投资有价证券。

从图 25 可以看出，储户存款是硅谷银行重要的资金来源，占据了筹资活动现金流的大部分。然而在 2022 年，由于美联储的加息操作，储户存款快速

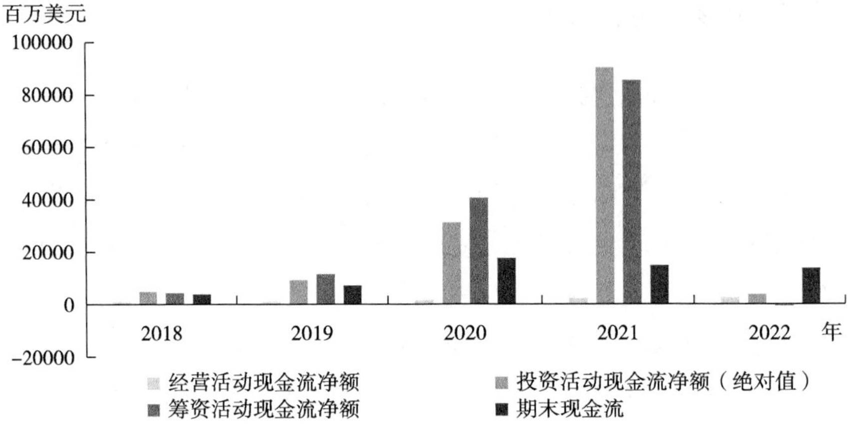

图 23　硅谷银行现金流情况

（资料来源：硅谷银行年报）

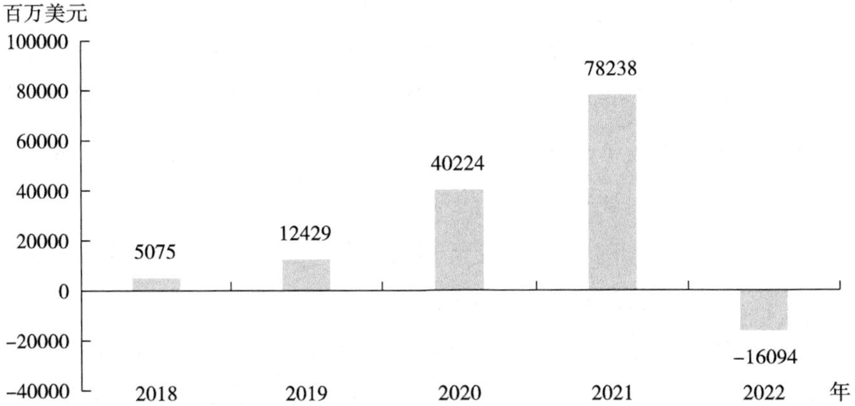

图 24　硅谷银行当期存款情况

（资料来源：硅谷银行年报）

流出，仅依靠 AFS 与 HTM 的利息收入难以继续维持健康的现金流，在筹资端资金枯竭的情况下，浮亏逐渐浮出水面。

现金流枯竭给硅谷银行带来了噩耗。由图 26 可以看出，2021 年，浮亏对期末现金流来说只是很少的一部分，期末现金流支付完 AFS 与 HTM 的浮亏之

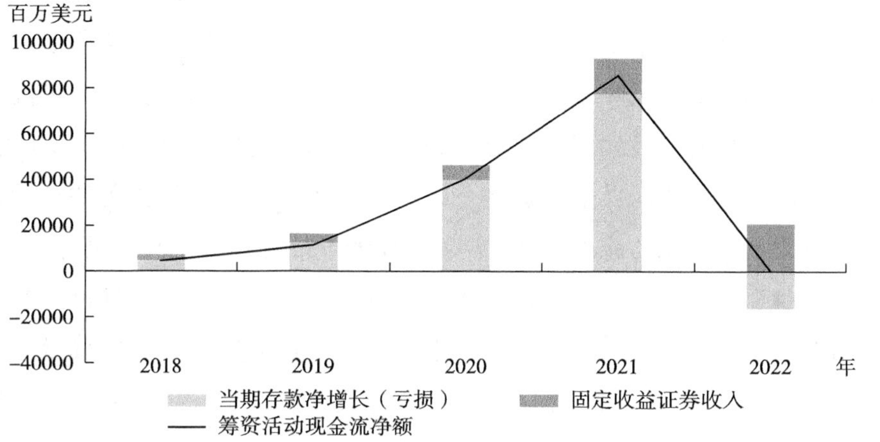

图 25　硅谷银行筹资活动现金流情况

（资料来源：硅谷银行年报）

后依然还有大量剩余，此时，“浮亏不算亏”的理念还是奏效的。然而，一旦现金流枯竭，而浮亏又快速扩大，这就是硅谷银行不可承受之痛了。2022 年，由于浮亏大幅扩大，同时期末现金流相对上期减少了 5.37%，在将当期期末现金流支付完固定收益证券的浮亏后，剩余 -39 亿美元。也就是说，在所有的现金流支付完浮亏后，还有 39 亿美元的亏损需要支付。

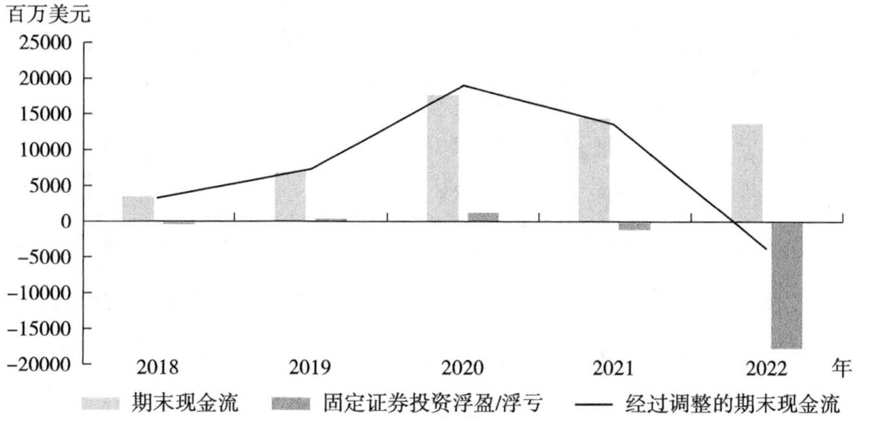

图 26　硅谷银行筹资活动现金流情况

（资料来源：硅谷银行年报）

此时，让我们回归前文的问题：硅谷银行是否可以选择不卖出浮亏资产，而是将其继续持有呢？或是否可以从一开始就选择不买 MBS 等长期债券以此规避可能出现的价格风险呢？首先，对第一个问题，硅谷银行 2022 年披露的财报显示，现金流已经到了油尽灯枯的地步，枯竭的现金流难以承受可能的长期债券浮亏。在当时美联储激进加息的背景下，浮亏是可预见的扩大，而储户存款也是可预见的流出。这时，如果要继续持有 AFS/HTM 等资产，首先需要补充现金流。而快速补充现金流唯一的办法就是——同业拆借。然而硅谷银行此时已经陷入了僵局，由图 9 可以看出，在美联储激进加息的情况下，截至 2023 年 3 月，此时的同业拆借市场利率已经高达 5% 的水平，而此时 HTM 的平均到期收益为 1.9%，如果硅谷银行选择在同业拆借市场上以 5% 的利率借入资金，来维持对平均到期收益率为 1.9% 的长期债券的持有，那么其亏损为 3.1%。对大规模持有长期债券的硅谷银行来说，这是难以接受的。因此，对硅谷银行而言，唯一的选择就是及时止损，逐步减仓，分批卖出手中持有的长期债券。

其次，对第二个问题，首先要明确，在西方的经济理念中，资本是有时间价值的。也就是说，当手中有大批资金时，理性的经纪人会考虑对资金进行保值增值。在零利率时代，对银行业来说，如果将资金存放于手中不进行投资，那么在承受“期限利差”的机会成本之外，还可能涉及保守经营，引起股东的不满。而由上文图 4、图 5、图 6 可以看出，在客户群体较为局限、贷款需求稳定的情况下，硅谷银行收到的大批客户沉淀资金难以全部用作贷款贷出。也就是说，对硅谷银行而言，在当下那个时点，既无法将手中收到的大额资金作为贷款全部贷出，也无法持续持有资金保守经营，最好的办法就是将资金投资于收益稳健的长期债券。对硅谷银行来说，最大的问题就是，当资产规模出现大幅度增长的时候，管理层没有及时重新评估风险水平，而是选择大幅购买长期债券，在没有做好风险应对准备的情境下埋下了隐患。

3. 硅谷银行事件中的监管层

硅谷银行，作为美国第十六大银行，其倒闭只是拉开了序幕。硅谷银行的倒闭让广大投资者关注银行的现金流情况。值得注意的是，在整个倒闭的事件中，其实很少看见监管层的身影，是否监管的缺位导致了硅谷银行在悬崖边越走越远最终掉下悬崖呢？

美联储作为美国金融市场上的监管机构，对银行业实行分类监管机制。通过“适配性”原则对银行进行监管，具体按照银行资产总规模、跨境业务规模、非银资产、加权短期批发性融资、表外风险暴露等指标将总资产500亿美元以上的大中型银行分为了五个类别，分别明确了各类银行对应的资本监管、流动性监管、大额风险暴露等一系列监管要求。“适配性”监管是近年来国际监管组织和各国监管机构落实《有效银行监管核心原则》的重要理念之一。随着《巴塞尔协议Ⅲ》的日趋复杂，从支持中小企业和居民信贷服务的政治考量、“抓大放小”集中监管力量重点监督大型银行的金融稳定考量、降低小型银行成本以期营造公平竞争环境的经济考量三个角度，各国监管机构开始考虑对小型的、不复杂的、未跨国运行的银行机构施行简化甚至放宽的监管要求。由此，各司法辖区监管机构往往对中小型银行可以因地制宜地简化甚至放宽监管要求。

具体来看有五个类别，第一类银行包括了美国的所有全球系统重要性银行以及其集团下属的存款类公司；第二类银行为总资产满足大于等于7000亿美元或跨境业务大于等于750亿美元任一条件的银行；第三类银行为总资产大于等于2500亿美元的银行以及加权短期批发性融资、非银资产或表外暴露大于等于750亿美元，但不属于第一、第二类银行的银行；第四类银行为总资产介于1000亿美元至2500亿美元，但不属于第一、第二、第三类银行的银行；第五类银行（即其他银行）为总资产介于500亿美元到1000亿美元，不属于第一、第二、第三、第四类银行的银行（见表3）。对硅谷银行的资产规模来说，截至2022年，其资产规模为2118亿美元，属于第四类银行。

表3 美联储银行分类监管标准及流动性监管要求

类别	分类标准	流动性监管要求
第一类银行（Category Ⅰ）	美国境内的全球系统重要性（G-SIBs）银行	1. 完全执行LCR与NSFR相关要求； 2. 每日向监管机构报告FR 2052a监管报表； 3. 每月进行流动性压力测试； 4. 其他流动性监管要求。
第二类银行（Category Ⅱ）	总资产大于等于7000亿美元，或跨境业务大于等于750亿美元的银行	1. 完全执行LCR与NSFR相关要求； 2. 每日向监管机构报告FR 2052a监管报表； 3. 每月进行流动性压力测试； 4. 其他流动性监管要求。
第三类银行（Category Ⅲ）	总资产大于等于2500亿美元，或非银资产、加权短期批发性融资、表外暴露大于等于750亿美元的银行	1. 加权短期批发性融资额大于等于750亿美元的银行，完全执行LCR与NSFR相关要求；加权短期批发性融资额小于750亿美元的银行，仅需满足85%的LCR与NSFR要求即可； 2. 加权短期批发性融资额大于等于750亿美元的银行，每日向监管机构报告FR 2052a监管报表；加权短期批发性融资额小于750亿美元的银行，仅需每月向监管机构报告FR 2052a监管报表； 3. 每月进行流动性压力测试； 4. 其他流动性监管要求。
第四类银行（Category Ⅳ）	总资产介于1000亿美元至2500亿美元，且不属于前三类银行的银行	1. 加权短期批发性融资额大于等于500亿美元的银行，仅需满足70%的LCR与NSFR要求即可；加权短期批发性融资额小于500亿美元的银行，不需要执行LCR与NSFR要求； 2. 每月向监管机构报告FR 2052a监管报表； 3. 每季度进行流动性压力测试； 4. 相应简化的其他流动性监管要求。
第五类银行（Others）	总资产介于500亿美元至1000亿美元，且不属于前四类银行的银行	无

资料来源：美联储、兴业研究。

对硅谷银行来说，由于其加权短期批发性融资小于500亿美元，因此不需要满足净稳定资金比例（NSFR）与流动性覆盖率（LCR）的流动性监管指标要求，仅需要每月向监管机构报告监管报表及每季度进行压力测试即可。得益于美联储差异化的监管规则，对硅谷银行来说，其资本不用满足净稳定资金比例与流动性覆盖率的要求。也就是说，对 HTM 与 AFS 的投资所造成的浮亏，都可以不体现在资本净额之中，这使银行资本充足率出现虚高。

对 HTM 来说，在会计准则上，HTM 不计入三张报表，若该科目下的债券未能重分类为可供出售项目或直接出售，那么未实现损失将不会影响核心一级资本净额，浮亏因此被隐藏起来了。HTM 项目下债券的浮亏既不体现在利润表中，也不体现在资产负债表中。因此，美国各类银行在持有至到期项目下持有债券所招致的浮亏都不会对核心一级资本产生扣减。但是，如果该银行由于持债目的变化、流动性考量等因素，将持有至到期项目下债券重分类至可供出售项目或直接出售该债券时，那么这部分未实现损失将可能直接对银行的核心一级资本净额产生冲击。

而对 AFS 来说，按照美国 GAAP 会计准则，可供出售金融资产的未实现损益（Unrealized Gains&Loss）等项目可被计为 AOCI 的一部分。然而，在利率市场化环境下，由于利率振幅较大等原因，这些项目波动较大，若将这些项目计为核心一级资本的一部分，将导致银行资本水平波动剧烈影响商业银行资本规划，甚至部分银行出于审慎考虑将增加资本储备来设置缓冲避免项目波动造成资本充足率不达标的风险，进而提高金融机构成本。由于硅谷银行被分类为第四类银行，在 2019 年规则落地之初，其选择了不把 AOCI 计入核心一级资本的计算方法。因此，其 AFS 项目下的所有浮亏，均未如大银行一般被从核心一级资本扣减，从而造成了其核心一级资本的虚高。

从硅谷银行的实际情况看，由于 2022 年底其持有至到期项目下持有的债券数额占到了总资产的 43.50%，因此该部分债券的浮亏尤为巨大，其未实现损失在 2022 年底为 151.6 亿美元。若将浮亏考虑进核心一级资本净额，则硅谷银行的核心一级资本充足率将由原来的 12.05% 下降至 -1.29%，大幅低于美联储要求的 4.5% 核心一级资本充足率底线（见图 27）。

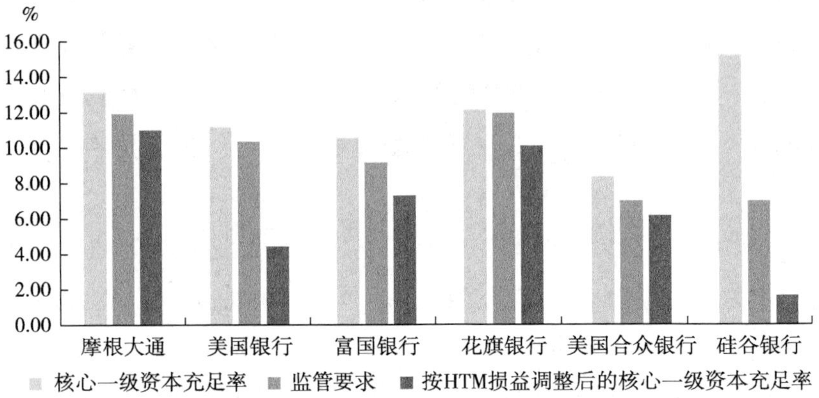

图 27　按 HTM 损益调整后的核心一级资本充足率低于监管要求

（资料来源：美国各银行年报，海通证券）

由于持有债券浮亏未能体现为对核心一级资本净额的扣减，在一定程度上隐藏了硅谷银行的潜在风险，使硅谷银行核心一级资本充足率虚高。而对美联储来说，基于其分类监管的监管规则，“抓大放小”，很难在当时兼顾到硅谷银行这一问题。

4. 硅谷银行事件后续影响

在硅谷银行发生挤兑后，第一时间被 FDIC 接管。此时，市场的目光都聚焦于美国金融当局，预测其是否会对硅谷银行伸出援手。而事件发生后，美国财政部部长耶伦一度表示不会对其伸出援手，但在后来，美国财政部宣布了一项针对硅谷银行储户的 BTFP 计划，该计划将为合格存款机构提供额外融资，以满足存款人的需求。紧接着硅谷银行又于周一宣布重新开始营业，似乎已经“救过来了”。随着美国第一公民银行将硅谷银行金融集团旗下所有银行业务全部收购，硅谷银行倒闭事件似乎画上了句号。然而，事件的影响还在发酵，硅谷银行事件似乎只是风雨欲来的前奏。

4.1 美联储与财政部：全力救助

3月12日，美国财政部、美联储和FDIC发布联合公告，宣布将给硅谷银行的储户提供全额保障，但不保障股东、特定无担保债权人的利益。同日，美联储公告了一项BTFP工具，即银行定期资助计划。该计划向银行、储蓄协会、信用合作社和其他合格的存款机构提供最长一年的贷款，以美国国债、机构债务和抵押贷款支持证券以及其他合格资产为抵押品，这些抵押品将按面值计价。这使银行即使因为债券市场的下跌而资不抵债，还是能从美联储处抵押借到足额的资金，美国财政部为抵押借款提供250亿美元的担保。此外，美联储表示存款机构还可以通过再贴现窗口获得流动性，再贴现窗口下证券资产的抵押率与BTFP保持一致，将为合格存款机构提供额外融资，以满足存款人的需求。原本苦于因为债券价格下跌、现金流枯竭而不得不分批卖出债券承受浮亏的硅谷银行，在有了BTFP之后，可以将手上的债券按面值（而非市价）计价，向美联储抵押进而进行融资，补充枯竭的现金流。此外，还可以通过再贴现窗口以手中的债券向美联储贴现获取资金，抵押率与BTFP保持一致。通过这些措施，硅谷银行从悬崖边缘被拉了回来。

那么为何之前还声称不会救助硅谷银行的美国财政部部长耶伦，会在之后通过一系列全力救助硅谷银行的措施呢？美国全力救助硅谷银行，根本出发点还是为了“保”全球科技竞争力。从深层次的原因看，作为一家以服务科技企业为特色的专业银行，硅谷银行在推动美国科技创新方面发挥了至关重要的作用，堪称美国维持其全球科技竞争力的核心金融基础设施之一。从图2中可以发现，硅谷银行的客户主要是美国乃至全球范围内的科技初创企业。成立40年来，硅谷银行累计帮助了3万家高科技初创企业实现融资，并通过“投贷联动”等业务模式（见图3）与全球逾600家创投机构、120家私募股权基金建立了稳定的业务联系，在美国高科技初创企业投融资领域所占市场份额超过50%，形成了错综复杂的科技金融生态。

因此，一旦美国监管部门弃硅谷银行于不顾，不仅上千家直接在硅谷银行开设存款账户的科技公司会立刻出现资金链断裂危机，还将使美国大批风投机构和私募股权基金陷入财务困境，波及更多的美欧科技公司，从而重创硅谷这一美国科技创新中心，大大削弱美国的全球科技领先优势和创新活力。

在宣布 BTFP 计划对硅谷银行的储户资金进行全额赔付后，3 月 14 日，硅谷银行重新开业。3 月 27 日，在美国监管部门的护航下，资产规模刚过 1000 亿美元的美国第一公民银行宣布收购硅谷银行，并接管其全部存贷款及储户，硅谷银行的 17 家分行将以“硅谷银行—第一公民银行分支”的名义对外继续营业。至此，硅谷银行算是彻底救回来了，倒闭风波暂时告一段落，但其对美国金融市场的深层次影响或许才刚刚开启。

4.2 宏观层面：加息政策与资本市场的调整

美联储激进的加息是引发硅谷银行事件重要的客观原因。在硅谷银行事件之后，后续美联储在加息时，将不得不权衡通货膨胀风险和日益上升的金融风险。硅谷银行事件已经显示美联储的加息对金融系统会存在一定的破坏性，加息造成的长期债券价格下跌给持有长期债券较多的金融机构带来了不确定性，降低了金融系统的稳定性。因此，在后续美联储加息时将不得不考虑金融风险问题，单次扩大加息幅度的可能性较小，甚至可能会考虑逐渐停止加息。

此外，传统上，美国是资本主导的科技金融成熟市场体系，由以硅谷银行为代表的风险贷款市场、以专业风投机构和私募股权基金为代表的风险投资市场、以纳斯达克为代表的多层次资本市场构成。硅谷银行折戟后，这一运行多年的科技金融体系将从源头上受到挑战，很可能在前中端发生较大改变。科技企业存放资金和获得风险贷款的渠道将更加多元化。即便硅谷银行事后被收购或重组，科技企业也会充分吸取教训，不再扎堆中小科技银行，美国大银行的科技金融业务有可能迎来发展机遇。同时，依赖科技银行提供资金和业务支持的传统风投机构将不再是风险投资市场的绝对主力。一些自有资金雄厚的大企业、大型金融机构，尤其是以微软、亚马逊、字母表、苹果和元宇宙平台等为代表的科技巨头，旗下的企业风投机构（CVC）将加大对初创科技企业的投资，进一步对传统风投机构形成挤压。

4.3 中观层面：第一张多米诺骨牌

尽管美国财政部、美联储及 FDIC 重申不存在系统性风险，但在硅谷银行暴雷事件的下个交易日，美国银行类股票仍遭受严重抛压，第一共和银行（First Republic）收盘跌幅高达 62%，盘中更一度重挫达 75%。此外，西部联盟银行（Western Alliance Bank）收盘暴跌 47%，西太平洋银行（PacWest）、锡安银行（Zions）跌幅也都超过 20%，英国金融资讯专业服务机构路孚特（Refinitiv）追踪的 156 家美国上市银行行业指数，有 149 家银行股价收跌。大举抛售银行业股票是令人不安的信号，表明投资者认为监管机构“做得不够”且担心他们是在解决银行流动性，而非偿付能力。

硅谷银行事件引发了市场对美国银行业整体的恐慌，当地时间 3 月 12 日下午，美国财政部、美国联邦储备委员会和美国联邦储蓄保险公司发布联合声明，以“系统性风险”为由，宣布关闭美国商业银行资产规模排名第 29 的签名银行（Signature Bank）。这是继硅谷银行后，三天内被关闭的第二家美国金融机构。该银行是一家有关加密货币行业的大型贷款机构，截至 2022 年底，其总资产规模达 1104 亿美元（约合人民币 7500 亿元）。路透社指出，签名银行是继华盛顿互惠银行、硅谷银行后，美国倒闭的第三家银行。

而在当地时间 5 月 1 日，美国加利福尼亚州金融保护和创新局宣布关闭第一共和银行（First Republic Bank），由银行业监管机构联邦储蓄保险公司接管。联邦储蓄保险公司随后与摩根大通签订协议，后者将收购第一共和银行的所有存款及“几乎所有”资产。联邦储蓄保险公司发布公告称，截至 4 月 13 日，第一共和银行拥有约 2291 亿美元资产和 1039 亿美元存款。收购后，第一共和银行在美国 8 个州的 84 处办公室从 5 月 1 日开始作为摩根大通的分支机构重新开门营业，第一共和银行的所有储户将转变为摩根大通的储户，并可支配各自的所有存款。至此，第一共和银行成为继硅谷银行、签名银行之后，两个月来因资金链断裂而被关闭、接管的第三家美国区域性银行。根据美国联邦储备委员会资料，截至 2022 年底，第一共和银行资产规模在美国商业银行中排名第 14 位。

尽管监管当局在上述几家银行倒闭时及时介入，并全力保护储户资金，但市场情绪依旧需要时间恢复，不过，得益于监管当局的快速介入，硅谷银行事件并未引发大范围的系统性风险。

4.4 微观层面：手中资金何去何从

从微观层面看，硅谷银行事件对广大投资者的影响主要体现在以下两个方面：投资决策与储蓄决策。从投资端看，在美联储加息的背景下，如何做好资产配置，减少市场价格波动风险，是众多投资者需要考虑的问题。硅谷银行正是由于其超出自身能力持有长期债券，因而遭受了市场波动的损失。从储蓄端看，投资者在将资金存入银行之前会更加审慎地考虑银行的信用风险，基于资产保值增值的目的来选择是否将资金存进银行。

4.5 对中国的启示

对中国来说，基本上不会发生硅谷银行这样的事件。首先，中国的基准利率政策稳健，基本不存在大转向的问题。金融业总资产中占比超过90%的银行业总体稳定，绝大多数银行业金融机构处于安全边界内，银行业总资产中占比约70%的24家主要银行一直保持评级优良。其次，由于政府对银行业的支持态度，国内银行业的融资将保持稳定，不会出现行业性的存款流失情况。最后，目前国内市场流动性合理充裕，为银行业流动性管理创造了有利条件。截至2022年末，中国商业银行的风险加权资产中92%为信用风险，只有1%为市场风险。另外，由于国内目前尚看不到利率大幅提升的拐点，也能为存在高久期风险的银行压缩久期、完善市场风险管理赢得充足的时间。

尽管中国不会发生类似的事件，但依旧可以从硅谷银行事件中获得一些启示。

第一，货币政策应当稳健，避免大放大收。在疫情期间，为了刺激经济发展，美国选择采用量化宽松的策略，结合零利率，使市面上充斥着热钱。而后在引发通货膨胀之后，又宣布激进加息、缩表。这样的政策漂移使商业银行在低利率时代配置的长期限低收益资产，在高利率时代承受很大的价格风险。

第二，监管层不应存在死角。2008 年国际金融危机后，各国普遍加强了对系统重要性金融机构的评估和监管，而对中小型金融机构的关注相对有限。2018 年，美国决定对金融机构实施分类监管，硅谷银行在破产前属于“第四类”机构，由于过渡期安排和两年一次的压力测试要求，硅谷银行直到破产前都未开展压力测试。事实上，中小金融机构的承压能力更弱、脆弱性更明显，同样有可能在风险积累和市场恐慌中酿成系统性风险。

第三，对风险事件的处置应当及时。硅谷银行的风险处置相当迅速。FDIC 按照“五一机制”接管硅谷银行，即周五宣布接管并成立过桥银行，周一重新开业。美国财政部、美联储、FDIC 也快速履行法定程序，及时宣布为硅谷银行所有存款人提供全额保障，稳定了市场信心，相关成本将由 FDIC 向银行业征收特别保费弥补。这表明迅速且强力的应对措施对稳定市场信心、处置金融风险至关重要，也反映出充分的法律授权、丰富的政策工具、充足的风险处置资源的重要性，值得借鉴。

第四，应当关注金融机构的资产负债平衡。从负债端看，硅谷银行的存款多来源于创业企业，客户同质性高，储蓄存款占比很低，90% 以上的存款不属于受保存款，负债结构欠稳定。从资产端看，硅谷银行贷款占总资产的比例仅为 35%，57% 的资产投资于美国国债和住房抵押贷款支持证券，且缺乏有效应对利率风险的对冲安排。资产负债结构的不稳定最终引发流动性风险。尽管在中国对 HTM 也是仅以摊余成本计量，但中国的银行不论规模大小均要按照监管要求披露相关信息，安排自身资产负债情况。因此，银行要用好压力测试等风险管理工具，充分考虑各类风险情景，做好极端情况下的应对预案，使自身风险管理能力与资产负债结构相匹配。

5. 结语

此次硅谷银行倒闭事件是美联储进入加息周期以来出现的首个牺牲品，

一方面，硅谷银行大量持有美债与 MBS 已经埋下祸根；另一方面，美联储资本监管体系监管层面的漏洞使得投资者忽视了其债券投资的浮亏，最终出现“暴雷”。此事件也给全世界敲响了警钟，金融监管当局应当科学评估宏观风险，审慎行使职能，才可以避免硅谷银行倒闭事件的重演，促进金融稳定。同时，在美联储加息周期下，金融机构应当仔细评估潜在的市场风险和流动性风险，避免出现现金流错配导致的系统崩盘。

私有企业主家庭的综合财富管理案例分析[①②③④⑤]

经过四十多年的改革开放，中国涌现了庞大数量的企业法人单位，根据国家统计局2019年末发布的第四次全国经济普查报告，私有企业数量在我国全部企业法人单位中的占比高达84.1%。且2020年末更新的最新统计数据显示，我国的私有企业户数在近十年来呈现出高速增长趋势，年平均增速保持在15.64%左右。私有企业主家庭数量[⑥]和财富规模都因此呈现爆发式增长，成为了中国财富管理市场的主要力量。自新冠疫情暴发以来，国内市场遭受多次阻隔，国际市场保护主义上升，导致不少企业破产，私有企业主的家庭财富也因此遭遇巨大风险。

私有企业主家庭是指其家庭成员中至少有一人拥有一家及以上的企业所有权的家庭。由于私有企业主的家庭财富来源与财富风险都与其经营的企业密切相关，具有与其他财富家庭截然不同的特征，也因此要求更加专业化的财富管理服务。本案例就是以私有企业主家庭为分析对象，旨在分析私有企业主家庭的资产结构与财富风险，为其家庭提供包含避险与资产配置等在内的综合财富管理方案。

---

① 作者姓名：杨碧云和李鹏程。

② 作者工作单位：广东外语外贸大学金融学院，金融开放与资产管理研究中心，广州华南财富管理中心研究基地。

③ 案例版权：归属于作者与作者单位所有。

④ 本案例只供课堂讨论之用，并无意暗示或说明某种行为是否有效。

⑤ 案例真实性：此案例为行业模拟基准案例讲授与真实家庭案例演练相结合，行业模拟基准案例部分为案例作者根据经济现实编撰设计，在使用基准案例分析具体家庭情况时，可采用家庭真实数据进行分析，在课堂讲授部分仅就行业基准案例进行阐述，课堂后的演练让学生利用真实调查数据通过匿名处理后进行分析。

⑥ 根据招商银行和贝恩公司联合发布的《2019中国私人财富报告》，创富一代的企业家和二代继承人在2017年占据了高净值人群总量的51%。

1. 案例背景

1.1 案例的制度背景

私有企业在设立之初可以按《公司法》《合伙企业法》《个人独资企业法》及《私营企业暂行条例》规定登记注册为私营股份有限公司、私营有限责任公司、私营合伙企业和个人业主制企业。其中，私营股份有限公司按私有企业主认缴的股份对企业债务承担有限责任；私营有限责任公司可以分为普通形式的有限责任公司和一人有限责任公司，普通形式的有限责任公司按其认购的股份承担有限责任，一人有限责任公司如不能证明公司财产独立于股东财产，则需要对企业债务承担连带责任；私营合伙企业可以分为普通合伙企业和有限合伙企业，其中，普通合伙企业的企业合伙人对企业债务承担无限连带责任，有限合伙企业中的普通合伙人对企业债务承担无限连带责任，而有限合伙人对企业债务按其出资额承担有限责任；个人业主制企业以企业主个人的全部资产对企业债务负有无限责任。不同类型的私有企业，其企业主家庭因此而形成的家企风险暴露程度如表1所示。

表1　私营企业形式及家企财富风险暴露程度

公司类型	股份有限公司	有限责任公司		合伙企业		个人业主制企业
		普通形式	一人有限	普通合伙	有限合伙	
企业债务连带责任	私营企业主按其持有的股份对公司债务承担有限责任	私营企业主按其认购的股份承担有限责任	如不能证明公司财富独立于家庭财富，则需对公司债务承担连带责任	私营企业主对合伙企业的债务承担无限连带责任	私营企业主作为普通合伙人时对企业债务承担无限连带责任，私营企业主作为有限合伙人按其出资额对企业债务承担有限责任	以企业主个人的全部资产对企业债务负有无限责任
风险	低	低	较高	高	高	高

1.2 案例的理论背景

本案例的主题是私有企业主家庭的综合财富管理，主要是对财富管理的实践进行探索。本案例教学以家庭财富管理作为基本框架，延伸出对私有企业主家庭的财富管理模式的探索。案例的理论基础包括消费储蓄理论、生命周期理论、资产配置理论、家庭经济学与家庭金融学等相关家庭财富管理理论，并结合私有企业主家庭的特点，融入企业估值理论和人力资本理论以反映私有企业主家庭的特性。理论关系如图1所示。

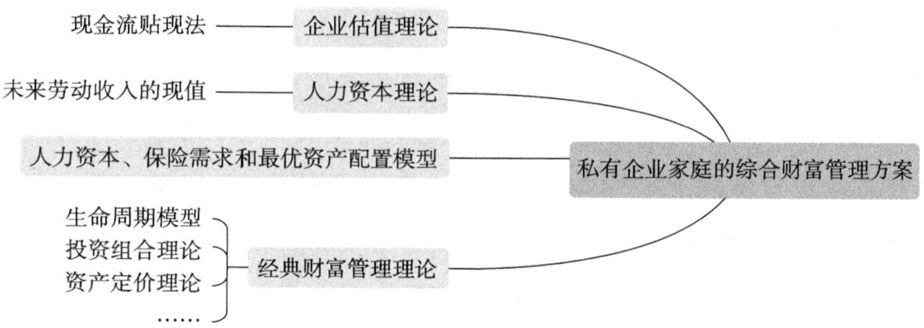

图1　私有企业主家庭的财富管理理论概览

传统的家庭财富管理是在生命周期理论和投资组合理论的框架下搭建的，本案例则是在该经典框架下融入人力资本理论，将私有企业主家庭与普通工薪家庭的收入现金流转换为人力资本的大小进行折现，而私有企业主家庭由于其工作性质较普通工薪家庭参与市场活动多，因此私有企业主家庭收入与市场的相关性要比普通工薪家庭高。在此背景下，本文将私有企业主家庭的收入与市场的相关性转换为其人力资本与股票市场的相关性。经典企业估值理论一般采用现金流折现法，将企业未来收入现金流折现到当下得到企业的估值，本文发现这一点与人力资本的计算不谋而合，因此，本文可以使用企业估值代替私有企业主的人力资本。综上所述，本案例通过对企业估值理论、人力资本理论、生命周期理论和投资组合理论等理论的综合运用得到私有企业主家庭的综合财富管理方案。

1.3 案例的现实背景

1.3.1 财富管理市场的需求方：客户的现实特征

私有企业主家庭的财富管理与普通家庭相比存在以下几个方面的不同。

（1）自改革开放以来，中国经济蓬勃发展，随之涌现了无数的成功企业家，他们经历了“创富”的过程，也要面临“守富”的难题，由于其职业生涯往往导致企业家们的过度自信，使企业家在进行投资决策时会过分依赖自身的判断。这是企业主家庭的第一个财富管理困境——“过度自信”。

（2）在企业经营过程中，他们会经历从企业获取收益之后的再投资，他们认为将资金投入自己的企业是更明智的选择，所以企业主的再投资都集中在自身企业的进一步扩张上，这可能导致企业主失去更好的市场投资机会，或者低估投资自身企业的风险。这是企业主家庭的第二个财富管理困境——“自身企业的再投资风险”。

（3）结合企业主家庭的收入特点，他们的收入较高，但波动较大，受市场行情和商业周期所带来的季节性波动影响较大，基于此方面的考虑，私有企业主家庭相比于普通家庭对流动性有了更高的要求。这是私有企业主家庭的第三个财富管理难题——“流动性要求高”。

（4）根据对破产企业的调查发现，大部分的企业家并未将企业财富与家庭财富的隔离，大多数企业家的现状是，家庭收入完全依赖企业收入，家庭支出和企业支出混淆，除企业外其他投资性资产少，没有资金配置方案，进而导致企业资金出现问题时会将风险全部暴露在家庭面前。这是企业主家庭面临的第四个财富管理困境——“家企不分”。

“家企风险不分”[①] 的具体表现有：很多民营企业为家族企业，有的企业还是夫妻一起创业的模式，很多人将企业家三个字理解为企业就是家，家就是企业。因此，有些企业家在企业赚钱了，就随便从企业中拿钱来购置豪宅、

① 吴治国．家族财富管理［M］．北京：中国金融出版社，2020.

豪车；而在企业资金链紧张、需要融资的时候，又把家里的存款注入企业，把家庭资产抵押给银行做担保。企业和家庭的财富混为一谈，家庭的风险会传导给企业，而企业的风险也会拖累家庭。在私有企业主家庭中，最常见的几种错误如下：①用个人账户收取企业往来经营款；②私自挪用公司财产；③企业融资由股东家庭承担无限连带担保责任；④用家庭财产为企业输血。

1.3.2 财富管理市场的供给方：财富管理机构和产品体系的现状

财富管理机构是为家庭客户提供财富管理产品和服务的主体。中国市场上目前的财富管理机构有：商业银行的理财子公司、财富管理部门或者私人银行部门、信托投资机构、商业保险机构、证券机构、第三方财富管理机构、家族办公室等。这些机构为家庭客户提供资产配置服务、财富传承与保障服务、跨境进入服务、税务咨询服务与企业管理咨询服务，并进行相关财富管理产品的创新设计，包括现金类产品、固定收益类产品、权益类产品、信托类产品、保险产品、跨境类产品和另类资产等。

2. 案例分析概述

2.1 案例分析思路

根据财富管理的基本原理，家庭财富管理规划的内容包含现金与负债规划、投资与资产配置规划、保险规划、退休与养老规划、财富保全与传承规划和税务筹划等。本案例的重点是帮助私有企业主家庭进行投资与资产配置规划（包括保险资产和养老资产的配置）、财富保全规划（重点在于家企的风险隔离）和现金与债务规划，财富传承规划在本案例也会涉及，但不做重点讨论，税务筹划更多是在企业层面，所以在家庭财富管理规划中也不做重点讨论。

对本案例针对私有企业主家庭所提出的投资管理和资产配置方法，其研究思路如下：本案例研究的技术路线从私有企业主家庭的私有企业估值出发，参考了国际上采用较多的人力资本测算方法——J－F（Jorgenson－Fraumeni）终身收入法①，将私有企业的估值作为私有企业家的人力资本，而且结合人力资本与最优资产配置模型，将企业家的人力资本与风险资产的相关系数用该企业的β值进行替代，收入的波动性用企业收入变化的幅度代替，计算出私有企业主家庭的人力资本与股票市场的相关系数。然后用此模型对企业主家庭的风险资产配置比例给出建议，基于不同β值的企业会得到不同的资产配置建议。

2.2 案例分析的创新点

（1）研究对象上的创新。本案例的研究对象为私有企业主家庭，是一个充满前景的家庭财富管理细分市场，相对普通工薪家庭，私有企业主家庭拥有更多的财富，其财富管理需求更强烈；而相对于高净值人群，私有企业主家庭接触家族办公室的机会不多，其对专业的财富管理服务的需求得不到满足。目前，我国的财富管理市场总体仍然处在“产品导向”阶段，因此为私有企业主家庭提出综合的财富管理建议十分重要。

（2）研究内容上的创新。本案例在财富管理方案中创新地融入了对人力资本与最优资产配置模型的运用。将私有企业的估值纳入了私有企业家的人力资本，并在人力资本与最优资产配置模型下对私有企业主家庭财富管理进行资产配置规划。另外，本案例使用人力资本与最优资产配置模型为私有企业主家庭进行投资管理的过程中，通过估算非上市私有企业的贝塔值，并结合私有企业家收入标准差和风险资产标准差计算出二者之间的相关系数，以此衡量私有企业家的人力资本折现（即劳动收入）与风险资产之间的相关系数。

（3）研究方法上的创新。私有企业主家庭的财富管理通用方案与个别具体家庭的财富管理规划相结合。

---

① 目前，关于人力资本的宏观测量方法主要有J－F终身收入法、成本法、指标法、特征法和余额法等，在国际上比较常用的用来测算人力资本的方法是J－F终身收入法。

3. 私有企业主家庭的通用财富管理方案设计

3.1 私有企业主家庭的财富管理通用方案设计流程

家庭财富管理的流程分为五个步骤：①了解客户的基本状况；②对客户的财务状况进行分析；③确定客户的财富管理目标；④为客户提供综合财富管理方案；⑤通过编制生涯模拟仿真表检验并修正财富管理方案，实现动态再平衡。

本案例在传统个人财富管理的基础上提出针对私有企业主家庭的通用综合财富管理规划。私有企业主家庭的通用财富管理规划与业界一般规划产生区别的原因在于：①针对私有企业主家庭除了需要了解家庭各成员的财务状况，还需要关注私有企业的经营状况；②本部分作为私有企业主家庭通用的财富管理方案，不推荐具体的产品，只对合适的金融工具类型作出推荐，具体的产品筛选可由私有企业主家庭根据相关原则作出决策；③在个人财富管理流程中，一般只给出投资规划的建议，本部分作为私有企业主家庭的通用综合财富管理方案，不仅在投资规划中给出建议，还依据私有企业主家庭特有的财富保全与传承目标，对客户的现金流、债务管理、传承管理和风险管理进行规划指导；④在检验和修正财富管理方案时，本案例引入了生涯模拟仿真表，并说明生涯模拟仿真表的编制方法，供私有企业主家庭参考，以便动态调整其资产配置规划。

3.2 收集私有企业主家庭的基本信息与企业财务及相关信息

3.2.1 企业主家庭的基本信息

私有企业主家庭的基本情况包括财务信息和非财务信息。具体包括四个方面：一是家庭成员的基本情况；二是客户财富管理的需求目标；三是客户家庭的财务状况；四是客户家庭的风险偏好测试。

家庭成员的基本情况需要从私有企业主家庭成员的年龄、职业、健康状况以及在私有企业的持股比例与责任关系这几个方面进行说明。年龄的说明可以让财富管理规划员了解退休计划和养老保险，甚至传承规划对于私有企业主家庭的迫切性，以及配置的比例和方式；职业的说明可以用判断私有企业主家庭的人力资本的稳定性，甚至收入的增长率等；健康状况则对私有企业主家庭模拟现金流相当重要，在编制模拟生涯仿真表时需要假设私有企业主家庭企业主的退休年龄甚至是身故时间，进而模拟其在世时期的现金流变动，而且如果家庭成员中有需要赡养的老人，还要根据健康状况假设，在经历多长时间之后家庭的赡养费支出会减少或者清零，这对私有企业主家庭的生涯模拟现金流仿真表都是十分重要的。在编制私有企业主家庭基本情况说明时，除了文字上的表述，还可以结合表进行归纳（见表2）。

表2　私有企业主家庭成员基本情况

	本人	配偶	需抚养的子女	需赡养的老人
家庭成员：				
姓名				
年龄				
职业				
健康状况				
在企业中的持股比例与责任				
社会保险情况				
商业保险情况				
家庭整体：				
财富管理需求目标				
收入情况				
支出情况				
家庭决策人的风险偏好				

3.2.2 私有企业的基本信息与财务信息

由于私有企业主的收入来源与财富积累主要依靠其持股的私有企业，因此还需对私有企业的基本情况进行收集整理。主要包括私有企业的公司类型、所属行业、经营范围、发展阶段、是否上市、员工人数等基本信息和企业近年来的财务信息。

3.3 私有企业主家庭及其私有企业的财务状况分析

3.3.1 私有企业主家庭的财务状况分析

私有企业主家庭的财务状况分析分为两步：第一步是编制私有企业主家庭的财务报表；第二步是依据相关财务报表计算私有企业主家庭的财务指标，对照指标合理区间进行分析。

（1）家庭财务报表编制：资产负债表、现金流量表与预算收支表（见表3和表4）

表3 客户家庭的资产负债表 单位：万元

资产	金额	负债与资产净值	金额
一、自用资产		一、消费性负债	
（一）自用流动资产		信用卡负债	
现金与活期存款		教育负债	
其他自用流动资产		其中：短期教育负债	
自用流动资产合计		汽车负债	
		其中：短期汽车负债	
（二）自用非流动资产		其他消费型负债	
房地产（自用）		其中：短期其他消费型负债	
汽车（自用）		消费型负债合计	
耐用品与收藏品		其中：短期消费型负债合计	
其他自用非流动资产			
自用非流动资产合计		二、投资性与经营性负债	
		房地产负债	
二、投资资产		经营性负债	

续表

资产	金额	负债与资产净值	金额
（一）投资性金融资产		其他投资性与经营性负债	
定期存款与金融理财产品		投资性与经营性负债合计	
股票与股票类投资基金			
债券与债券类投资基金		负债合计	
金融衍生品			
黄金与非人民币金融资产			
保单现金价值			
借出款与其他金融资产			
投资性金融资产合计			
（二）投资性商业资产类			
投资性商业地产			
生产经营资产			
其他投资性商业资产			
投资性商业资产类合计		资产净值合计	
资产总计		负债与资产净值合计	

表4　家庭现金流量表　　　　单位：万元

项目	金额	项目	金额
劳动性收入		消费性支出	
经营性收入		经营性支出	
财产性收入		财产性与负债偿还支出	
转移性收入		转移性支出	
财产出售收入			
借贷收入			
收入合计		支出合计	
结余			

预算收支表与现金流量表内的会计项目和报表结构基本相似，但与现金流量表报告的历史数据不同。预算收支表内报告的数据皆为未来某期的预测数据。

（2）家庭财务报表分析

在配置完私有企业主家庭资产负债表、现金流量表和预算收支表后，需要对私有企业主家庭的财务压力、家庭流动性、家庭储蓄能力、家庭投资能力以及家庭保障水平等相关指标进行计算和分析（见表5）。

表5　私有企业主家庭财务分析指标

指标	家庭财务比率	定义	合理范围
财务压力	负债比率	负债÷总资产	0~0.6
	家庭财务负担率	年本息支出÷年可支配收入	0~0.4
	平均负债利率	利息支出÷负债总额	基准利率1.2倍以内
家庭流动性	流动性比率	流动性资产÷流动性负债	2以上
	紧急预备金月数	流动性资产÷月总支出	3~6
家庭储蓄能力	工作储蓄率	（税后工作收入-消费支出）÷税后工作收入	0.4~1
	总储蓄率	（总收入-总支出）÷税后总收入	0.3~1
	自由储蓄率	（总储蓄-固定用途储蓄）÷税后总收入	0.1~1
家庭投资能力	生息资产比率	生息资产÷总资产	—
	平均投资报酬率	财富管理收入÷生息资产	0.05以上
	财务自由度	年度财富管理收入÷年总支出	—
家庭保障程度	保费收入比	商业保险费÷税后工作收入	0.05~0.15
	保额支出年数	应有保额÷年度支出	5~20

财务压力指标可以分为家庭负债比率、家庭财务负担率和平均负债利率三大指标。家庭负债比率的计算方法是家庭负债除以家庭资产，这个比例应该保持在0~60%的合理区间；家庭财务负担率的计算方法是家庭年本息支出除以家庭年可支配收入，这个比例应该保持在0~40%的合理区间；平均负债利率的计算方法是家庭年利息支出除以家庭负债总额，用来计算家庭负债的利率，合理标准需保持该结果在基准利率的1.2倍以内。

家庭流动性指标主要是用来检测私有企业主家庭的流动性是否充裕。相关的指标可分为流动性比率和紧急预备金月数。其中，流动比率的计算方法为流动性资产除以流动性负债，该指标的计算结果应在2以上；紧急预备金月数的计算方法为流动资产除以月总支出，该结果需要保持在3~6的合理区间范围内。

家庭储蓄能力指标主要用来反映私有企业主家庭的储蓄能力。相关的指标可以分为工作储蓄率、总储蓄率和自由储蓄率。工作储蓄率的计算方法为（税后工作收入 - 消费支出）除以税后工作收入，该指标的合理区间为40% ~100%；总储蓄率的计算方法为（总收入 - 总支出）除以税后总收入，该指标的合理区间为 30% ~100%；自由储蓄率的计算方法为（总储蓄 - 固定用途储蓄）除以税后总收入，该指标的合理区间为 10% ~100%。

家庭投资能力指标主要用来反映私有企业主家庭的投资能力。相关的指标可以分为生息资产比率、平均投资报酬率和财务自由度。生息资产比率的计算方法是生息资产除以总资产，其中，生息资产 = 流动资产 + 投资性资产；平均投资报酬率的计算方法为财富管理收入除以生息资产，该计算结果需要保持在 5% 以上；财务自由度的计算方法为私有企业主家庭年度财富管理收入除以私有企业主家庭年总支出，该计算结果达到 100% 时，表示已经财富自由，随时可以执行退休计划。

家庭保障指标主要是用来衡量在私有企业主家庭遭遇外来风险冲击时保险对私有企业主家庭人力资本的保护程度。家庭保障指标可以分为保费收入比和保额支出年数，其中，保费收入比的计算方式为商业保险费除以税后工作收入，该指标的合理区间保持在 5% ~15%；保额支出年数的计算方法为应有保额除以私有企业主家庭年度支出，该计算结果需要保持在 5 ~20 的合理区间。

3.3.2 私有企业财务状况分析

私有企业的财务状况分析分为两步：第一步是获得私有企业的财务报表，包括资产负债表、损益表和现金流量表，并进行报表简化；第二步是依据相关财务报表计算私有企业财务指标，重点关注与私有企业主家庭相关的风险和收益，即私有企业的偿债能力和盈利能力，判断企业的破产风险和盈利能力。基于企业财务报表为标准格式，这里不予展示。

根据流动性比率可以判断私有企业的短期偿债能力；根据资产负债比率可以判断私有企业的长期偿债能力；根据净资产收益率和可持续增长率可以判断私有企业的盈利能力；根据留存收益率和分红政策可以判断私有企业主所得的变化。

3.3.3 私有企业主家庭综合财务状况分析

结合私有企业主家庭和其私有企业的财务状况，可以对私有企业主家庭的综合财务状况进行判断。根据私有企业主家庭的净资产可以将私有企业主家庭分为正净资产家庭和负净资产家庭，而根据其每周期现金流又可以进一步分为正现金流家庭和负现金流家庭，相关分类如表6所示。

表6 私有企业主家庭财富状况分类

现金流分类	净资产分类	
	正净资产	负净资产
正现金流	正现金流、正净资产家庭	正现金流、负净资产家庭
负现金流	负现金流、正净资产家庭	负现金流、负净资产家庭

结合上述四种特征的家庭类型，本文将对各类型家庭在财富管理时关注的重点进行分类讨论。

（1）正现金流、正净资产私有企业主家庭

对正现金流、正净资产的私有企业主家庭而言，其财富管理受到的约束条件少，在进行财富管理规划时关注的重点应该集中在投资管理、债务管理、传承管理和风险管理等方面；而且需要依据净现金流与净资产的比例考虑对其私有企业进行再投资。

（2）正现金流、负净资产私有企业主家庭

对正现金流、负净资产的私有企业主家庭而言，其财富管理受到债务约束，该类型私有企业可能由于企业初创或转型导致家庭负债，但企业已经步入正轨，能给家庭带来正现金流。对此类私有企业主家庭而言，在进行财富管理规划时应着重关注投资管理、债务管理和风险管理等；也需要适当关注对其私有企业的再投资。

（3）负现金流、正净资产私有企业主家庭

对负现金流、正净资产的私有企业主家庭而言，其财富管理受到收入约束或消费约束。对此类家庭进行财富管理时需要重点关注现金流管理、投资管理和风险管理等。若负现金流是由于其私有企业经营不善导致的，则需要做好私有企业主家庭与私有企业的财富隔离，准备面临企业破产风险；若负现金流是因为家庭支出过大，则需要进行支出规划控制支出。

（4）负现金流、负净资产私有企业主家庭

对负现金流、负净资产的私有企业主家庭而言，其已受到债务风险的威胁。对此类家庭进行财富管理时需要重点关注家庭的负债管理和风险隔离管理。

3.4 确定私有企业主家庭财富管理目标

多数人的投资财富管理目标都是在投资活动的约束下获得最大化的资金收益率，通俗来讲就是大多数投资人希望在其可承担的风险程度内尽量获得最大的回报。普通家庭的财富管理除了简单的收益率目标外，还需要关注投资周期、资本保值等因素。根据中国银行于2020年12月发布的《中国企业家家族财富管理白皮书》[①] 所公布的数据，企业家的真实回报率普遍低于回报预期，大多数企业家的实际投资回报率处于4%～12%这一区间。

对一般的私有企业主家庭而言，除了常规的投资管理以外，还需要实现其他财富管理目标，具体可以分为以下七个方面。

（1）保持私有企业盈利的持续增长。私有企业主家庭最重要的财富来源就是其私有企业，因此在实现财富增值的过程中，对自家企业的关注也是必不可少的；财富的保值与增值。私有企业主家庭在经历了“创富”阶段之后，必定会面临“守富”的课题，因此，如何保障家庭财富“稳中有进”也是私有企业主家庭需要财富管理的一大重要目的。

（2）私有企业主家庭风险管理与保险保障计划。私有企业主家庭的财富风险来源于两个方面：一是来自家庭，如私有企业主家庭离婚，在没有事先完成夫妻财产约定的情况下，私有企业主家庭可能会面临财富困境；二是来自企业的债务风险。

保险保障是家庭正常运行的“压舱石”，家庭应该根据成员的年龄、职业、风险偏好、人身风险等特征购买相应的人身保险，为房产、汽车等家庭

① 中国银行．中国企业家家族财富管理白皮书［R］．2020－12－25.

重要财产购买相应的财产保险。

（3）达到与私有企业主家庭财富相匹配的生活水平。在私有企业主家庭财富达到一定程度之后，会产生奢侈品消费的需求，但奢侈品也是有其特定市场的，在奢侈品方面的购买也可以咨询财富管理专业人员，得到合适的购买建议。

（4）私有企业主家庭的节税计划。对私有企业主家庭而言，除了家庭的财务活动之外还涉及与企业间的财产流动，在这个过程中如果忽略了税务规划，不能达到有效的节税效果，这对家庭财富来说也是一种损失。

（5）私有企业主家庭的子女教育和投资移民计划。私有企业主家庭由于其生活条件的改善，大多会在教育子女方面花费大量功夫，如将子女送出国接受高等教育，相关的规划都需要财富管理人员的专业知识。

（6）为私有企业培养接班人和准备转手计划。对创业的第一代企业主家庭而言，其私有企业和子女的教育处在同步阶段，因此私有企业家往往会集中精力经营企业，而不是在企业还未成熟时就开始培养子女着手接班计划，所以对中国的家族企业而言，子女接手家族企业的概率不是很大。私有企业主家庭在进行财富管理规划的过程中，会把自己退休后企业是否保留经营还是准备出售变现的决策作为财富管理的目标之一，如需保留企业：是否由子女接班，还是聘请职业经理人，就是实现目标的方式；如需出售企业，则需要咨询专业的财富管理人员进行估值定价等手续，并制订出售计划。

（7）私有企业主家庭的财富传承规划。私有企业家需要将自己的财富传承下去，所以会留下一笔数量可观的遗产，关于遗产的规划也是需要进行量身定制的。如果巨额的财富没有一个分配方案，可能会造成家庭财产的纷争，也无法帮助家庭有效地规避遗产税等。

3.5 制订综合财富管理方案

3.5.1 私有企业主家庭的现金与负债管理

现金与负债管理是财富管理的基石和首要考虑的问题。现金与负债管理是为了满足个人或家庭短期需求而进行日常现金及现金等价物管理和短期融资的活动。现金与负债管理既要使所拥有的资产具有一定的流动性，以满足个人或家庭支付日常费用的需要，又要适当兼顾流动性强的资产保持一定的收益。

具体操作步骤：首先是编制家庭生命周期仿真表，然后在企业主未来寿命期内按年份或者按重大时间节点年份的现金流目标进行家庭预算收支的编制，掌握家庭未来各重要时间窗口目标现金流需求与预算收支结余和赤字状况，提前做好现金积累或负债安排。

3.5.2 私有企业主家庭的风险管理与财富保全规划

私有企业主家庭需要将企业财富和家庭财富进行隔离，避免企业风险转移至家庭。在进行“家企财富”风险隔离时需要注意以下五个方面。

（1）私有企业类型的选择

在私有企业公司类型的选择范围内，有合伙企业、有限责任公司和股份有限公司三种类型。合伙企业可以分为普通合伙企业和有限合伙企业，其中，普通合伙企业所有人对企业债务承担无限连带责任，而有限合伙企业投资者对企业债务按其出资额承担有限责任；股份有限公司股东按其持有股份比例对企业债务承担有限责任；有限责任公司可以分为普通形式的有限责任公司和一人有限责任公司，其中，普通形式的有限责任公司所有人对企业债务按其认购股份承担有限责任，而一人有限责任公司所有人如不能证明自身资产独立于企业资产，则需要对企业债务承担无限连带责任。

综上所述，私有企业主家庭在其私有企业类型的选取上，可以选用的三种企业类型为有限合伙企业、普通形式的有限责任公司和股份有限公司。

（2）企业银行账户需要与家庭成员银行账户分离

关于企业银行账户和家庭成员银行账户的问题，要避免将这两类账户混为一谈。如果不对企业银行账户和家庭成员私人银行账户进行区分的话，可能会带来家企财富混同的问题，如果出现企业家借钱给公司的情况，很有可能会混淆不清，使家庭财富暴露在企业经营风险之下。正确的做法需要把握以下三个要点：①严格区分家庭成员银行账户和企业账户，尽量避免企业账户与家庭个人账户发生资金上的往来；②禁止使用个人账户收取公司账款，这种行为是职务侵占罪，属于违法行为；③公司需要严格遵守会计准则，将私有企业主家庭与其企业间的资金往来记录清晰，明确其债权债务关系。

（3）企业担保贷款不要使用家庭资产

企业在需要周转资金的时候尽量避免使用私有企业主家庭的资产作为担保。因为在选择了合适的公司制后，企业家只需要对企业债务承担有限责任，一旦使用家庭资产作为担保，当私有企业家无力偿还贷款时，作为贷款的抵押资产将会受到牵连。如果出现了私有企业主家庭资金周转不畅的时候，也建议私有企业家尽量采用多元化的融资手段，合理地分担融资风险。

（4）家庭资产通过夫妻财产约定公证提前进行分配

私有企业主家庭在从私有企业中获取盈利、将利润结转进入家庭账户之后，需要对家庭资产进行分配，以化解企业债务风险转嫁进入家庭。这种分配是家庭中的夫妻双方进行财产约定，采取书面形式对家庭资产进行分配，分配的内容是：夫妻双方婚前资产和存续期间所得资产的归属问题，归属类型可分为各自所有、共同所有、部分各自所有和部分共同所有四种类型。在私有企业主家庭隔离私有企业的债务风险时进行的夫妻财产约定协议书需要关注的点有：①共同财产中，哪一部分属于男方，哪一部分属于女方；②夫妻对外债务由男方还是女方承担，哪一方不承担，需要在协议书中说明；③夫妻财产约定的生效日期需要早于债权生成日期。

（5）通过保险或者家庭信托隔离企业债务

私有企业主家庭可以利用增额终身寿险和年金保险隔绝企业债务风险。其实增额终身寿险和年金保险是在家庭资产遭受企业债务风险侵袭之后的最后保障，在家庭资产被用于对企业债务进行强制偿还的执行后，年金保险的价值却可以独立在家庭资产外，这就是购买年金保险和增额终身寿险的优势所在。使用该类型产品隔绝企业债务风险时需要注意以下三个要点：①年金保险的购买时间至少要早于私有企业发生债务风险的一年之前；②投保人尽量选择与私有企业无关的成年的家庭成员，保证该家庭成员银行账户与企业账户未发生资金往来；③购买的保额需要遵循在购买该产品之后每年领取的年金能够维持家庭成员的年度花费的原则。

综合上述几点家企财富需要关注的方面，本文首先建议私有企业主家庭在公司制的选择上要留心，不要选择会让家庭对企业债务承担无限连带责任的企业制度。其次是注意家庭成员银行账户与企业银行账户的资金往来，所以本文建议私有企业主家庭在公司领取工资，关于企业的利润安排季度结转或者年度结转，这样也有利于公司的运作；夫妻财产约定也可以适当保存家庭资产。最后一道保障就是建议私有企业主家庭筛选出一名与企业无关的家庭成员，并在该名成员身上购买一定额度的增额终身寿险或年金保险，除非是恶意避债，用于购买这部分产品的资金将会在偿还债务时得到保留。

风险管理中除了要做好家庭与企业财产的风险隔离，同时还要做好家庭成员社会保障和商业保险的规划。在参加社会保障的同时，为家庭成员购买意外险、医疗险、重疾险、人寿保险、年金保险等人身保险，还需要为房产、汽车等家庭重大财产购买相应的财产保险。在购买对象上，对家庭所有成员应该购买意外险和医疗险；对作为家庭经济支柱的私有企业主夫妇要购买人寿保险以覆盖死亡风险给家庭带来的财产损失，还需要购买重疾险以覆盖罹患重大疾病风险发生带来的收入损失。另外，还需要购买夫妻双方的养老保险，即年金险，一般选择在家庭现金流较充足的年份为自己购买年金保险，以应对长寿风险和未来企业利润与分红的不确定性。

3.5.3 私有企业主家庭的财富传承规划

私有企业主家庭在进行财富传承规划时可供选择的方式有三种：

（1）订立遗嘱

订立遗嘱是指按照私有企业主的意愿安排其身故后财产分配的财富传承手段，该遗产交托为一次性分配。经过公证后的遗嘱法律效力强，但需要在遗嘱中对财产分配的方式和原则进行清晰说明，否则容易引起继承人争夺家族财产。需要注意的是，私有企业主的遗产认证时间长，而且成本较高。

（2）设立遗产信托

设立遗产信托是指专业信托机构在私有企业主的需求下帮助其设计遗产信托方案，并根据私有企业主的意愿对其遗产信托进行分割后分配，而且可以根据私有企业主定制化的需求对继承人所继承的遗产信托分批分期交托。设立遗产信托需向信托机构支付信托管理费用。

（3）购买终身寿险

购买终身寿险进行财富传承是指通过购买以私有企业主为被保险人，其继承人为受益人的终身寿险，以达到遗产传承的目的。

3.5.4 私有企业主家庭的投资管理与资产配置

人力资本与最优资产配置模型将投资者的资产分为金融资产和非金融资产（即人力资本），并基于此对投资人提供资产配置方面的建议。该模型建立的前提是人力资本作为投资者资产的一部分，在投资人进行资产配置时具有重要的参考价值。

不同职业人群的人力资本的不同体现在其收入现金流的差别，有的投资人的人力资本作为一种无风险资产，特征是收入稳定，如大学教师，则其人力资本就类似于金融市场上的债券类型的产品；有的投资人的人力资本作为一种风险资产，其特征是收入波动较大，这个时候投资人的人力资本就类似于金融市场中的风险资产，因为其每期的收入现金流不够稳定，而且这种人力资本还可以被细分为与股票市场相关的风险资产和与股票市场无关的风险资产；有的投资人初始金融财富多，有的投资人初始金融财富少，这造成了其总体财富中金融资产和人力资产的比重发生变化，在这种情况下如何进行资产配置也是人力资本与最优资产配置模型需要解决的问题；有的投资人的工资增长率与股票收益率之间存在相关关系，在这种情况下，其最优风险资产配置比例相较于前几种情况又会有所差别。

以上四种类型只是为了帮助解释人力资本与最优资产配置模型在哪些领域可以帮忙解决资产配置比例的问题而举的例子。由于私有企业主的人力资本与企业价值高度相关，因此本案例引入人力资本与最优资产配置模型主要是使用了第二个类型的资产配置模型用法，即人力资本作为一种风险资产时，该如何进行资产配置以获得投资者年终财富效用最大化。

（1）私有企业主家庭风险资产投资

中国资本市场收益假设，如表 7 所示。

表 7　中国资本市场收益假设

资产	年均收益率（%）	风险（标准差）
无风险资产（债券）	4.05	—
风险资产（股票）	12.51	25.83%
通货膨胀率	3.11	—

其中，无风险资产收益率是近 10 年中证 30 年国债到期收益率的平均值；风险资产收益率是自 2004—2020 年沪深 300 指数年化收益率；通货膨胀率是近 10 年 CPI 同比增长率的平均值。在使用人力资本与最优资产配置模型计算最优风险资产配置时，不一定选择沪深 300 指数作为配置的风险资产，在选用可配置的风险资产组合后，计算其年均收益率和标准差，就可以用来计算该风险资产的最优配置比例，这里选用沪深 300 指数只是为了方便表示。

选择合适的风险资产标的计算其收益率和标准差之后，根据人力资本与最优资产配置模型使用蒙特卡洛模拟得到私有企业主家庭在不同阶段的风险资产投资比例，就可以估算私有企业主家庭在各个阶段的风险资产收益率。

（2）私有企业主家庭的无风险资产配置

至于无风险资产的选择，不一定要采用投资国债的方式，只要满足资产无风险，即资产标准差为零，然后投资收益接近假定的收益率数值 4% 即可。关于无风险资产的投资，其实可以将用来规避“家企财富风险”的增额终身寿险投资方式和年金保险的投资方式作为无风险资产配置的一部分。下面将介绍增额终身寿险和年金保险的配置原理和配置手段。

无风险资金的投资过程中需要关注的几个要点有：家庭资金的流动性需求；配置五年的家庭消费进入增额终身寿险或年金保险中。家庭应该投入 3 ~ 6 个月的消费进入货币基金或活期储蓄，以保持家庭消费的流动性；在筛选产品的过程中，要关注目标产品的收益率和兑付情况。在保证家庭流动性需求和“家企风险”隔离的需求后，剩余的资金购买无风险产品，如国债和商业保险。

家庭无风险资产中的重要一项是保险资产，现重点对商业保险中的年金保险和增额终身寿险的区别和功能作出说明，并说明企业家如何购买能帮助家庭合理避债，方便私有企业主家庭在进行资产配置的时候选择更契合自己需求的产品。

①年金保险。年金保险是将被保险人生存与否作为条件的保险产品，在达到保险合同约定的时间，保险公司开始对保险受益人给付约定的保险金数额直至保险合同终止；在产品类别上，年金保险根据给付金额的期限不同可以分为终身年金保险、定期年金保险和联合年金保险三种类型。终身年金保险给付保险金的期限直至被保险人身故；定期年金保险的保障期限比终身年金保险的期限短，一般用作孩子的教育基金；联合年金保险是在保险给付的期限上设定一个附加条件，如购买两人或两人以上的年金保险，若一人身故则停止支付保险金或者两人均身故才终止保险合同。

了解了年金保险的相关特征后，可以挑选适合私有企业主家庭的年金保险。如果私有企业主家庭有强烈的遗赠愿望，则其应该选择终身年金保险；如果不希望时间跨度太长，而是将这笔资金作为孩子的创业基金或者教育基金等用途，则其应该选择定期年金保险产品作为投资标的。

在设计购买年金保险帮助家庭规避企业债务风险的思路时需要考虑以下几点：将用于购买年金保险的金额赠予与私有企业无关的成年家庭成员，如父母；在赠予资金时需要签署赠予协议，而且要在协议内约定投保人不得擅自退保或者领取保单贷款，否则赠予协议无效；购买年金保险的金额不要超过家庭的净资产，能保障家庭 5 ~ 10 年的消费即可；大额年金保险的购买方式建议采用短期趸交；在签订赠予协议后，被赠予资金的家庭成员还应当设立遗嘱，在投保人去世后，保单自动转到赠予人名下；该保单的被保险人是赠予资金方，受益人由赠予方指定，可以是其子女。

②增额终身寿险。增额终身寿险属于终身寿险，它是一份既包含避债的

功能，又可以辅助进行税务规划，还兼具部分财富管理的功能的保险产品。增额终身寿险是以被保险人身故为保单触发条件的，具有人身属性，受益人只要不是私有企业主家庭的企业债务的共同债务人，这笔资金就具备避险的功能；而且该产品具备很强的灵活性，可以灵活支取、锁定收益，还可以进行保额增购，甚至还可以进行年金转换，在触发转换条件后，投资者可将增额终身寿险转换为年金保险。

在购买增额终身寿险时需要注意的是，并不能一次性地买完增额终身寿险，寿险的购买首先是一个过程，每年都要缴费；其次是相对于年金保险，增额终身寿险的收益率较低，不过其隔绝风险的能力比年金保险强。年金保险如果能按照上述设计完成购买，也能达到避险的目的，因此在这两种产品的选择上，可以交给私有企业主家庭自己进行选择。

根据选用的风险资产产品的收益率和标准差，得到风险资产的配置比例，再根据无风险资产的配置比例和收益率，可以计算出私有企业主家庭的期望收益率，并基于不同账户的收益率计算模拟私有企业主家庭的生涯财富仿真表。

3.6 运用生涯模拟仿真表检验与修正财富管理方案

（1）数据内容

编制私有企业主家庭生涯模拟仿真表的数据来源主要集中在私有企业主家庭的财务报表数据，需要计算的是私有企业主家庭的生息资产，包括投资资产和流动性资产。并基于上述生息资产展开模拟；其未来的投资收益率假设可以参照上一节得到的私有企业主家庭的期望收益率进行计算；各项未来支出可以按照假设的通货膨胀率作为未来支出的增长率；对还没有偿还完毕的负债折现到当期，进行一次性清偿，折现率为负债利率；自用资产的金额由于其无法生息的特点，就不列入生涯模拟仿真表中进行计算。

（2）生涯模拟仿真表编制方法

编制生涯模拟仿真表，首先将生息资产按不同的利率进行分类，分列在不同的账户中，作为每年的投资收入的增长；其次将私有企业主家庭收到的每期收入也放入收入账户，运用支出的数据和通货膨胀率计算家庭消费支出的变化；最后计算每期的收入金额减支出金额得到每期的余额，继续按照该收益率和增长率计算下一期的账户余额。整个过程可以使用 Excel 工具来完成。在编制生涯模拟仿真表之前需要先模拟私有企业主家庭未来期间内的收入和支出，这部分构成未来每期的收入和支出，并依据设定的现金流增长率增长变化，相关数据如表 8 所示。

表 8　私有企业主家庭重大时间节点预算收支表（流量表）

单位：万元

最近 1 年的收支项目	金额	5 年后首期现金现值	现金增长率	持续年份现值	10 年后首期现金现值	现金增长率	持续年份现值
丈夫收入							
妻子收入							
丈夫支出							
妻子支出							
抚养小孩支出							
赡养老人支出							
捐赠支出							
结余储蓄							

编制生涯模拟仿真表，在输入未来每期的收入和支出后，还需要对存量数据进行更新，并设定未来现金流增长率，依据新的数据计算未来每年的现金流量和资产存量，相关数据如表 9 所示。

表 9　私有企业主家庭资产存量输入项目表（存量表）

单位：万元

最近 1 年的资产负债项目	金额	5 年后首期现金现值	增长率	持续年份现值	10 年后首期现金现值	增长率	持续年份现值
货币型基金							
沪深 300 指数基金							
债券							
其他生息资产							

续表

最近1年的资产负债项目	金额	5年后首期现金现值	增长率	持续年份现值	10年后首期现金现值	增长率	持续年份现值
自用房产							
自用汽车							
资产总值							
短期负债							
长期负债							
负债总值							
净资产							

编制生涯模拟仿真表，除了由收入和支出表反映的固定流量外，私有企业主家庭在完成财富管理目标期满时也会产生支出型的流量变化，常见的财富管理目标带来未来现金流量的行为有购置消费型资产或者购买保险等。在完成财富管理目标时需要输入私有企业主家庭生涯模拟仿真表的数据，如表10所示。

表10　私有企业主家庭财富管理目标输入项目表

未来的财富管理目标	顺序	持续几年	首期现金流现值（万元）	持续几年	现金流增长率
购置自住房	1				
购置自用车辆	2				
消费型贷款	1				
保险购买	1				
教育基金	2				
丈夫养老金	3				
妻子养老金	3				

上述表包含了私有企业主家庭资产的流量数据和存量数据，在假定的年限和假定的增长率下，结合每期的流量数据对每期期末的存量进行计算，得到私有企业主家庭各期的资产存量。

3.7　财富管理目标的检验与修正

通过编制生涯模拟仿真表可以得到预先设定的财富管理目标所需用的金额是否被哪年的账户余额所覆盖，观察存量数据是否能够满足家庭未来的支出和财富管理所需资金量。通过数值的比较即可判断当今的财富管理计划是否能够达到投资目标，生涯模拟仿真表的数据非常直观地反映了这一点。若出现了财富管理方案不能达到未来投资目的的情况，此时有四种解决方法：

第一，适当降低投资目标。例如，起初的投资目标是10年后账户余额是1000万元，适当降低至10年后账户余额为950万元，想必投资者也能接受。

第二，改变投资目标的完成时间。还是上面那个例子，投资者一定要求账户余额达到1000万元，那可能在推迟退休一年之后，带来劳动收入增加，财富管理收入的增值也能帮助投资者达成1000万元的投资目标。

第三，适当降低生活开支。还是上面的例子，如果投资人一定要在10年后达到1000万元账户余额的投资目标，则他还可以通过节减自己的开支来实现这一目标。

第四，投资者可以通过更好地经营企业从而收获更多的利润帮助达成投资目标。还是上面的例子，如果企业行情突然变好，收入增加，那么其完成10年1000万元的财富管理目标的概率也会增大。

还可将上述四种方法整合起来一起使用，帮助私有企业主家庭调整财富管理方式达成财富管理目标。即当出现生涯模拟仿真表显示出余额不能满足未来的财富管理目标时，可以通过降低目标金额、延长目标达成时间、降低生活开支和提高收入四个手段和其组合来进行改善。

4. 结语

本案例通过对投资组合理论、生命周期理论以及人力资本理论等经典投资财富管理理论的综合运用，结合非上市企业估值的方法和人力资本与最优资产配置模型得到私有企业主家庭的最优风险资产配置比例，并在此基础上进行投资管理，帮助企业主家庭依据家庭财务报表进行现金流和负债管理，通过配置年金保险或增额终身寿险进行风险管理，得到私有企业主家庭通用的综合财富管理方案。

私有企业主家庭普遍具有收入高、波动大的特征，而且他们还都面临企业可能破产的风险，所以私有企业主家庭需要对家庭积累的财富进行投资，而在“再投资企业”的过程中可能遭遇经营能力不足、技术难题、企业规模受限等风险，因此私有企业主家庭需要将家庭资产投向房地产、股票、债券、基金、保险、期货和期权等其他资产，私有企业主家庭展现了对专业财富管理服务的迫切需求。本案例在家庭财富管理一般流程的基础上，归纳出私有企业主家庭的通用综合财富管理方案，该方案流程如下：首先了解私有企业主家庭及其企业的基本状况；其次对私有企业主家庭和其私有企业进行财务分析；再次基于上述分析帮助客户制定合适的财富管理目标；又次提出私有企业主家庭现金流和负债管理、风险管理和遗产管理以及投资管理等综合财富管理计划；最后针对投资管理编制生涯模拟仿真表，并更新数据以帮助修正投资计划。

本案例建立的私有企业主家庭的综合财富管理方案中的投资管理可以在每一个私有企业主家庭进行实际应用和推广。根据私营企业所在行业的不同，计算其贝塔值，了解其人力资本与风险资产的相关性；计算私有企业主家庭的相对风险厌恶系数，最后根据人力资本与最优资产配置模型计算出符合私有企业主家庭的最优风险资产配置比例。对隔绝“家企风险”的隔离资产，私有企业主家庭根据家庭实际需要配置家庭的保险资金，在私有企业面临极端情况时还能保持家庭财务的平稳健康，进而实现其他的财富管理目标。

在案例使用过程中需要重点关注以下三点：（1）不同私有企业主家庭由于其私有企业所在行业的经营风险不同，不同私有企业本身因财务杠杆差异而导致的财务风险不同，会遭受不同的企业风险所带来的家庭连带责任和家庭财富积累差异；（2）家庭风险态度并不仅受到私有企业主的主观风险态度的影响，还受到私有企业风险的影响，即家庭风险偏好具有较强的内生性、动态特征和异质性；（3）即使在企业风险给定、家庭风险给定的条件下，由于不同家庭存在不同的家庭成员结构，其家庭财富管理需求目标的侧重点和目标时点也有所不同，因此不存在所谓通用的家庭财富管理方案，只有通用的理论基础、价值理念和技术方法，但具体的实施方案应该是以客户为核心，具有个性化、定制化和动态化的特征。

附录 A　投资者风险承受能力调查评估表

1. 您的年龄：

20 岁以下或 65 岁以上　(1 分)

51 岁至 65 岁　(2 分)

21 岁至 30 岁　(3 分)

31 岁至 50 岁　(4 分)

2. 您的受教育程度：

高中以下　(1 分)

专科　(2 分)

本科　(3 分)

研究生或研究生以上　(4 分)

3. 您的健康状况：

较差　(1 分)

一般　(2 分)

良好　(3 分)

很好　(4 分)

4. 您目前的职业状况：

待业或退休　(1 分)

无固定工作　(2 分)

企事业单位固定工作　(3 分)

私营业主　(4 分)

5. 您目前的年收入状况：

50 万元以下　(1 分)

50 万元至 200 万元　(2 分)

200 万元至 500 万元　(3 分)

500 万元以上　(4 分)

6. 您进行投资的主要目的：
确保资产的安全性，同时获得固定收益　(1 分)
希望投资能获得一定的增值，同时获得波动适度的年回报　(2 分)
倾向于长期的成长，较少关心短期的回报和波动　(3 分)
只关心长期的高回报，能够接受短期的资产价值波动　(4 分)
7. 您的投资知识：
缺乏投资基本常识　(1 分)
略有了解，但不懂得投资技巧　(2 分)
有一定了解，懂得一些投资技巧　(3 分)
认识充分，并懂得投资技巧　(4 分)
8. 您的投资经验：
无证券投资经验　(1 分)
少于 2 年（不含 2 年）　(2 分)
2 年至 5 年（不含 5 年）　(3 分)
5 年以上　(4 分)
9. 您的投资品种偏好：
银行存款、债券、债券型基金、货币型基金　(1 分)
外币、黄金、投资型保单　(2 分)
股票、房产、基金（不包括债券、货币型基金）　(3 分)
期货、权证　(4 分)
10. 您进行投资的资金占家庭自有资金的比例：
15% 以下　(1 分)
15% ~30%　(2 分)
30% ~50%　(3 分)
50% 以上　(4 分)
11. 您投资其他财富管理产品时，能接受的投资期限一般是：
1 年以下　(1 分)
1 ~3 年　(2 分)

3~5年　(3分)

5年及以上　(4分)

12. 您进行投资时所能承受的最大亏损比例是:

10%以内　(1分)

10%~30%　(2分)

30%~50%　(3分)

50%以上　(4分)

13. 您进行投资的方法:

靠直觉和运气，跟着别人操作，没有认真分析　(1分)

看图形操作，自己懂一点技术分析　(2分)

技术分析和基本面分析　(3分)

在专家指导下操作　(4分)

14. 您期望的投资年收益率:

高于同期定期存款　(1分)

10%左右，要求相对风险较低　(2分)

10%~20%，可承受中等风险　(3分)

20%以上，可承担较高风险　(4分)

15. 您如何看待投资亏损:

很难接受，影响正常的生活　(1分)

受到一定的影响，但不影响正常生活　(2分)

平常心看待，对情绪没有明显的影响　(3分)

很正常，投资有风险，没有人只赚不赔　(4分)

风险承受能力得分总计为:

评估结果，您的风险承受能力等级为:

积极型　稳健型　保守型

风险承受能力等级确定参考标准:

积极型: 45~60分　稳健型: 30~44分　保守型: 15~29分

附录B　投资者风险厌恶程度调查问卷

1. 您投资60天之后，价格下跌20%，假设所有基本情况不变，你会怎么做?

A. 为避免更大的担忧，把它抛掉再试试其他的

B. 什么都不做，静等收入投资

C. 再买入，这正是投资的好机会，同时也是便宜的投资

2. 现在换个角度看上面的问题，你的投资下跌了20%，但它是投资组合的一部分，用来在三个不同的时间段上达到投资目标。

2A. 如果投资目标是5年以后，你怎么做?

A. 抛出

B. 什么都不做

C. 买入

2B. 如果投资目标是15年以后，你怎么做?

A. 抛出

B. 什么都不做

C. 买入

2C. 如果投资目标是30年以后，你怎么做?

A. 抛出

B. 什么都不做

C. 买入

3. 你买入退休基金1个月以后，其价格上涨了25%。同样，基本条件没有变化。沾沾自喜之后，你怎么做?

A. 抛出并锁定收入

B. 保持卖方期权并期待更多的收益

C. 更多的买入，因为可能还会上涨

4. 你的投资期限长达15年以上，目的是养老保障。你更愿意怎么做?

A. 投资于货币市场基金或者保证投资合约，放弃获得超额收益的可能性，重点保证本金安全

B. 一半投入债券基金，一半投入股票基金，希望在有些增长的同时，还有固定收入的保障

C. 投资于不断增长的共同基金，其价值在该年可能会有巨幅波动，但在5年或10年之后有巨额收益的潜力

5. 你刚刚获得一个大奖，但具体是哪一个，由你自己定。

A. 2000元现金

B. 50%的机会获得5000元

C. 20%的机会获得15000元

6. 有一个很好的投资机会，但是你得借钱，你会接受贷款吗？

A. 绝对不会

B. 也许

C. 是的

7. 你所在的公司要把股票卖给职工，公司的管理层计划在三年后使公司上市，在上市前，你不能出售手中的股票，也没有任何分红，但公司上市时，你的投资可能会翻10倍，你会投资多少钱买股票？

A. 一点儿也不买

B. 两个月的工资

C. 四个月的工资

风险容忍度打分：

选A的项目得1分，选B得2分，选C得3分

总分计算为：选A答案项数×1+选B答案项数×2+选C答案项数×3=总分

合计9个选择题，最高27分，最低9分。

9~14分，保守的投资者

15~21分，温和的投资者

22~27分，激进的投资者

成也杠杆，败也杠杆

——Archegoss 爆仓事件分析①②③④

2021 年 3 月 23 日，一家美国老牌媒体公司 Viacom 开启了连续暴跌模式，第一天跌 9%，第二天跌 23%，紧接着又继续大跌 31%，四天股价腰斩，这家媒体公司的暴跌像蝴蝶扇动了第一下翅膀，引发了股市一连串的暴跌事件。24 日开始，中概股百度、腾讯音乐、唯品会、发发奇集体连续暴跌，最夸张的跟谁学从 61 美元跌到了 30 美元，腰斩只用了一夜。26 日市场传来消息，一家高杠杆对冲基金（Archegoss）爆仓，波及多家投行。据测算，此次爆仓直接导致 Archegoss 基金 150 亿美元的头寸被强平，被称为"人类史上最大单日亏损"，再加上高杠杆，Archegoss 基金的名义风险敞口达到了 800 亿美元。

本案例通过还原爆仓事件的过程，介绍 Archegoss 是何方神圣？它又是如何创造"人类史上最大单日亏损"？以及此次爆仓暴露出美国证监会存在哪些监管盲点？

1. Archegoss

1.1 Archegoss 背景介绍

2021 年 3 月 26 日之前，很少有人听过 Archegoss 资本管理公司。

---

① 本案例由广东外语外贸大学金融学院的吴柏毅和黄泓撰写，作者拥有著作权中的署名权、修改权、改编权。

② 作者工作单位：广东外语外贸大学金融学院，金融开放与资产管理研究中心，广州华南财富管理中心研究基地。

④ 本案例只供课堂讨论之用，并无意暗示或说明某种行为是否有效。

Archegoss 资本管理公司是一家家族办公室，专注于私人财富投资管理。这是一家由比尔·黄运营的投资公司。比尔·黄曾就职于著名的对冲基金老虎基金（Tiger Management），他是传奇对冲基金经理朱利安·罗伯逊（Julian Robertson）的门徒，也是所谓的“幼虎”之一。

在创建 Archegoss 之前，比尔·黄创建了总部位于纽约的对冲基金老虎亚洲（Tiger Asia Management），专注于亚洲投资。然而由于全球金融危机的爆发和策略上的失误，2009 年之后老虎亚洲基金的收益大不如前，再加上 Hwang 承认通过中国银行股票内幕交易非法获利的丑闻，最终该对冲基金在 2012 年被关闭。

风波之后，比尔·黄不再管理外部基金，转型利用家族基金管理资金转战美股，也就是如今的 Archegoss。

1.2 Archegoss 的杠杆交易

相比于公开基金，家族基金更利于使用杠杆和其他高风险的金融工具进行投资。通过更为激进的投资风格，比尔·黄管理的资金从 2012 年的自有资金 2 亿美元迅速增长至 2021 年的 150 亿美元，收益一度达到 60 倍。其中在 2020 年，他从 15 亿美元做到 50 亿美元。2020 年 1 月 1 日至 2021 年 2 月 22 日期间获得了 200% 的收益率，他的基金净资产峰值达到 150 亿美元，加上杠杆，总资产达到了 800 亿美元。而与之形成鲜明对照的是，过去很长一段时间，美国大多数对冲基金一直处于跑不赢指数的尴尬境地。正是敢放杠杆、敢押重注的作风，让比尔·黄押注中概股时带着投行们赚了大钱。

Archegoss 基金可能使用了掉期（Swap）、差价合约（CFD）、收益互换（Total Return Swaps）等金融衍生工具。由于掉期及其他双边交易不包括在 SEC 的 13F 报告要求中，故 Archegoss 基金可以在不实际持有相关股票的情况下，用衍生品间接持股，对多只中概股重仓超 10%，避开了美国对持有单一企业股权 5% 需要申报的证券监管规定。

但这种策略组合中如果出现多只重仓股遭遇“黑天鹅”事件，那么这种 5 ~ 6 倍高杠杆所带来的恶果将会集中体现，因为一旦股价出现 20% 以上的回撤，就会面临平仓压力。若只是单只个股需要补仓，基金经理还可以东挪西凑地补齐保证金。但如果是多只个股集中反应，那他可能就无力回天了，作为其交易对手方的投行马上就会平仓，而这也似乎就是 Archegoss 这次的遭遇。

2. 爆仓始末

2.1 高盛大宗交易邮件

这起震惊全球金融圈的爆仓事件，还得从2021年3月26日，网上流传的一封高盛内部电子邮件说起。

邮件显示，高盛正在为一宗美股大宗交易寻找买家，在开盘前代表一个未知卖方挂出多只中概股的卖单，涉及股份包括1000万股百度、5000万股腾讯音乐、3200万股唯品会，询价相比前一日收盘价分别折价9.6%、14%、14%。

所谓股票大宗交易，是指有机构需要买入或卖出非常巨量的股票时（达到规定的最低限额的证券单笔买卖申报），可直接通过寻找其他愿意交易的对手方，买卖双方经过协议达成一致并经交易所确定成交的证券交易。这就避免了巨量股票直接在市场上交易而引起股票市场价格的巨大波动。

而此次出现如此高额度大宗交易的原因是，比尔·黄的 Archegoss 收到了一家投行的追加保证金通知，无法兑现，随后，这家投行和其他投行开始清算比尔·黄拥有的股票，即强制平仓。

2.2 爆仓导火索

Archegoss 重仓的股票包括传媒巨头（VIAC. US）、探索频道（DISCA. US），以及百度（BIDU. US）、雾芯科技（RLX. US）、腾讯音乐（TME. US）和跟谁学（GSX. US）等多只中概股。

表1　Archegoss 持仓股份　　　　单位：股，美元

证券名称	Ticker	股份	价值
Viacomcbs Inc. Class B	VIAC	20429248	760588000
Tencent Music Entertainm Adr	TME	33223257	638551000
Gsx Techedu Inc. Adr	GSX	10685836	560792000
Vipshop Holdings Ltd. Adr	VIPS	16610819	461116000
Baidu Inc. Spon Adr	BIDU	1619119	355607000
Iqiyi Inc. Adr	IQ	15946694	279705000
Discovery Inc. A	DISCA	7582635	228248000

Archegoss 被强制平仓，说明肯定是有一些持仓股票暴跌，导致账户的保证金水平没有达到投行的要求。一旦触碰平仓线，各家投行肯定会不惜成本将质押股票抛售兑现。

3 月 23 日，维亚康姆（Viacom）在股价 100 美元时，宣布以增发价 85 美元增发 2000 万股股票后，股价一路下跌成为爆仓导火索。这一消息引发其股价连日大跌。截至 3 月 26 日收盘，VIAC 股价已经跌至 48.3 美元，接近增发价的腰斩线，一周股价累计暴跌 50.6%。

2.3　连遇“黑天鹅”

3 月 22 日，中国工信部公布相关规定的征求意见稿，拟将电子烟等新型烟草制品的监管参照卷烟有关规定执行，这引发电子烟生产商雾芯科技的股价连续大跌，一周累计跌幅达 53%。

3 月 23 日，一则中国教育部整顿课外教育的传言，令中概股中的教育股板块出现大范围的下跌，其中跟谁学跌幅居前，当天下跌 41.6%，一周累计跌幅达 54.9%。

更为重要的是，3 月 24 日，SEC 公告称，已通过《外国公司责任法案》最终修正案，并征求公众意见。这意味着在美国上市的中概股将面临更大的退市压力，该法案被认为是针对中概股。在一系列负面消息下，中概股大面积下跌。

而恰恰是这些 Archegoss 的重仓股，接连遭遇“黑天鹅”事件。这种大幅下跌也开始引起连锁反应，导致了大幅重仓中概股的高杠杆基金 Archegoss 爆仓。美国东部时间 3 月 26 日（周五），Bill Hwang 难以应对爆仓引发的追加保证金要求，最终触发高盛、摩根士丹利等投行的强制平仓潮，大量中概股被抛售，又再一次引发中概股的大跌。Archegoss 被迫出售了其投资的高达 200 亿美元 Viacom、Discovery、百度、腾讯音乐、唯品会等媒体股与中概股，导致这些股票价格随之出现暴跌，引发资本市场大幅震荡，造成包括瑞士信贷、日本野村在内的很多相关投资银行面临巨额损失，成为多年来最大一次基金爆仓事件。

Archegoss 爆仓事件时间线如图 1 所示。

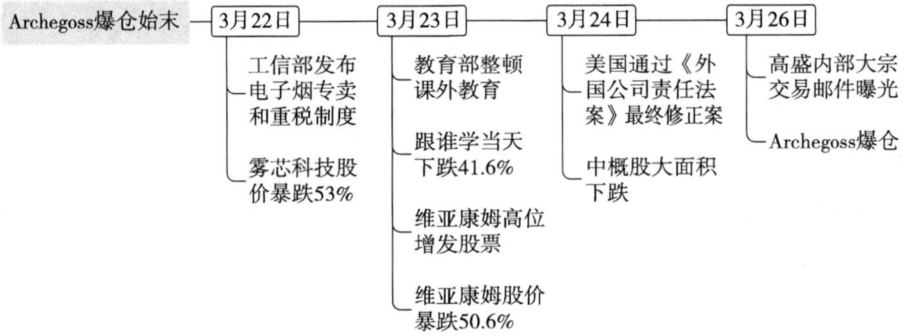

图 1　Archegoss 爆仓事件时间线

3. 事件影响

3.1　人类史上最大单日亏损

3 月 26 日，高盛在盘前通过大宗交易抛售了百度、腾讯音乐和唯品会 66 亿美元的股票，之后在下午又卖出了 ViacomCBS、Discovery、Farfetch Ltd.、爱奇艺和跟谁学的股票，总值 39 亿美元。也就是说，仅高盛一家，就卖了 105 亿美元。其余的抛售由摩根士丹利执行，其当天早些时候出售了价值 40 亿美元的股票，下午又出售了价值 40 亿美元的股票。

Archegoss 重仓股票集体暴跌如图 2 所示。此次爆仓直接导致 Archegoss 基金 150 亿美元的头寸被强平，被称为“人类史上最大单日亏损”，再加上高杠杆，Archegoss 基金的名义风险敞口达到了 800 亿美元。

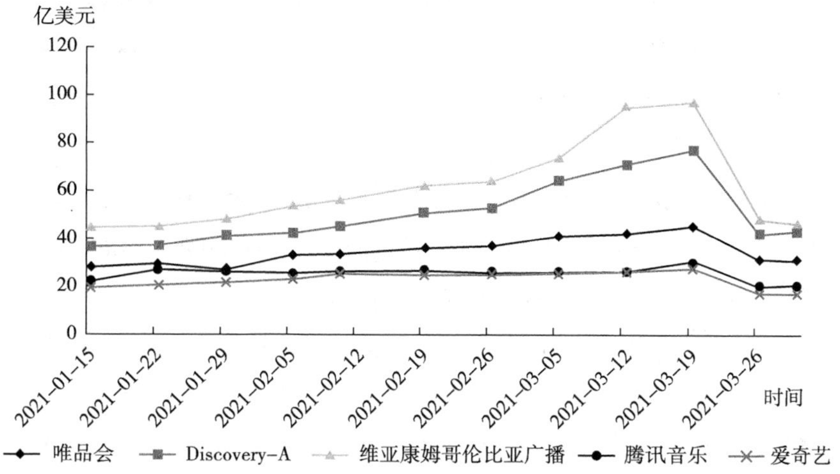

图 2　Archegoss 重仓股票集体暴跌

3.2　中概股集体跳水

Archegoss 爆仓后，中概股在 3 月 26 日那周也经历了大跳水，爱奇艺股价暴跌 39.7%，市值累计蒸发 90 亿美元；腾讯音乐跌了 36.77%，市值蒸发 196 亿美元；唯品会跌了 31.57%，市值蒸发 97.66 亿美元；百度跌了 20.24%，市值蒸发 138.8 亿美元；跟谁学跌了 46.88%，市值蒸发 87.67 亿美元。

3.3　多家投行遭波及

目前有分析估计其平仓规模约 200 亿美元，造成了超过 300 亿美元的市值损失。包括野村证券、瑞士信贷、富国银行等国际金融机构都蒙受了各自数十亿美元的损失。摩根大通分析师发布报告称，涉及银行的相关损失额合计将达到 50 亿～100 亿美元（合人民币 330 亿～660 亿元）。

受到爆仓事件波及的瑞士信贷集团于4月6日表示，预计第一季度税前亏损9亿瑞士法郎（约合9.6亿美元），包括因Archegoss强制平仓事件计提44亿瑞士法郎坏账（约合47亿美元，300多亿元人民币），这引发了部分市场人士对其风险管理的质疑。瑞信成立危机应对小组，采取了包括更换两名高管——投资银行首席执行官Brian Chin和首席风险合规官Lara Warner、暂停公司股票回购计划、削减股息、取消管理委员会2020年奖金在内的一系列措施。

而野村证券股价于3月29日创出了16%的历史最大跌幅，公司市值因此缩水35亿美元，并使高管们期待的有望开创可持续利润新时代的转机势头受到了威胁。Jefferies Financial Group在一份报告中称，单一客户高达20亿美元的欠款可能会大大削弱野村证券截至3月31日当前财年下半年的税前利润。

4. 事件思考

尽管现在Archegoss的影响没有像当时次贷危机一样引发系统性风险，但这次事件也足以让人警醒。一家基金的爆仓为何累及多家投行，引发如此大的连锁反应？

Archegoss之所以能以一己之力影响众多华尔街机构，造成中概股集体跳水，是衍生品杠杆、监管机构漏洞以及华尔街的逐利本性共同作用的结果。

4.1 衍生品的杠杆特征

对冲基金获得杠杆的方式有两种：第一类是融资，即从交易对手借入资金或证券来获得，也就是我们所说的借钱投资；第二类是通过衍生品合成，即通过使用衍生品（如期权、期货等）间接获得的杠杆，这种情况下可以用相对便宜的价格拥有更多的资产。在美国基金市场，使用衍生品来增加杠杆是十分常见的现象，衍生品市场也在逐渐成长为一个巨型资本市场。

Hwang就是通过大量使用收益互换（Total - Return Swap）这种衍生品来增加自己的杠杆。互换（Swap）是一种交易双方约定在未来某一期限相互交

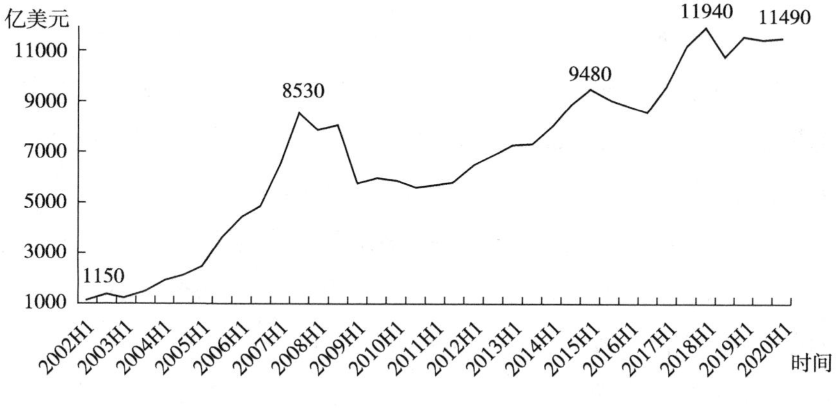

图 3　2002—2020 年美国股票 Swap 市场规模

换各自持有的资产或现金流的金融工具，多被用作避险和投机，较为常见的是外汇掉期交易和利率掉期交易。而收益互换是互换的一种，不同的是收益互换的交易双方是投资银行和对冲基金。对冲基金向银行缴纳一定比例的保证金，投资银行花钱购买股票一类的各项投资产品，根据持有期间的收益付钱给对冲基金，而对冲基金付给投资银行交易费和固定利率或者 Libor 相关利息费用。但是一旦资产价值下跌，基金除了要支付正常的费用之外，还要负担保证金损失。而且在杠杆比例很高的情况下，银行会追加保证金，或者要求客户提供更多的抵押品。一旦基金不能满足保证金要求，就是我们俗称的爆仓了，银行就可能会出售资产进行止损，从而引发资产价格进一步下跌。

4.2　充满争议的收益互换工具

首先，收益互换是一个加杠杆的工具。Archegoss 利用收益互换以有限的资金向投行们借钱并支付利息，以获得更大的股票头寸。假如 Archegoss 总共想要价值 100 万美元的股票，在交易初期，Archegoss 只需要给投行大约 20 万美元的本金，投行会用自己的钱去市场上买总价 100 万美元的股票。根据收益互换合同，如果价值 100 万美元的股票股价跌了 30%，Archegoss 需要赔 30

万美元损失给投行；如果股价涨了 30%，Archegoss 可以从投行处收到 30 万美元收益。在这个例子里，相当于投行借了 80 万美元给比尔·黄，使其获得价值 100 万美元股票的权益（即加了 4 倍杠杆），投行将从交易中获得 80 万美元对应的利息收入。Archegoss 估计已经管理了 100 亿美元的自有资金，由于从投行获得的杠杆作用，其总头寸接近 300 亿美元。

其次，收益互换的使用让 Archegoss 规避了监管的个股持仓披露限制。在上一段的例子里，真正去市场上购买并拥有 100 万美元股票来做收益互换对冲安排的是投行，而非 Archegoss。尽管 Archegoss 对持仓真正承担风险，但股票的法定持有人和投票权人依然是投行。迄今为止，美国证券交易委员会采取的立场是除非投资者对相关股票拥有投票权，否则无须披露诸如收益互换之类的股票衍生品的头寸。如果投资者没有投票权，那么他们就不会被视为股票的最终所有者，也不会被美国法律称为“实益所有者”。由于 Archegoss 与多家投行做收益互换，Archegoss 无须披露其通过收益互换获得的仓位，从而有可能掩盖其在收益互换合约中的庞大投资仓位。高盛（Goldman）和摩根士丹利（Morgan Stanley）前交易与风险管理主管杰伊·德维克（Jay Dweck）说：“您可能怀疑这个人正在与其他人进行这种交易，但是没人知道总数。”由于规避了大股东披露的责任，Archegoss 得以将加了几倍杠杆以后的仓位集中在了一些个股上，过于集中的持仓以及联合持仓操作给市场造成巨大震动埋下了隐患。

最后，收益互换工具一直都充满争议性。这种衍生品的好处在于，对冲基金可以用很便宜的管理费和交易费买到更多的股票资产，达到杠杆的效果，同时，资产的实际拥有人是投资银行而不是对冲基金。所以基金可以不用按照 SEC 的要求进行身份披露，可以达到匿名投资的效果。华尔街对于收益互换的态度褒贬不一，支持者认为这类衍生品降低了市场准入门槛，即使是个人投资者也可以通过银行接触到全球的金融产品，改善了资金的流动性。但也有反对人士认为，这种衍生品会将杠杆率提高到不可接受的水平，给市场带来风险。股神巴菲特就曾经在 2003 年的致投资者信中警告了收益互换的风险，他认为这种衍生品使保证金要求像个玩笑。“当我和查理读完书后，银行关于财务报告脚注中描述的衍生活动，我们唯一能理解的是，我们不了解这些活动所包含的风险有多大，我们认为衍生品是金融部门的大规模杀伤性武器。今天就可以看到它潜在的，但是致命的风险。”

4.3 脱离于监管之外的家族基金

除了互换协议以外，比尔·黄还借了家族基金的光，游离在投资监管之外。美国的家族基金规模非常庞大，达到了90万亿美元，远远超过了其他地区。在美国，专门管理一笔财富的家族办公室，通常可以免除去美国证券交易委员会注册为投资顾问的要求。因此，他们不必透露自己所管理的资产，这也是为什么美国顶级富豪喜欢通过家族基金来管理自己资产的原因。这个规则本来是用来保护投资于基金的外部人员，但是被像比尔·黄这样的投机家钻了空子。在美国，每个管理超过1亿美元股票资产的投资经理都要在每个季度末披露持仓情况，但是家族基金不受这个约束，比尔·黄也从来没有披露过他的150亿美元资产的持仓情况。在监管缺失的地方，家族基金被比尔·黄这样的投机者养成了能影响市场的庞然大物。

以往在投资机构看来，一旦家族基金出现问题，他们可以通过抛售管理的头寸来控制损失。但因为家族基金不用进行资产披露，他们并不知道比尔·黄在其他投行的仓位情况。所以当比尔·黄爆仓的时候，大家发现人人手上都有百亿美元的资产要抛售，根本没办法控制损失。如果他们知道比尔·黄总共管理了超过800亿美元股票的时候，他们目前所收取的保证金也不能起任何担保作用。

Archegoss事件暴露出华盛顿长期以来一直忽视的两个监管盲点：该公司大量使用互换交易进行未公开的押注，以及其私人家族办公室的身份。在美国证券交易委员会（SEC）新掌门人Gary Gensler即将走马上任之际，这次惨痛的事件令该机构面临的挑战更加艰巨。

目前来说，SEC对于家族基金，或者是对冲基金使用衍生品还没有太多的监管办法。为了防止2008年全球金融危机的再次重演，SEC在2010年出台了《多德—弗兰克法案》用来监管当时引发金融危机的主体机构，包括银行、抵押贷款人和信用评级机构。有人在2011年提出要求SEC披露任何跟投资者相关的并使其获益的衍生品，但SEC并未对此采取行动。后来在2019年，SEC在《多德—弗兰克法案》中加入了相关的法案，为互换协议建立了集中交易所，以减少交易违约的可能性，并且还要求更多地披露互换协议交易信息，以提高这些市场的透明度。这个法案还规范了金融公司对衍生品的使用，以防止“太大而不能倒闭”的机构承担可能对整个经济体系造成严重破坏的巨大风险。但是直到今天，SEC还是没有针对家族基金使用衍生品杠杆的监管法案。

4.4 华尔街的贪婪

这次的大甩卖引发了一些令人担忧的问题。比尔·黄如何造成如此大的损失？杠杆起了很大作用。那他又为什么能够如此大程度地依靠华尔街来增加下注规模？

其中一个原因是，银行非常渴求利润。全球金融危机后起草的规定使得华尔街银行用自己的账户进行交易的成本高昂。他们可以从行动缓慢、无杠杆化的资产管理公司（“只做多头”的群体）身上赚到很多钱的日子已经成为过往。这些投资者现在大多在电子平台上以便宜的价格买卖股票。因此，华尔街银行越来越依赖高频交易的对冲基金或像Archegoss类对冲基金的家族办公室的手续费和佣金。对券商来说，股票互换和差价合约等定制衍生品的手续费特别有吸引力。对赚快钱的对冲基金群体的吸引力在于，这些衍生品允许他们放大自己的头寸。他们不需要预先投入大量自有资金，就可以进行大笔赌注。

简而言之，华尔街不能轻易地从那些不草率下注的人身上赚钱。但是那些草率下注的人也可能会让你赔钱。瑞士信贷（Credit Suisse）和野村证券（Nomura）的总部所在国（分别是瑞士和日本）的长期利率一直徘徊在接近或低于零的水平，这可能并非巧合。由于在国内放贷几乎没有赚钱的机会，他们转向华尔街寻求机会。

华尔街一切向利益看齐而忽略职业道德的风气也是事情发生的另一因素。比尔·黄曾经因为在港股进行内幕交易，其管理的老虎亚洲基金被永远驱逐出港股市场。理论上，其行为足以被全球投行拉入黑名单，但仅仅在其归还所有外部资金并退出老虎亚洲基金的12个月后，比尔·黄就以2亿美元的自有资金创立了家族办公室Archegoss，并在短短8年的时间内将资产规模扩大到150亿美元。

事实上，在2012年事件后，大型投行的风险部门起初对与比尔·黄打交道持保留态度。但据两位Archegoss的主要经纪商透露，处理其交易虽然存在较大风险，但潜在利润丰厚，他们最终将比尔·黄视为极具吸引力的潜在客户。“人们对他的声誉和历史的担忧被与他打交道的巨大机会所抵消。他被业内认为是激进的赚钱天才。”

4.5　谁在纵容华尔街的贪婪

比尔·黄的高杠杆并不是特例。根据美联储的数据，近年来美国对冲基金的平均杠杆倍数逐年提高，已经增加了8倍多（见图4）。一方面，美联储的核能印钞机为市场提供了充足的流动性；另一方面，“大而不能倒”的美联储兜底传统，极大地刺激了华尔街的道德风险。在美联储流动性紧缩之前，对冲基金经理们可以放肆地加杠杆。正所谓：“股市赚了的是自己的，亏了的全是国家的，国家承受不起就把全球金融市场拖进来大家一起兜底。”央行纵容了资本的过度投机行为。

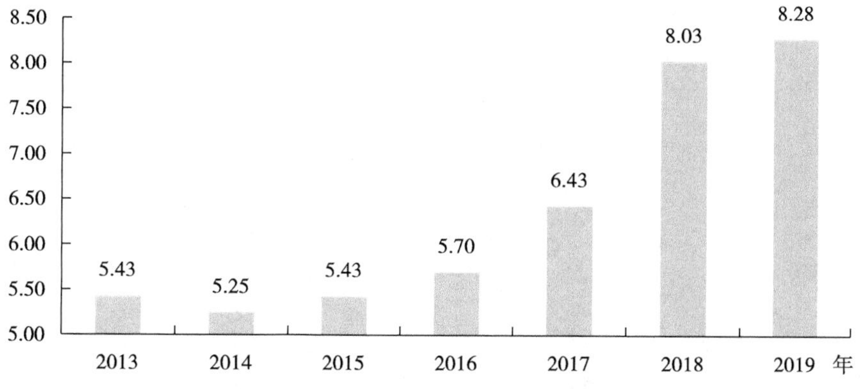

图4　美国对冲基金平均杠杆倍数

5. 结语

本案例介绍了 Archegoss Capita 基金依靠着高杠杆，由几亿美元资产做到了最多 150 亿美元资产，算上杠杆，其总资产高达 800 亿美元。但成也杠杆，败也杠杆，800 亿美元资产也抵不过一日暴跌。通过案例希望启发读者对于金融衍生品“双刃剑”的特点、金融监管存在的盲点，以及投行在风控和利润之间究竟该如何抉择等问题的思考。

我国健康险产品优化研究

——基于气象敏感性疾病视角①②③④

自20世纪50年代以来，工业革命的发展及人类活动的不断加强，气候也发生了翻天覆地的变化。我国近百年来温度显著上升，2021年颁布的《中国气候白皮书》指出，1951—2020年，中国地表年平均气温上升速率为0.26℃/10年，明显高于同期全球平均水平（0.15℃/10年）⑤。极端天气事件的频繁出现，加上现阶段气候条件的恶化，使诸如呼吸系统疾病、心脑血管疾病等气象敏感性疾病对人体健康带来的影响逐步增强。天气与气候的异常变化会诱发或加剧部分疾病，如在高温环境下，气温的升高会带来呼吸系统疾病急诊就诊人数的上升。同时，在较高的温度下，细菌繁衍速度加快，增加了人们的健康风险。气候异常变化越发频繁，人们越来越重视气候变化所带来的影响，人们健康风险的扩大加上越发重视对健康的管理，人们对健康保险的需求也会进一步地增加。

气象敏感性疾病主要指呼吸系统疾病、内分泌系统疾病、心脑血管疾病等。我国疾病谱在过去30年内发生了显著变化，2017年，我国前五大导致国人死亡或过早结束生命的因素为缺血性心脏病、肺癌、慢性阻塞性肺病

---

① 作者姓名：展凯和崔芷晴。

② 作者工作单位：广东外语外贸大学金融学院，金融开放与资产管理研究中心，广州华南财富管理中心研究基地。

③ 案例版权：归属于作者与作者单位所有。

④ 本案例只供课堂讨论之用，并无意暗示或说明某种行为是否有效。

⑤ 国务院新闻办公室．中国应对气候变化的政策与行动2021［EB/OL］．http：//www.gov.cn/zhengce/2021-10/27/content_5646697.htm.

（COPD）和肝癌[1]。以呼吸系统疾病、心脑血管疾病和恶性肿瘤为代表的慢性病使中国居民的医疗负担较大。较大部分气象敏感性疾病属于医保报销范围以及少量商业医疗险一般医疗金给付范围，如市场上有针对高血压、糖尿病等疾病的专项健康险保险产品，但保费相对较高，保障范围也有限。同时，保险行业并无覆盖气象敏感性疾病的健康险产品。所以，基于气象敏感性疾病视角对健康保险进行优化有利于提高健康保险的个性化程度，更好地满足消费者的需求。

受气候条件变化的影响，气象敏感性疾病相对而言更多频高发。随着与气候因子相关的研究不断深入，我们不难发现，气候因素对疾病的影响在不断强化。例如，在冬季，呼吸系统疾病的患病率会有一定程度的提升；而在全球变暖的大趋势下，高温热浪带来的冲击以及热射病等的情况也不断地出现。目前，气象敏感性疾病多为常见病，诸如支气管炎、心脑血管疾病等气象敏感性疾病较易发生，且其突发如急性心肌梗死、脑卒中等为重大疾病，但其转换为更严重的相关疾病的概率目前较难进行定量预测。因此，基于气象敏感性疾病视角对健康保险进行优化，希望可加强对气象敏感性疾病发病情况的有效预测，加强健康险险企对疾病风险的把控，有效控制险企运营成本。

气候变化作为影响人们身体健康的重要因素，越发受到人们的重视，气象敏感性疾病的预警以及防治的相关研究也在有序展开。然而，气象敏感性疾病具有高频多发、不良影响较大等特点，虽然常见为小病，但忽视小病则容易带来后续重疾患病率的提高。因此，我们需要对健康保险进行完善，进行这一方面的风险分散。而现阶段健康保险市场较少考虑针对气象敏感性疾病的易感染人群做划分，提供个性化产品，加之有国家政策带来新的机遇与挑战，因此本文将基于气象敏感性疾病视角提出健康险产品设计优化方案。通过在气象敏感性疾病的视角下优化完善健康保险产品，利用“健康管理+

---

① Maigeng Zhou, Haidong Wang, Xinying Zeng, et al. Mortality, Morbidity, and Risk Factors in China and Its Provinces, 1990 - 2017: a Systematic Analysis for the Global Burden of Disease Study 2017 [J]. Lancet. June 24, 2019.

保险”的模式进行优化创新。一方面，健康险险企加强对气象敏感性疾病的疾病预测与疾病干预，降低气象敏感性疾病的发生；另一方面，利用健康险降低消费者疾病负担，达到风险转移的目的。

1. 气象敏感性疾病的定义及其对健康险的影响

1.1 气象敏感性疾病的定义及作用机制

气象敏感性疾病是指一系列受天气和气候因素影响的疾病，包括心脑血管疾病、传染性疾病、呼吸系统疾病、内分泌系统疾病等，具有治愈周期较长、难断尾、患病率逐年提高、疾病负担率不断提高等特点。全球气温上升趋势加重，极端天气事件的出现也越发频繁，气候因素作为一种外部影响因素，其对人体健康的影响也逐步加重。

受气候因素变化带来的健康风险，一方面加大险企前期进行健康风险识别以及健康风险管理的难度；另一方面，气象敏感性疾病的出现也对健康险产品设计提出新的挑战。基于气象敏感性疾病视角进行健康险产品的优化，可进一步为消费者提供个性化、差异化的健康险产品，实现对该种疾病的有效预测以及有效干预，全面进行健康管理的目的。

1.2 气候因素与疾病的作用机制

学术界主要通过病例统计并进行数据分析来协助论证气候因素对疾病的相关作用机制。

一是心脑血管疾病影响机制及危害。在众多受气象因素影响的疾病中，心脑血管疾病是严重威胁我国居民身体健康的重大疾病。心脑血管疾病主要包括高血压、冠心病、脑卒中等疾病，受个人生活方式、基因遗传、饮食习惯、疾病史以及外部因素等共同影响，超越人体舒适温度阈值的极端温度容易引发心脑血管疾病的发生，给人体健康带来严重威胁。

图 1 所示为具体气温因素造成疾病影响的作用机制。极端气温易引起心

肌细胞结构变化的出现，带来细胞缺氧、心肌细胞凋亡，进一步造成心肌损伤。另外，低温的出现带来血小板聚集，加速血栓形成，导致冠状动脉痉挛出现，引发心肌梗死。在极端低温刺激下，心肌病理状态易恶化，诱发心血管疾病。同时，当气温急剧下降时，人体交感神经兴奋，肾上腺素以及去甲状腺素分泌增加，高血压被诱发。如果患者的动脉血管在气温异常情况出现前已发生病变，则会加重脑梗死、脑出血等脑血管疾病出现的概率。

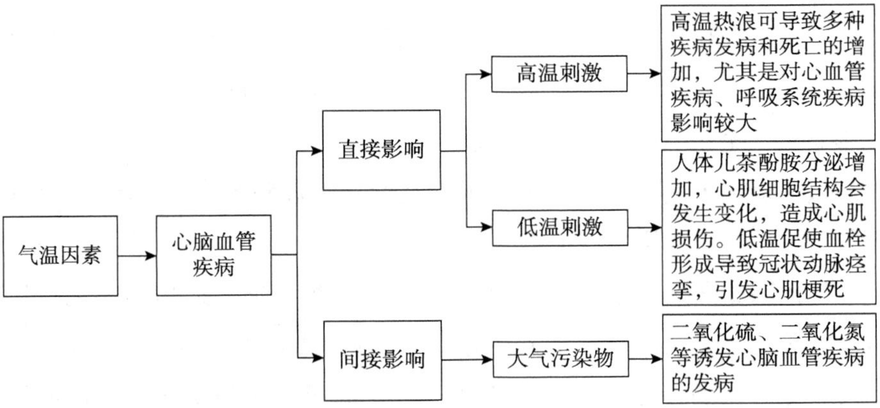

图1　气温因素对心脑血管疾病的作用机制

（资料来源：根据现有文献资料整理）

二是呼吸系统疾病影响机制及危害。呼吸系统传染病是世界范围内导致死亡和残疾的主要原因之一，在全球，每年约有400万人因此而丧命，对社会造成巨大的冲击。呼吸系统疾病对儿童以及老年人影响相对较大。呼吸系统疾病包括上呼吸道感染和下呼吸道感染，下呼吸道感染包括支气管炎、气管炎和肺炎等，肺炎位居五岁以下儿童死亡的原因的首位。

图2所示为气候因素对呼吸系统疾病的作用机制。在冬春季节，白天与黑夜湿度差异较大，室内室外温差较大，温度变化较大。而通常，呼吸系统对寒冷所带来的刺激会更为敏感。寒冷天气带来人体表面的血管进行收缩，使得皮肤毛细血管的屏障功能被降低，鼻腔内毛细血管无法对冷空气进行加

热，导致寒冷对呼吸道黏膜带来刺激，引起流涕、咳嗽、咽痒等症状的出现；另外冷空气也使得呼吸道更容易受到细菌的侵蚀。

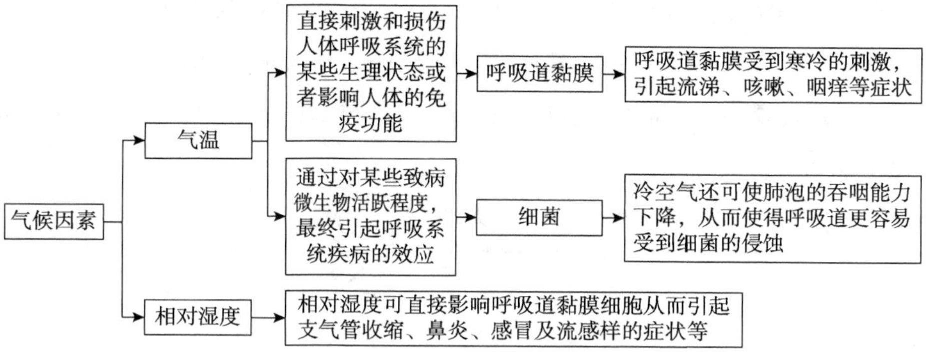

图2　呼吸系统疾病的作用机制

（资料来源：根据现有文献资料整理）

三是流行性传染病危害。流感为一种由流感病毒引起的呼吸系统疾病，稍有不慎则易带来严重的并发症，如肺炎、脑膜炎、心肌炎、肾功能衰竭、脓毒性休克等，对人体健康带来较大的影响。常见的流行性传染病包括疟疾、登革热、霍乱、流行性乙型脑炎、流感等。流行性传染病无疑是气象因素影响较为显著的疾病，主要的影响表现如下：极端天气事件的出现、气温的变化以及降水量的加强等带来传染病发病率增加、传染病分布范围扩大、人群对疾病易感性增强，由此导致直接或间接死亡、疾病及伤害等。

1.3　气象敏感性疾病对健康险市场影响

在上文对气象敏感性疾病的作用机制以及后果进行梳理后，我们发现，心脑血管疾病、流行性传染病、呼吸系统疾病以及相关严重并发症等对人体健康影响深远。健康险在设计及运营过程中需把握疾病风险、医疗及健康赔付损失率风险等，因此，在本节，我们将对气象敏感性疾病的特点进行进一步说明，通过对其疾病发病率较高、医疗费用负担较高、系统风险较大等特点分析其对健康险的影响，说明基于气象敏感性疾病进行健康险产品优化的重要性。

1.3.1 疾病发病率提高，给健康险风险管理带来冲击

我们通过对气象敏感性疾病所包含的疾病进行发病率的分析。根据2020年出台的《重大疾病保险的疾病定义使用规范》，我国对28种重大疾病以及3种轻症疾病范围进行了规定，其中，与气候因素相关的主要疾病包括心肌梗死、脑中风后遗症、肝脏相关重疾和严重手足口病四大类别。表1所示为部分重疾发病率情况统计。

表1 部分重大疾病发病率情况 单位：%

病种	各年龄段发病率情况
心肌梗死	青年男性 12.3 青年女性 0.6 中年男性 18.2 老年男性 10.3 老年女性 8.1
脑中风后遗症	未成年男性 1.8 未成年女性 5.8 青年女性 1.1 中年女性 4.2 老年男性 13.9 老年女性 9.6
肝脏相关重疾	未成年男性 终末期肾病 1.6 中年男性 慢性肝功能衰竭 1.9
严重手足口病	未成年男性 重症手足口病 14.0 未成年女性 重症手足口病 7.5

数据来源：中国精算师协会。

根据上述数据统计，我们不难看出，受气候因素影响的重大疾病具有发展趋势不断恶化、发病年龄逐步年轻化的趋势，其中，心脑血管疾病为重疾高发区。重大疾病发病情况有年龄段以及性别上的差异，对于儿童而言，重度手足口病有一定的高发频率，该种类的疾病与气候因素息息相关。此外，地区间气候因素具有一定的差异性，带来疾病区域性的差异：受气温以及空气污染的影响，肺癌在华东和华北地区的发生率最高，而在西北地区的发生

率较低；而肝癌则在华南地区发生率较高，因为华南地区的回南天会带来黄曲霉素的生长，长期食用含有黄曲霉素的食物容易诱发肝癌以及加速肝癌的病程进展。在心脑血管疾病方面，急性心肌梗死南北差异明显，北方发生率高于南方，其中一个影响因素为北方天气寒冷，在低于人体舒适范围阈值的气温下，遭遇低温刺激后血管会更容易收缩，加重对血管流通的阻碍，对于冠心病患者的刺激也更为明显。

通过上述分析，我们发现，气候因素对重大疾病的影响正不断被人们所熟知，健康险险企应采取更多的措施加强对疾病发病率的预测和通过对气象敏感性疾病采取有效的疾病识别以及疾病干预措施降低气象敏感性疾病的发病概率，有效控制健康风险。

1.3.2 疾病医疗费用增加，健康险理赔成本不断增加

表 2 所示为部分气象敏感性疾病住院人均医药费及住院天数情况。我们发现，具有高频低费特点的部分气象敏感性疾病也会给居民带来较大的负担。2021 年我国卫生健康统计年鉴数据表明，我国居民人均卫生支出为 19959.43 元，呈现逐年上升趋势。对于居民而言，医疗负担不仅源于因重大疾病带来的高昂的治疗费用，还源于日常高发小病积累带来的医疗成本的累加。因此，人们也更倾向于通过购买健康保险以及健康管理服务等方式实现有效的健康风险管理，对健康保险需求也在不断扩大。

表 2　我国 2020 年住院费用情况

疾病名称（ICD－10）	住院病人人均医药费（元）					平均住院日（日）				
	委属	省属	地级市属	县级市属	县属	委属	省属	地级市属	县级市属	县属
病毒性肝炎	13070.0	9403.4	8730.5	7006.7	5585.0	8.5	8.6	11.8	11.6	10.8
急性心肌梗死	42982.1	38263.5	32500.7	25788.9	19803.8	7.0	7.9	8.5	7.9	7.2
细菌性肺炎	21000.9	12742.5	9279.3	6637.7	5149.3	11.9	9.6	8.9	8.2	7.7
脑出血	28418.2	27615.1	24534.7	18916.9	16264.5	12.3	13.5	14.9	14.1	14
脑梗死	19301.7	15480.2	12721.5	8479.1	6657.4	10.7	10.6	10.7	9.7	9.3
儿童支气管肺炎	6712.5	5111.0	4092.7	3122.6	2725.1	6.4	6.8	6.6	6.4	6.4

数据来源：2021 年中国卫生健康统计年鉴。

另外，医疗技术的发展带来重大疾病治愈率的提高的同时也带来医疗成本的不断增加，影响健康险险企进行成本控制。表3所示为部分重大疾病负担情况。通过对数据解读，我们发现，医疗技术的发展一定程度上带来重大疾病五年治愈率的提高，但高昂的医疗治疗费用对于大部分的消费者而言，负担较大。对于健康险险企而言，高频低费的疾病也给其产品风险管理以及理赔成本的控制带来冲击。健康险险企在进行产品设计的过程中需考虑风险大量原则、风险分散原则和风险选择原则。因此，健康险险企在健康险产品设计过程中通过设定一定的免赔额以及核保约束条件等对投保人理赔情况进行管理，降低理赔成本。

表3　重大疾病负担情况

重大疾病	治疗康复情况	危害
严重脑中风后遗症	需要长期护理和药物治疗	治疗康复费用因人而异
严重脑炎或脑膜炎后遗症	需要长期药物和护理治疗	20万~40万元
较重急性心肌梗死	需要长期的药物治疗和康复治疗	10万~30万元
严重特发性肺动脉高压	心肺移植及终身药物治疗	治疗康复费用因人而异
严重慢性呼吸功能衰竭		肺移植手术费30万~40万元
慢性肝功能衰竭失代偿期	需要长期药物和护理治疗	10万元/年
急性重症肝炎或亚急性重症肝炎	该病并发症多，并且需要长期药物治疗	治疗康复费用因人而异

资料来源：中国精算师协会。

1.3.3　气候风险带来系统性健康风险，冲击健康险市场

全球气温上升趋势不可逆转，再加上极端天气事故的频繁出现，对全球经济社会以及居民卫生健康带来巨大的冲击。气候变化所带来的风险无疑是范围极广，且影响程度不尽相同。对于健康险险企而言，受极端天气事件影响出现的巨灾死亡风险也会对其经营造成冲击，因此，需要进一步考量如何采取有效措施降低该风险对健康险险企造成的损失。

此外，受气象因素影响，各种流行病在我国的疾病发病情况以及疾病负担各不相同，对我国健康管理及疾病防控的工作开展而言，是一个不小的挑

战。受气温因素以及湿度因素等的影响，在我国，春季为甲流高发期，但南北方甲流病株情况略有不同。同时，气候因素也会影响疾病的传播范围，对人体健康造成不同程度的影响，若大范围出现，则对居民身体健康带来不利，加大我国政府对居民卫生健康以及疫情精准防控工作开展的难度，影响政府打造大健康体系。因此，我们也更需要考虑利用健康险这一有效手段协助政府进行流行性疾病的防控与干预，共建“健康中国”。

2. 气象敏感性健康保险产品需求分析

2.1 健康险市场现状及发展趋势

2.1.1 健康险市场概况

我国已经实现基本医疗保险覆盖，为居民提供基本的医疗保障。在政府支持下，我国两百多个地级市也与保险公司进行合作，推出具有地方特色的惠民保，为居民提供重疾险保障，降低“因病致贫和因病返贫”的风险。而商业健康险作为我国医疗保障体系中的重要组成部分，主要作用是为有能力购买健康保险的消费者提供差异化的健康险产品，满足其规避健康风险发生，降低因治疗费用等带来的损失的目的。截至 2021 年，根据中国银保监会的相关数据统计，我国健康险保费收入为 8447 亿元，保险深度为 0.73%，保险密度为 597.80 元，与发达国家相比，仍有较大的发展潜力。图 3 所示为我国 2013—2021 年健康险保险深度和保险密度情况。

2.1.2 健康险发展新趋势

表 4 所示为部分鼓励健康险创新发展政策法规的总结。“健康中国 2030”规划及“十四五健康发展规划”等政策的出台对商业健康险的定位提出了新的要求，商业健康险不仅承接基本医疗保险覆盖范围以外的健康风险的转移，更是应当起到对被保险人进行正向健康风险管理的作用。因此，商业健康险未来可进一步开拓具有管慢性病、防大病的健康险产品及配套服务，这可有效降低社会运行以及险企经营成本。

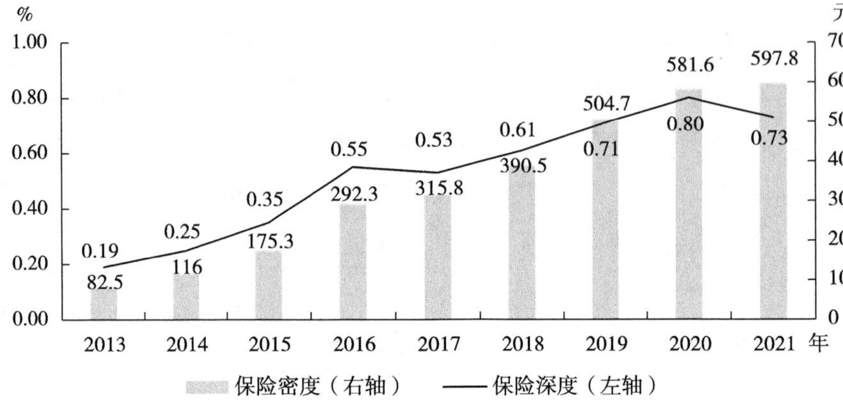

图 3　2013—2021 年健康险保险深度和保险密度情况

（数据来源：中国银保监会统计数据）

表 4　我国健康险相关政策总结

时间	政策名称
2022 年 5 月	《“十四五”卫生健康规划》
2021 年 9 月	《“十四五”全民医疗保障规划》
2021 年 1 月	《关于规范短期健康保险业务有关问题的通知》
2020 年 9 月	《关于规范保险公司健康管理服务的通知》
2020 年 5 月	《中国人身保险业重大疾病经验发生率表（2020）》
2020 年 2 月	《普通型人身保险精算规定》
2020 年 1 月	《关于促进社会服务领域商业保险发展的意见》
2019 年 11 月	《健康保险管理办法》
2018 年 8 月	《关于互联网渠道短期健康保险续保问题的消费提示》
2017 年 5 月	《关于推广实施商业健康保险个人所得税政策有关征管问题的公告》
2017 年 1 月	《“十三五”卫生健康规划》
2016 年 10 月	《“健康中国 2030”规划纲要》
2014 年 10 月	《关于加快发展商业健康保险的若干意见》

资料来源：根据现有文献资料整理。

在科技的推动下，健康险险企在医疗保障体系中的角色定位发生了变化，从过往主要担当疾病赔付及福利的支付者，兼顾核保数据信息收集者的身份，发展到现在成为全面医疗保健资讯及解决方案的提供者。然而，健康险的转型仍面临着医疗成本过高、保险产品同质化程度严重、保险服务质量相对较低、客户健康管理欠缺等挑战。面对重要机遇，商业健康险更需要做到以客户利益为中心，发挥其市场优势共建医疗健康生态产业链，为客户带来切实有效的健康管理和健康促进。

此外，从健康险产品层面上看，健康险的转型离不开开拓庞大的非标准体健康险市场，未来向结合慢性病管理以及癌症早筛早治这方面发展。据统计，我国重大慢性病经济负担多为心脑血管疾病、糖尿病和癌症等，其中，中老年人慢性病患病率为48.4%，55～64岁人群慢性病患病率达48.4%，65岁及以上老年人发病率达62.3%①。加强慢性病防治对于社会各个利益相关方而言都是重要的挑战，更需要全面共同努力，实现全民健康。

2.1.3 健康险市场主体情况

我国现阶段有人保健康、平安健康、和谐健康、昆仑健康、复星联合健康、瑞华健康以及太平洋健康七家专业健康保险公司以及大大小小允许经营健康险产品的人身险公司和财险公司。在健康险市场中，除提供健康险产品的健康险险企外，在其产业链上下游还包括健康保险科技公司、第三方健康管理机构等。

表5所示为健康险市场主体概论，接下来分别介绍平安健康、昆仑健康和妙健康。

表5 健康险市场主体概况

	平安健康	昆仑健康	妙健康
类型	大型健康险险企 专营健康险险企	中型健康险险企 专营健康险险企	健康管理平台
介绍	平安健康积极推进中国平安“HMO＋家庭医生＋O2O”战略，为客户提供省事、省心、省钱的优质服务	昆仑健康坚持“金融科技＋健康管理＋卫生服务”战略，做到以客户健康为中心，为客户提供高质量的服务	一家为客户提供数字化精准健康管理服务的健康科技公司，妙健康以健康行为数据及人工智能为基础，借助其物联网健康数据大平台、健康风险管理平台以及健康干预平台为用户提供个性化健康管理服务，达到促进用户健康发展，实现降低疾病风险的目的

资料来源：平安健康官网、昆仑健康官网、妙健康官网。

① 国家卫生健康委. 中国居民营养与慢性病状况报告（2020年）［J］. 营养学报，2020，42（6）：521，ISTIC PKU CSCD CA，2021.

（1）平安健康

2005年平安健康保险股份有限公司成立，系中国平安的重要成员公司。平安健康积极推进中国平安“HMO + 家庭医生 + O2O”战略的实施，坚持走专业化道路，做到以客户为中心，努力为客户提供省事、省心、省钱的优质服务。目前，中国平安已在核保、理赔、数据挖掘及管理、健康管理服务等领域进行创新发展，走在我国保险科技领域前端。

中国平安正在积极寻找一条中国化健康管理模式的新道路。就健康险而言，配套的健康管理模式的不断优化可进一步加强健康险产品属性，推动健康险险企从医疗费用给付者朝着健康管理主导者方向进行转变，为客户提供更全面的健康管理服务。然而，目前该健康管理模式下仍面临着客户体验感较差、健康管理效果有限、健康险与健康管理模式相结合仍不够紧密等问题，我们也仍需继续探讨如何推动该方面进行优化的可能。

（2）昆仑健康

昆仑健康主要保险产品包括健康险以及意外险。较大部分保费收入来源于健康险业务，而在健康险业务中，长期健康险业务占绝大部分。2021年昆仑健康的理赔数据显示，其2021年理赔申请案件为5.88万件，其中，医疗理赔申请占比为98.75%，重疾占比为1.53%，理赔金额中，重疾占比为60.95%①。同时，理赔数据指出，疾病身故原因前三分别为：恶性肿瘤、心脑血管疾病以及颅脑疾病，多种疾病均属于气象敏感性疾病范畴。因此，昆仑健康可加强对气象敏感性疾病的健康风险管理，对其经营健康险产品进行优化，进一步加强对客户健康风险的把控程度，有效提高险企营业能力，扩大险企经营利润。

（3）妙健康

作为一家为客户提供数字化精准健康管理服务的健康科技公司，妙健康以健康行为数据及人工智能为基础，借助其物联网健康数据大平台、健康风险管理平台以及健康干预平台为用户提供个性化健康管理服务，促进用户健

① 昆仑健康2022年保险理赔服务年报，https：//mp.weixin.qq.com/s/Dv1ZtVUM1uaGdpB2Lqcziw.

康发展，实现降低疾病风险的目的。目前，妙健康主要针对个人客户、企业客户、政府客户提供涵盖健康管理解决方案、企业员工福利方案、智慧健康城市等解决方案。具体内容如图 4 所示。

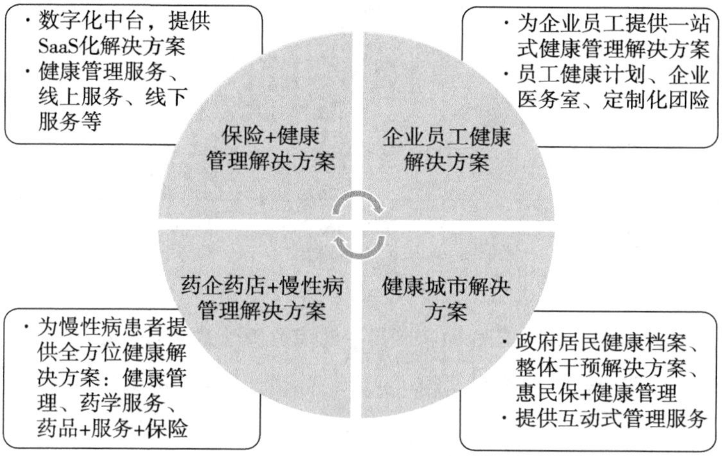

图 4　妙健康业务范围示意图

（资料来源：妙健康官网）

2.2　健康险产品需求分析

2.2.1　消费者产品认知分析

如图 5 所示，对于消费者而言，其购买健康险的目的多为通过购买健康险降低因健康风险变化给自身经济带来冲击的影响。人口老龄化趋势不断加强，慢性病、亚健康等人群数量不断扩大，导致大量的拒保人群以及体检异常人群无法购买合适的健康险产品，满足其自身需求。

图 6 所示为艾瑞咨询 2021 年针对保险客户调查研究的报告。报告表明，绝大部分保险目标用户认为，其压力前三位来源于意外大病治疗费用、意外伤害大额支出以及为自己养老的费用①。客户对人体健康以及疾病或意外

① 艾瑞咨询 .2021 年中国保险用户需求趋势洞察报告 . https：//report. iresearch. cn/report/202105/3778. shtml.

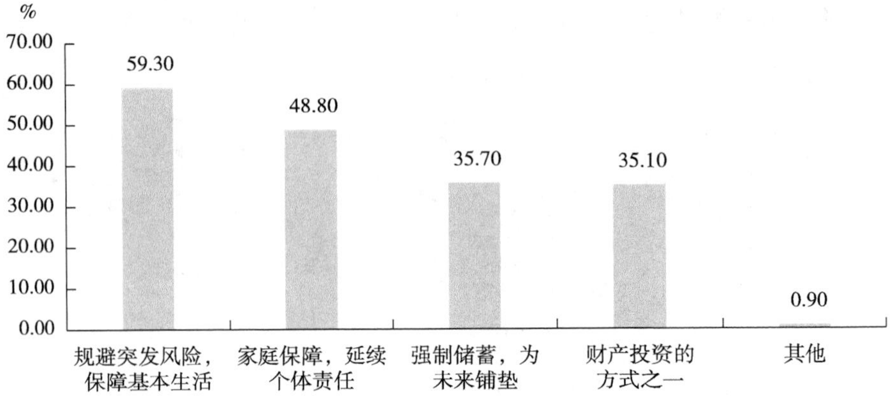

图 5　2021 年保险实际用户对商业保险意义的解读

（数据来源：艾瑞咨询.《2021 年中国保险用户需求趋势洞察报告》）

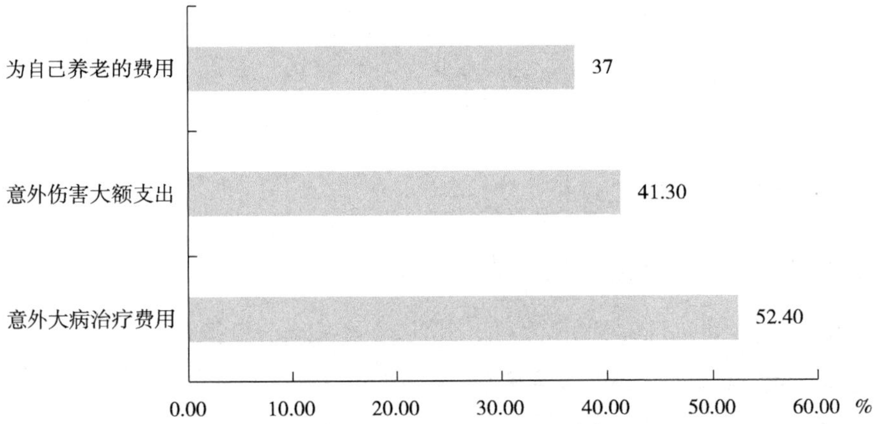

图 6　2021 年保险目标用户风险点与压力来源（前三位）

（数据来源：艾瑞咨询.《2021 年中国保险用户需求趋势洞察报告》）

的治疗费用较为重视，对未来健康险产品的期望更注意在利用杠杆降低此类费用对自己或家庭的影响上。此外，2021 年保险实际用户会更关注保险产品的性价比、售后保障以及产品条款的可读性。从产品需求端考虑，未来健康险市场将更加往多样化、投保流程便捷化以及加强对消费者教育等方向上走，要求健康险险企提供更具个性化、更有差异化的健康险保险产品。

同时，健康险市场发展也要求健康险在产品设计及责任方面有进一步的细分与深化，病种的多样性发展以及消费者对产品差异化、个性化的要求也需要进行进一步的细分，基于气象敏感性疾病视角进行健康险产品优化，通过考虑气象因素，为气象敏感人群提供定制化产品则有利于在未来为消费者提供更个性化的健康保险产品。

2.2.2 消费者购买力分析

近年来，我国居民人均可支配收入呈现稳定增长趋势，图7所示为我国2013—2022年人均可支配收入情况。而居民对金融资产的投资也同样呈现不断上涨的趋势，消费者更倾向于进行多元化投资、财富分散及财富的传承。同时，受新冠疫情、“房住不炒”等的影响，人们也更倾向于借助保险这一手段进行风险的规避以及财富的资产配置。由此可见，消费者对商业健康险有较强的购买力。

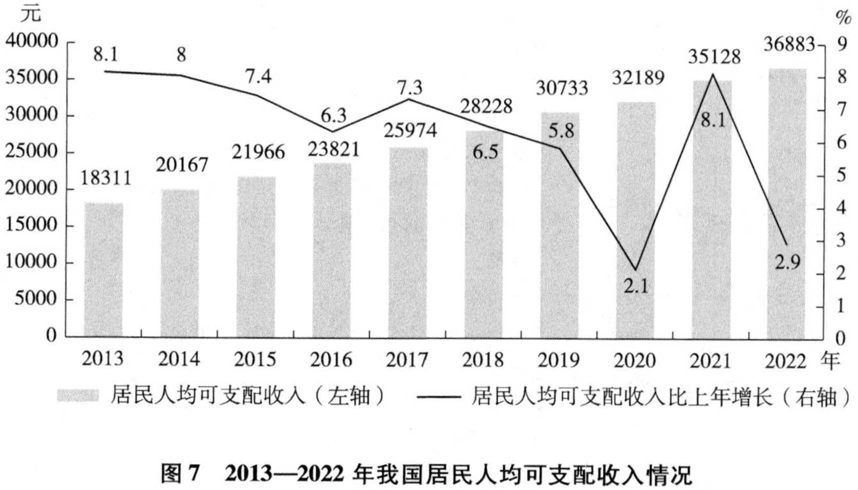

图7 2013—2022年我国居民人均可支配收入情况

（数据来源：国家统计局）

3. 产品优化的可行性分析

3.1 精算技术可行性分析

3.1.1 健康险精算定价模型总结

国内外对健康保险定价的相关研究主要集中在精算使用模型、使用技术、损失分布模型以及风险因子的选择等方面。与传统寿险相比，健康险定价相对复杂，针对以疾病风险的发生而带来的赔付费用风险，通过利用概率论和统计学的相关知识，在遵循大数法则的基础上进行定价。

对于健康险的定价主要有粗估法、多元回归模型测算法、经验频率法以及损失分布法等方法。表6所示为基于损失分布进行健康险定价的模型。精算技术的不断发展带来分类费率厘定和经验费率厘定两种方法的结合，使得其可实现费率的动态调整。

表6　基于损失分布进行健康险定价

预测模型	主要模型	模型内容	特点
医疗费用预测模型	两阶段模型	在连续型损失分布索赔发生条件下对医疗费用进行预测，利用 Logit 或 Probit 模型对被保险人索赔概率进行预测	局限在于无法识别被保险人就诊次数的影响
分类费率厘定模型	广义线性模型	在考虑不同风险因素及不同疾病的情况下进行风险分类，并根据不同风险分类厘定不同保费，考虑个人信息、临床数据以及空间数据	可体现风险的异质性，体现健康险产品定价的公平原则
经验费率厘定模型	信度模型	将所有历史保单进行风险类别划分，对保单及个体健康信息进行追踪，实现保费动态调整	模型建立在相对独立的情况下进行，与现实有差距

资料来源：根据现有文献资料整理。

健康保险的保费可以理解为发病率与赔付额的乘积，因此也需要加强对发病率的预测，而多种疾病的发病率之间也存在着复杂的关系。表 7 所示为部分健康险基于发病率计算的定价方法的总结。随着精算技术的不断发展，健康险产品精算模型也在不断发展完善。

表 7　健康险保费定价方法总结

	方法名称	定义	特点
静态类模型 被保险人只有单一且不可逆的状态转化，无法衡量疾病程度	曼联模型	用人均患病周数衡量患病情况	实际计算较为容易
	随机状态持续时间模型	考虑个体在生命期间的健康持续时间和疾病持续时间	没有进行精准划分人群，定价精准程度有待提高
动态类模型考虑被保险人状态的改变	减因表模型	对状态不同的人群进行划分，用人群变化数量衡量状态转移概率	计算难度较大，需要有大量数据支撑
	马尔可夫链状态模型	健康、疾病及死亡状态的转化，利用马尔可夫链	需要历史数据支撑以及计算相对复杂

资料来源：根据现有文献资料整理。

3.1.2　健康险风险因子总结

健康保险的费率厘定主要通过非寿险的定价方法进行，包括对医疗费用的预测、基于发病率的定价模型等大数据技术的发展带来更多健康数据的挖掘和利用，这使保险精算技术不断提高，也让健康险费率厘定过程更趋于精准。目前我国已有针对地区特征的健康险成功实践，如在 2020 年颁布的 2020 版重疾经验发生率表中，除针对年龄、性别进行划分外，也创新性提出针对粤港澳大湾区的重疾经验发生表。在此基础上，也有针对大湾区的健康险产品的出现。可见，目前健康险产品精算可将更多的风险因子纳入考量范围中，也有一定的基础针对区域性差异、群体差异设计健康险产品，这也让基于气象敏感性疾病视角进行健康险产品优化有一定的可行性。

健康险费率厘定的一大困难为需要在模型设计过程中，考虑众多影响因素。常见因素为健康险保险保障范围的疾病、被保险人年龄、性别、职业、所在地区、过往疾病史等。这些因素影响着疾病发生率风险、疾病趋势风险、医疗及健康赔付率风险等，进一步影响健康险精准定价。表 8 所示为常见健康险定价使用的风险因子及其定义。

表 8　风险因子总结

风险因子类型	风险因子名称	风险因子含义
传统考虑因子	年龄	年龄对于判断疾病发生率、病种及预防有很重要的参考价值
	性别	性别与疾病发生率有关
	所在地区	地区气候、海拔、饮食习惯等对疾病发生率有影响
	职业	部分疾病的暴发与被保险人职业及其工作环境相关
	经济水平	经济发展水平对被保险人医疗成本以及生活习惯等有一定的影响
	疾病史、家族遗传史	既往病史或家族遗传会带来部分疾病高发
创新风险因子	个人身体数据	包括血压数据、血氧数据、心率数据等，更好地对被保险人身体状况进行把控
	日常行为数据	运动习惯、生活习惯等对疾病控制及预防有一定的影响
	Web 使用数据	利用互联网大数据对被保险人健康观念以及是否存在骗保行为等进行识别

资料来源：根据现有文献资料整理。

人们对气象敏感性疾病认识程度越高，对其疾病的预测模型的完善程度也越发提高。气候及气象因素作为一个重要的外部影响因素之一，对人体健康的影响也不容忽视。因此，基于气象敏感性疾病进行健康险产品优化，在原有的风险因子中进一步发掘气候及气象因素对疾病的影响，结合气象敏感性疾病的发病率、疾病负担率以及疾病干预方案及其效果等优化费率厘定。气象数据、医疗数据等多种数据的发展，结合大数据挖掘技术、云计算技术、机器学习等推动下不断发展的精算技术，让针对气象敏感性疾病优化健康险产品设计成为可能。

3.2　保险科技运用的可行性分析

目前，险企的数字化转型带来在健康险产品设计、核保承保、保险营销、理赔等各个环节的智能化发展，推动不断创新。技术的发展也使气象敏感性疾病准确预测及有效干预成为可能。在核保环节将气候及气象因素纳入考虑范围内有利于更好地对被保险人进行人群划分，提高核保的把控程度。因此，保险科技的发展以及气象预测和干预方案的技术的发展使得将气象敏感性疾病纳入健康险优化方案中有一定的可行性。

3.2.1 保险科技的可行性

大数据、云计算、人工智能技术等保险科技较多使用在健康险理赔管理等方面，在健康险反欺诈、保单出险赔付、健康管理等场景已有较为创新的实践，可有效提高风险控制、赔付效率以及优化在使用产品过程中的用户体验。此外，头部健康险险企也在积极探索保险科技在更多业务场景下的应用。表9所示为保险科技在保险领域的具体实践。

表9 保险科技应用情况

	区块链	大数据	人工智能	云计算
核保 & 承保	账号管理，简化流程	智能核保、反欺诈	智能核保	
理赔	智能理赔、反欺诈	联动分析，风险识别	智能定损，快速理赔	
研发	运用区块链创新保险产品	辅助定制化保险产品开发	实现产品智能定价	提高保险产品研发速度
营销		精准客户画像	智能客服	互联网流量使用

资料来源：根据现有文献资料整理。

中国平安作为我国保险科技发展的“领头羊”，其健康保险领域的保险科技在不断发展（见图8）。目前，已有12家单位与平安进行合作，共同打造全方位的医疗健康生态圈，涵盖医疗健康产业链中各个环节的众多医疗机构。通过打造以平安好医生为核心的互联网健康平台，联结医生、医院、健康管理、医药等核心资源，为圈内成员赋能，实现协作，不断提高竞争力；同时借助智能疾病预测、智能影像筛查、慢性病管理等解决方案，为医疗管理端提供服务，推动协作更好开展，共建医疗健康生态圈（见表10）。

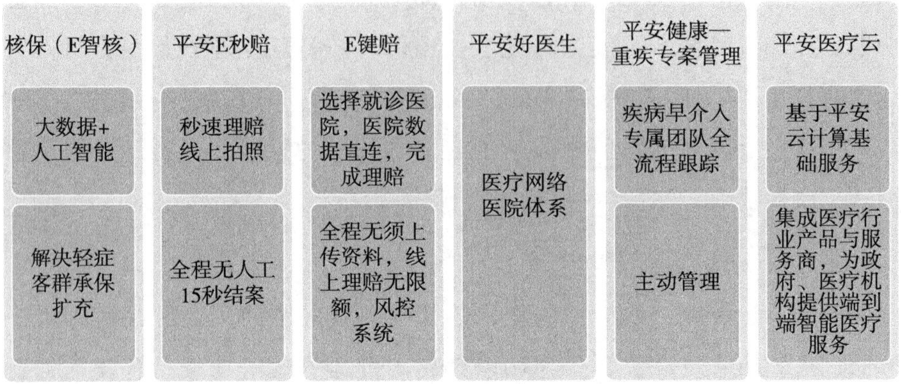

图8　平安健康保险科技总结

（资料来源：平安健康官网）

表10　平安云业务介绍

业务名称	客户群体	业务内容
智能健康风险预测	精准客户群体	个性化疾病预测及干预方案
城市健康指数	政府	全面监控发病情况，管理医疗资源，及时防控
疫情防控平台	政府	传染病发病情况监控，提前预警，生成周期性报告
智能影像质检	医院	提高阅片效率，高效分配医疗资源
智能疾病辅助诊疗	医院	辅助诊疗建议，规范医生治疗
智能健康助手	患者	全流程就诊智能助手
AskBob 医学智库	医务人员	支持医生临床决策

资料来源：平安云官网①。

保险科技的发展推动着健康险产品在对被保险人健康风险有准确把握的同时，也让健康险险企可针对客户需求创新个性化健康险产品。这也说明目前保险科技发展为基于气象敏感性疾病视角实现气候敏感人群划分并提供个性化需求的健康险产品奠定基础。

3.2.2　气象敏感性疾病预测及干预模型

学术界在气象敏感性疾病的预测模型研究方面已取得较大进展，但在我

① 平安云官网，https：//yun. pingan. com/ssr/solutions/medical.

国实际业务中，只在部分城市中提供呼吸道疾病、中暑等发病变化健康气象服务。学术界论文的预测模型准确率在不断提高，可基本满足业务服务需求，但现阶段缺乏合适的大范围的应用并对其进行推广。社会上有小部分在个别省市提供呼吸道疾病、中暑等的健康气象预报服务，健康气象服务机构也在进一步探索为各目标群体提供相应的健康气象服务的融合点以及可能性。

表 11 所示为气象敏感性疾病预测模型研究历史。

表 11　气象敏感性疾病预测模型研究历史

时间节点	发展进程
1985 年	王衍文等通过首次逐日天气形势图对心肌梗死高峰日进行判断
20 世纪 90 年代	利用统计模型进行定量分析，从以日为尺度延长到以月为尺度，预报的气象敏感性疾病范围也在逐步扩大，包括呼吸系统疾病、心脑血管疾病、风湿、糖尿病等
21 世纪后	随着人们对气象风险的认识不断加深以及神经网络、决策树等机器学习技术的不断发展，推动气象敏感性疾病预测也在不断深入
2010 年后	逐步利用分析流行病学以及毒理学等可信度更高的手段进行分析预测，国内也出现通过设立队列开展气象环境对冠心病、糖尿病等气象敏感性疾病的影响研究，也有关于气温、污染物对心脑血管疾病等气象敏感性疾病的实验研究

资料来源：根据现有文献资料整理。

受全球气候变化、城镇化和人类对环境资源的开发与利用不断深入的影响，健康与气象问题越发受到人们重视，气象敏感性疾病也成了我国重大的公共卫生问题和社会问题。在我国，健康气象服务存在着气象与医疗数据共享困难、发展不平衡、服务业务体系不健全等问题，仍有较大的进步空间。而与健康险进行结合，无疑进一步丰富了健康气象服务的业务。健康保险与健康气象服务进行合作，打通数据壁垒，于险企而言，可有效实现对被保险人的健康风险管理，控制健康险赔付率，同时优化健康保险增值服务；于政府而言，可利用市场化竞争为居民提供更多的健康服务，提高居民生活质量，加强对社会的管理。

3.3　健康管理模式推广的可行性分析

在政府和社会的关注与认可不断加强以及健康险发展的要求下，健康管理也越发受到社会的重视。健康管理主要包括健康教育、健康体检、健康风险评估以及健康干预等方面。目前，国内健康管理模式各环节内容如图9所示。

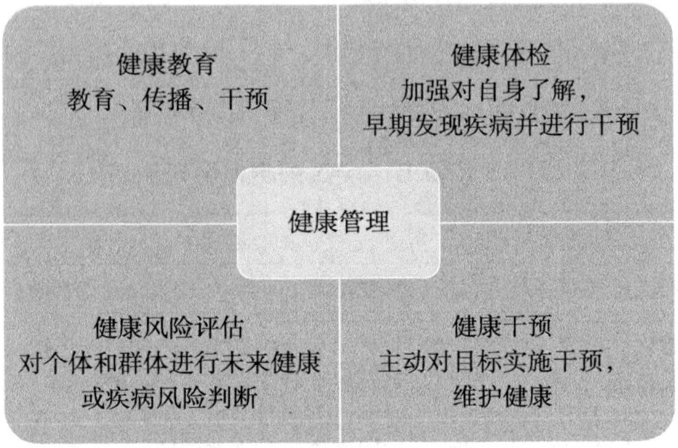

图9　国内健康管理模式各环节内容

（资料来源：根据现有文献资料整理）

国外健康险常与健康管理服务相辅相成，打通了“消费者—保险公司—医疗机构—健康管理机构”四者之间的沟通渠道，形成闭环。我们以恒康人寿、United Health集团以及中国平安进行分析，具体如表12所示。

表12　国内外健康管理模式总结

国家	美国	中国	美国
公司名称	United Health集团	中国平安	恒康人寿
模式特点	高度利用医疗网络的健康管理	HMO管理式健康管理	利用可穿戴设备的交互式保险
模式介绍	打通政府、医疗机构、雇主以及支付者等沟通壁垒，建立健康管理平台，在费用、健康管理等方面为客户提供服务	在健康平台上打造医疗机构、患者、企业等的沟通闭环，打通线上线下医疗健康网络，提供线上问诊、全病程健康管理、健康干预等服务	利用可穿戴设备+保险+在线健康管理模式，提供线上健康管家等服务

资料来源：根据现有文献资料整理。

“保险＋健康管理”模式的发展使健康险产品在气象敏感性疾病的基础上进行优化有更多的可能性。对于气象敏感性疾病的干预需要在有触发疾病预警后提出切实可行的疾病干预方案，而该干预方案可有效降低被保险人健康风险发生概率。气象敏感性疾病的干预主要集中在为患者提供个性化的气象活动建议、在特定的气象环境中对患者日常活动数据及体征数据进行收集检测、在气象敏感性疾病暴发时为患者提供相应的护理服务以及后期干预措施，无疑这与健康管理模式目的一致。

与国外的健康管理服务模式相比，国内的健康管理服务模式还有较大的成长空间，大多数健康管理服务机构主要为客户提供理论层面的健康管理指导，较少提供有针对性的健康管理服务。可见，我国“保险＋健康管理”的商业模式还有很长的路要走。因此，随着我国健康管理模式的不断发展，可逐步纳入气象敏感性疾病干预方案进行进一步完善。

3.4 保险条款合规的可行性分析

健康险险企合规，即在健康险险企进行健康险产品设计、产品运营、产品销售等环节需要符合我国健康险相关政策规定。自2000年起，国务院、银保监会等政府部门陆续出台相关政策，支持、规范健康保险发展，就健康险产品设计、产品销售、责任范围、合同条款等方面作出明确规定。一方面，鼓励健康保险进行创新，发挥其作为医疗体系重要组成部分的作用；另一方面，规范健康险产品设计等行为，保障消费者权益。

基于气象敏感性疾病视角进行健康险产品优化，设计完善健康险产品，其保险条款、定价模式等符合我国《保险法》以及相关政策的要求。中国银保监会于2019年11月出台《健康保险管理办法》（以下简称《办法》），就健康保险产品设计、销售、经营以及理赔等方面作出规范，并将健康管理纳入考量范围。根据《办法》第三十四条规定，险企在进行健康保险创新开发时，应注意产品符合《保险法》以及保险基本原理。

法律政策的出台也为基于气象敏感性疾病进行健康险优化营造良好政策环境，同时，为共建医疗健康数据共享平台打下良好创新基础。《办法》鼓励险企进行健康保险产品创新，满足消费者个性化、差异化的健康险需求。《办法》首次将健康管理单独成章，鼓励险企进行“健康险 + 健康管理”模式创新，提高对健康风险的把控力。基于气象敏感性疾病进行健康险优化无疑是健康险的一大创新，且该创新符合健康险相关的法规政策要求，可推动健康险更好地发挥其在医疗保障中的重要作用。

4. 产品优化的实施及保障

4.1 产品设计优化建议

在对我国健康险市场进行总结分析后，我们将针对健康险产品设计这一环节，对现有的健康险保险产品提出优化建议。

4.1.1 产品定价优化建议

这一部分主要从健康险产品模型的选择风险因子的优化等方面，结合气象敏感性疾病的特点提出相应的产品定价优化建议。通过对精算可行性分析后，我们发现，较为常用的是对疾病风险以及医疗住院费用进行预估并由此测算保费。气候因素对人体健康的影响存在季节性、地区性差异，气象敏感性疾病的发病情况也存在较为明显的人群差异。对于保费测算，一方面，结合气候因素完善对气象敏感性疾病的预测，优化保费测算模型；另一方面，通过可穿戴设备对被保险人行为数据及体征数据进行收集，完整描述被保险人的健康状态，加强对被保险人健康状态的认知。如图 10 所示，通过不断强化完善健康险定价模型，使其更贴近被保险人的身体状态。

基于气象敏感性疾病视角进行健康险产品定价优化，可针对气象敏感人群进行划分并进行更加精细化的定价。健康险险企可通过分类费率厘定和经验费率厘定并结合实现动态的费率厘定，满足健康险产品千人千面的需求。我们需要根据被保险人的不同情况进行风险划分，同时通过对健康医疗数据的运用来提高精算模型的预测效果。健康医疗数据主要包括健康险险企的已

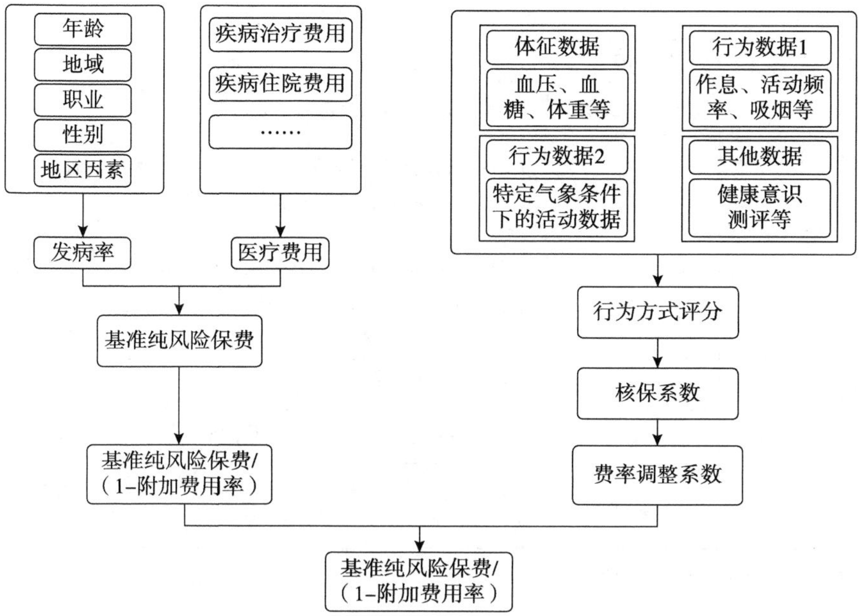

图 10　产品费率计算示意图

有保单数据（用户信息、索赔数据、承保数据等）、医疗服务机构临床数据（疾病临床表现、门诊费用、住院费用等）以及患者个人数据（体征数据、年龄、性别等）。对数据的使用有利于提高模型预测的精准度。如表 13 所示，我们对健康险保费测算模型中含有的风险因子进行了梳理，并在此基础上将气象因素以及部分体征及活动数据纳入考虑范围，对气象敏感人群进行划分，加强对气象敏感性疾病发病率影响因素的把控，希望借此进行更准确的风险划分以及实现更精细化的定价。

表 13　风险因子特点

数据类型	风险因子	特点
患者个人数据	年龄	气象因素对不同年龄段的气象敏感性疾病发病率影响不同
	性别	不同气象因素对性别影响不同，性别不同，疾病发病率不同
	职业	职业所处环境不同，疾病发病率不同
	体征数据	潜在疾病识别以及个人健康状态判断
	活动数据	生活习惯与行为习惯养成，对疾病发病率有影响

续表

数据类型	风险因子	特点
医疗机构临床数据	疾病发病率	保险标的重要影响因素，为医疗健康数据
	医疗费用	平均住院天数和住院杂项费，医疗保险涵盖的保险责任范围，保险成本需要纳入考量中
赔付数据	地区因素数据	不同地区疾病发病率受其气象因素影响不同，对疾病发病率、日常行为等有影响，可作为影响因子纳入考量范围 包含投保人及被保险人相关信息，为健康险险企独有，用于衡量客户群体风险
	安全附加因子	考虑因意外带来的不可控的风险的冲击，用来抵御不良影响
	附加费用	精算人员在考虑险种特点、公司运营情况、人力成本等方面添加的运营成本

资料来源：根据现有文献资料整理。

对于健康管理机构而言，在健康险产品定价环节中，其主要起到提供被保险人详细健康数据、日常活动数据等的作用。健康管理机构也应积极与保险机构就健康险产品定价方面进行进一步的合作。与健康险险企相比，健康管理机构对被保险人健康风险更有把控力，其更易协助提高针对个体的气象敏感性疾病发病率预测的精准程度，为客户提供更具针对性的健康险产品，满足其个性化、差异化的健康险保险需求。

4.1.2 产品设计流程优化建议

健康险产品在设计过程中会重视对被保险人健康风险、道德风险等的识别，因此，可通过结合保险科技以及项目管理的方法对产品设计及使用流程进行优化。

其一，健康险险企可通过以下方法优化健康险产品设计以及提高产品风险控制能力。目前健康险智能核保流程图如图 11 所示。首先，为加强风险控制，健康险险企可在已有的数据共享平台上，通过在投保流程中由被保险人填写的体征信息、个人基本信息等数据，在共享平台上调用相关气象数据、个人就医及日常行为等数据，结合被保险人偏好，利用气象敏感性疾病预测模型以及其他疾病预测模型进行前期的投保人健康风险评估，分析其气象敏感性以及各重大疾病率患病概率，对被保险人进行分类，完善被保险人健康档案。其次，加强对被保险人健康风险以及潜在道德风险的分析及控制。一方面，在原有的智能核保环节上进行优化，在健康告知环节纳入日常活动、特定气象情况下身体状况等方面进行咨询或健康告知，加强对前期健康风险的把握；另一方面，优化对 Web 数据、日常行为数据等的利用与识别，识别具有较高健康风险或欺诈风险的被保险人并进行分类，提供相应的健康险产品方案以及干预方案。最后，在健康险投保成功后加强对被保险人体征数据的检测并及时跟进健康管理方案，降低对健康风险的发生。

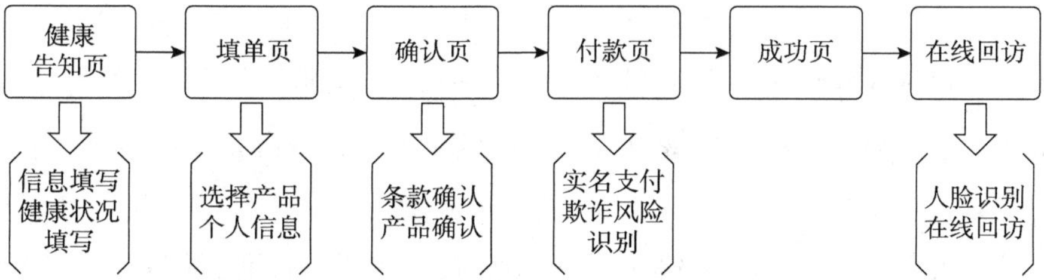

图 11　智能核保流程示意图

其二，基于气象敏感性疾病视角进行健康险优化，在产品设计环节，结合敏捷项目管理方式进行产品设计管理。健康险产品设计流程如图 12 所示。在健康险产品设计环节，对其使用的智能系统进行迭代升级，并通过敏捷项目管理方式进行管理。敏捷项目管理是指通过灵活快速的项目管理方法，根据在产品开发过程中需求不断地变化，通过定期总结，实现短期迭代更新，优化产品设计，强化对项目的实时监管。天气异常事件的频繁出现、气象因素的不断变化以及研究领域的不断开发也让气象敏感性疾病对人体健康带来的影响在不断加重。因此，在健康险产品设计过程中可利用敏捷管理方式进行管理，在较短的周期内针对气象敏感性疾病的理赔情况、气象条件的变化以及保险市场销售情况等进行回顾与调整，就产品运营、产品销售以及配套健康管理方案等进行实时调整；在原有健康险产品基础上针对细分疾病、细分人群进行调整，对产品设计进行进一步的优化。

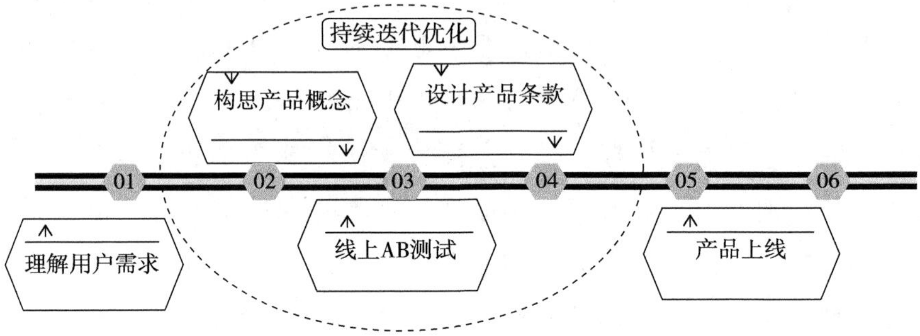

图 12 健康险产品设计流程

4.1.3 产品数据平台优化建议

在建立数据共享平台的基础上，完善气象敏感性疾病的预测模型，加强健康险险企对健康风险的把握以及进行疾病干预，有效降低风险的发生。

（1）大型健康险险企

对于大型险企而言，为解决医疗数据孤岛问题，打通数据壁垒，充分利用医疗数据以及气象数据进行气象敏感性疾病预测以及提供优化方案，健康险险企应主动与医疗机构、健康气象服务机构等各利益相关方共同合作，共建基于医疗数据共享平台上的气象敏感性疾病预测平台。医疗数据、气象数据、体征数据等底层数据来源不尽相同，各种结构化数据、半结构化数据和无结构化数据需要进行数据融合，并在此基础上实现疾病预测模型的完善和优化。

在解决医疗数据壁垒的问题上，我们可以选择运用联邦学习，通过对用户高敏感度的数据进行加密，利用气象敏感性疾病的符合医疗规范的标签，针对疾病发生特征进行建模，实现提高气象敏感性疾病预测模型准确性的目的。目前，学术界对联邦学习模型的研究已较为成熟，金融业及医疗业也在探索联邦学习的实际运用。利用联邦学习进行疾病预测模型完善机制的示意图如图 13 所示。

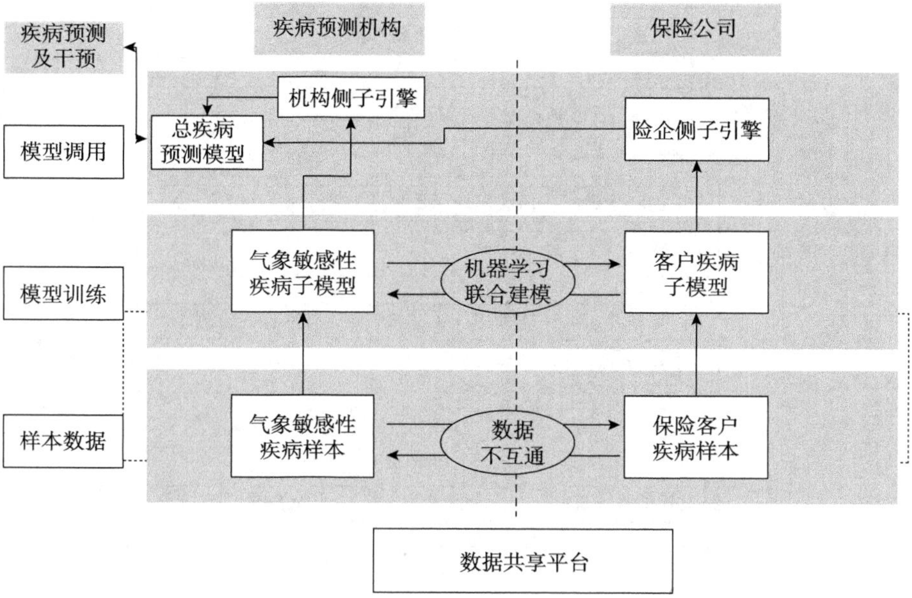

图 13　共建疾病预测模型示意图

（2）非大型健康险险企

对于资本和保险技术相对较弱的非大型健康险险企而言，其应积极与专业健康管理机构以及保险科技机构进行合作，在提高产品设计、运营以及理赔等各环节智能化程度的同时，有效加强对消费者健康风险、保险欺诈等风险的识别。可以通过与头部险企以及保险科技企业进行合作，购买其系统并与自身系统进行联合，共同优化。可积极参与气象敏感性疾病数据平台建设，利用联邦学习模型，在对用户数据进行充分保护的前提下，使用客户数据共同优化气象敏感性疾病预测模型。并在该模型的基础上完善健康险产品设计、前期投保风险识别及健康管理等方面的大数据的使用，提高险企对风险的把握程度。各方共建数据共享平台示意图如图 14 所示。

（3）第三方健康管理机构

对于第三方健康管理机构来说，应积极参与共建数据共享平台，提高疾病预测模型精准度。健康管理机构主要通过与医疗机构合作获取医疗数据及客户就医的院内院外数据，通过可穿戴设备获取客户体征数据，结合问卷调

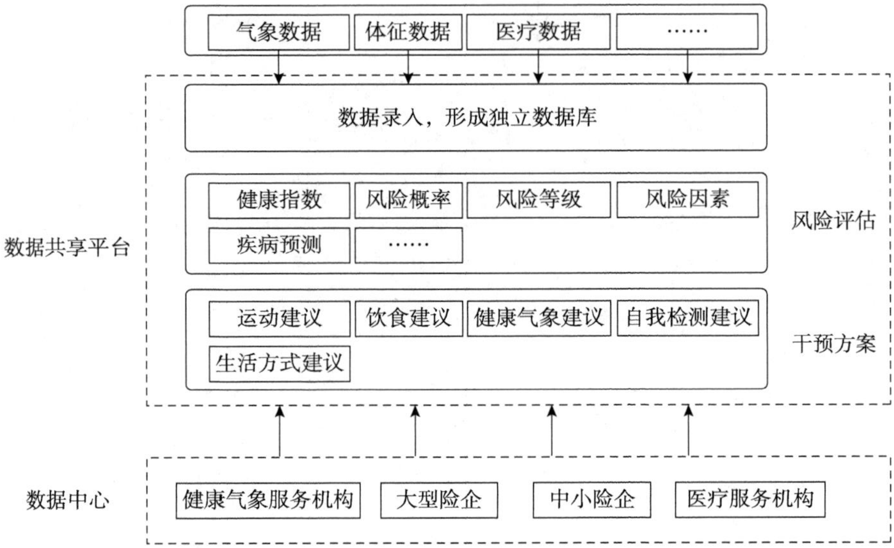

图 14　数据共享平台示意图

查以及体检数据等对用户疾病状况进行预测。鼓励健康管理机构与医疗机构、健康气象服务机构、保险公司等共建健康数据共享平台，完善疾病预测模型。利用联邦学习等多种分布式机器学习方法，在加强对敏感信息加密处理的同时，联合对模型进行训练，提高模型预测的精准程度。

4.2　产品运营优化建议

基于气象敏感性疾病视角进行健康险优化，将健康气象服务纳入健康管理服务范畴，推进“保险 + 健康管理”模式继续发展，推动健康险险企进一步完成角色转变。健康险险企与健康气象服务机构以及健康管理机构进行进一步的合作，对客户进行分类，为客户提供分梯度、多层次的健康管理服务，实现对气象敏感性疾病的有效干预，降低气象敏感性疾病的发病概率以及对客户造成的伤害，做到防患于未然。

4.2.1　客户群体划分标准

健康险险企可根据客户特征及客户需求对客户按照大颗粒、中颗粒以及小颗粒进行划分，利用大数据、可穿戴设备以及人工智能技术等对客户进行健康管理，为客户提供个性化、差异化的健康险产品。各颗粒度客户划分情况如图 15 所示。

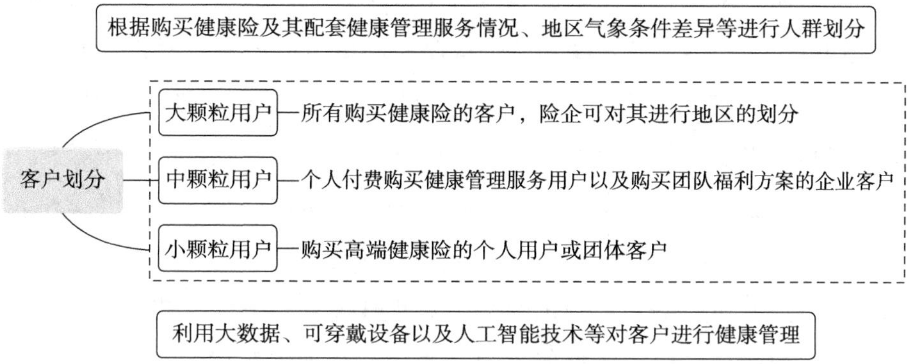

图 15　客户划分示意图

大颗粒用户是指所有购买健康险的客户，险企可对其进行地区的划分，与健康气象服务机构进行合作，针对大范围气象区特点以及气温、舒适度变化等为客户提供相应的健康活动指引，利用已有的健康管理平台进行推送。可根据我国地区性气温差异、湿度差异等的气候差异进行划分，将我国划分为亚热带季风气候地区、温带季风气候区、温带大陆性气候区等。一方面，可协助健康险险企进行大范围的气象敏感性疾病的疾病干预，对被保险人的健康管理采取一定的措施；另一方面，该举措可增加被保险人对平台使用的依赖，对其进行进一步的转化，发展为健康管理付费用户。

中颗粒用户包括个人付费购买健康管理服务用户以及购买团队福利方案的企业客户。首先，个人付费客户主要享受涵盖精准健康气象服务的健康管理服务产品。在对个人付费客户的需求进行分析后，通过对其特征数据、就医数据、体检数据等进行数据整合并进行全面分析，结合互联网问诊数据安排个人专属健康管理方案。其次，企业客户主要享有面向全团队的健康管理方案，在提供符合企业要求的健康险团险方案的基础上，险企针对企业所在地区的气象条件及污染情况、员工身体情况等多因素提供有效的健康管理服务，定期为企业提供健康气象教育、对员工日常活动以及公司环境等方面提供相应的建议方案，降低慢性病、亚健康等对员工身体健康的影响，达到提高企业工作效率、推动企业发展的目的。

小颗粒用户是指购买高端健康险的个人用户或团体客户。健康险险企需要为小颗粒用户提供保障程度高的健康险产品组合以及有针对性的健康管理服务。因此，主要从以下几个方面为小颗粒用户提供针对性的产品。首先，为其提供包括慢性病防治及癌症早筛在内的健康管理方案，结合小颗粒用户所在地气象数据、体征数据以及体检结果进行疾病预测及分析，并提供相应的涵盖短、中、长期健康干预方案并实时进行调整。其次，利用可穿戴设备在小颗粒用户所在环境发生变化的情况下及时进行健康气象信息推送，并敦促其及时采取相应措施，降低气象因素变化对其身体变化的影响。最后，利用人工智能技术在其身体特征发生变化的情况下安排最佳方案并实施，降低疾病发生的可能。

4.2.2 健康管理服务优化建议

(1) 大型健康险险企优化建议

对于大型健康险险企而言，其配套健康管理模式的优化应从健康产业链出发，引导健康险保险客户从免费用户向付费客户转化。大型健康险险企的客户群体较大，涵盖范围较广，可在对已有的配套健康管理服务的基础上进行优化，按照三种颗粒大小为客户提供相应的健康管理服务，进一步实现对气象敏感性疾病的风险把握以及疾病干预，降低气象因素对人体健康带来的冲击的危害。同时，利用其科技优势在健康管理领域进行创新，并为非大型健康险险企提供有针对性的健康管理外包服务，创新企业盈利点。

(2) 非大型健康险险企优化建议

在已有的健康管理服务优势的基础上，与健康管理机构及健康气象服务机构进行合作，实现全方位的主动式健康管理服务。在参与共建数据共享平台的基础上，健康险险企可以进一步就气象敏感性疾病的相关疾病干预进行现有的健康管理服务优化，与健康管理机构合作，购买其针对用户精准的健康管理及疾病干预服务。同时，从险企角度与健康管理机构进行深入合作，就客户体验及其反馈持续优化健康管理配套服务，形成“健康险 + 健康管理”服务模式，更好地满足客户需求，增加客户黏性。

（3）第三方健康管理机构优化建议

健康管理机构应积极与健康气象服务机构进行合作，将气象因素识别纳入健康分析评估环节中，加强对慢性病、亚健康的前期风险识别，提高对用户需求的全面把握。将健康气象服务纳入数字疗法中，可为用户提供更全面的健康管理服务。一方面，提高对用户气象敏感性疾病的日常行为干预，利用大数据以及人工智能等技术，就不同气象情况结合用户本身体征情况通过移动设备给予指导，并通过可穿戴设备进行监督和提醒；另一方面，与社区、地方政府等进行大范围的用户健康管理，基于特定的地区性气象情况，提供疾病预测及大颗粒健康气象管理服务，提高服务质量，协助政府建立多层次、高效率的区域健康管理体系。

4.3 产品营销优化建议

健康保险的销售主要通过保险代理人、公司直销、互联网销售等方式进行，服务个人客户以及团队客户。在基于气象敏感性疾病视角进行健康险产品优化后，我们也需要选择合适的销售渠道对产品进行营销，推动产品触达目标人群，从销售到理赔结束，在健康险全流程为客户提供更贴心的服务。

（1）互联网渠道

互联网的普及使投保门槛较低的“百万医疗”险和惠民保等的互联网销售渠道被成功开拓。从气象敏感性疾病的角度进行健康险产品优化，可利用抖音、微信等进行气象敏感性疾病等的健康教育，并借此进行引流，在对健康险市场的消费者进行教育的同时，触及消费者痛点，实现流量到客户的有效转化，节约宣传营销成本。同时，也可与气象服务机构进行合作，利用其渠道针对特定气象敏感人群进行健康险产品的销售。

（2）保险代理人渠道

保险代理人是传统保险销售渠道中最重要的一部分，其营销培训体系较为成熟，在与客户进行沟通等方面有着天然的优势。因此，保险代理人一方面需要提高对气象敏感性疾病的认识与了解，在与客户进行充分沟通的基础上，更好地结合产品及配套服务为客户解决保险需求。另一方面，保险代理人也可以通过健康论文、自媒体运营等方式对产品进行普及，扩大产品受众范围。

（3）保险经纪渠道

除常规的保险代理人外，客户也越发倾向寻找保险中介进行合作。保险中介具有专业化程度高、能力强等特点，因此，健康险险企也可以主动与国内保险经纪公司进行合作。一方面，借助保险经纪公司进行有效营销，降低健康险险企的运营成本；另一方面，保险经纪公司利用其专业知识有效协助客户降低投保的风险，加强对道德风险的把控。

4.4 产品优化实施的保障建议

气象敏感性疾病的迅速发展为进一步保障基于气象敏感性疾病进行健康险产品优化的顺利开展，健康险险企需要在风险管理以及推动健康险产品优化持续发展上进一步完善。

其一，健康险险企需完善现阶段风险管理措施，除因可保范围变化带来的风险变化外，为保障健康险产品优化的实施，险企还需加强对道德风险、经营风险以及信息安全风险的管理。一方面，面对首次投保客户，除利用体检、观察等待期手段，还可结合对其可穿戴设备中的体征数据进行分析，加强对道德风险的识别，降低逆向选择发生的可能性；另一方面，面对持续购买该种健康险产品的客户，可结合其健康管理计划实施效果等加强对客户风险的识别。

其二，加强对经营风险的把控，保障在气象敏感性疾病基础上的健康险产品优化可以持续发展。对于险企而言，在进行产品优化时，还需将赔付成本、产品盈利情况等纳入考量范围。对于基于气象敏感性疾病的健康险产品优化而言，其经营风险的控制主要源于共建疾病云平台以及进一步加强对气象敏感性疾病的识别与把控。气象敏感性疾病具有高频多发、疾病负担不断增大的特点，这将进一步提高保险公司理赔的成本。因此，共建云平台一方面可以加强险企对疾病识别的能力；另一方面，可有效降低险企在技术支持上的投入成本，险企可以获取更高的投入产出比，实现自身经营得当，提质增效。

其三，在基于气象敏感性疾病进行健康险优化的这一过程上，需加强对信息风险的管理。无论在产品设计抑或在共建云平台的过程中，总是运营着大量的敏感的客户信息，因此，在推动健康险优化实施的过程中更需要加强对客户信息的保护，加强对信息风险的管理。如险企可加强对客户信息来源端口、云平台使用端口等多个端口的管理，坚决遵守国家信息安全的法律法规，降低信息泄露风险。

4.5 产品监管建议

在健康险改革优化中，政府主要从政策制定、引导健康险险企进行创新以及部分费用兜底等方面发挥关键作用。一方面，政府应就健康险产品创新、健康管理服务创新、健康气象服务创新等方面通过出台管理办法、优惠政策等方式进行引导，鼓励医疗服务机构、健康险险企、健康管理机构、健康气象服务机构等积极参与到健康产业链的建设中，实现对气象敏感性疾病的有效疾病干预以及疾病防控；另一方面，针对气象敏感性疾病的特点，在健康险险企进行产品创新时给予一定的费用兜底，大力支持产品创新研发及推广，加强对市场消费者的健康观念与保险意识教育，养成消费者的消费习惯。

5. 结语

本文通过以气象敏感性疾病定义及作用机制、气象敏感性疾病特点及其对健康险市场的影响和气象敏感性疾病的预测及创新实践三个方面展开论述，从气象敏感性疾病的视角切入，说明进行健康保险优化的必要性。首先，通过对健康险产品市场背景、健康险产品用户需求以及健康险产品存在的问题三个方面进行分析，基于气象敏感性疾病视角进行健康保险优化的产品需求分析。其次，从精算技术发展现状、保险科技及气象敏感性疾病预测技术、健康管理模式、产品合规性四个角度对基于气象敏感性疾病视角进行健康保险优化的可行性进行说明。最后，结合产品设计、产品运营、产品营销以及产品监管四个方面提出相应的优化建议。

本文的主要结论有以下几个方面：

（1）气温、湿度、气压等气象因素对人体健康的影响在不断加大，呼吸系统疾病、心脑血管疾病、流行性疾病等疾病负担在加重，疾病发生率也在不断攀升。若不进行有效疾病防治及干预，则易发展为心梗、脑卒中、肺炎等重症，存在较大健康保障缺口。高频高发的气象敏感性疾病对患者带来较大健康影响，若不妥善处理，则会加重健康险险企风险控制成本。

（2）消费者对健康越发重视，需要健康险市场提供个性化、差异化的健康险产品。而在健康保险存在同质化问题严重、产品定价精准度有待提高、健康管理力度有限等问题，需要进行基于气象敏感性疾病视角的健康保险优化，在产品设计、产品运营、产品营销等方面进行创新。

（3）精算技术的发展让气象因素纳入健康险产品设计的考虑范围有了一定的可行性。保险科技及气象敏感性疾病预测技术的不断发展使共建数据共享平台、提高前期风险识别精准度成为可能。健康管理模式的不断发展及对数据的充分挖掘等为险企提供个性化、差异化保险产品给予更多的帮助，弥补产品设计上的不足。而同时，现有的健康险管理政策及办法也鼓励健康险进行符合要求的产品创新，更好地为人民提供健康险产品及服务。

（4）在产品设计、产品运营、产品营销以及产品监管等健康保险各流程上都需要进行优化升级，而这也需要健康气象服务机构、健康险险企、健康管理机构以及政府等利益相关方共同努力，进行健康保险优化与完善。

本文仅以气象敏感性疾病为例，结合气象敏感性疾病特征及其对健康险市场的影响、产品需求、技术可行性以及市场调研情况等进行分析，为健康险市场中的各经营主体建言献策。未来各经营主体在共建医疗健康产业链，打造大健康生态圈的同时，为客户提供更全面的健康险产品及服务。大数据技术以及云计算技术等的快速发展加上健康医疗政策的支持，推动健康险产品及服务往更深入的方向发展，使得如气象敏感性疾病等的原本不可保或无法把控健康风险的疾病可保化，同时提高产品迭代速度，进一步增加对风险的把控，推动商业健康险定位转型，提供更全面的健康保障。在健康保险优化中也可进一步优化对多种疾病联动发生概率的评估，在提高对各健康医疗数据的利用效率的同时，为广大消费者提供更个性化、更丰富的健康险产品。

基于 ESG 指数的股指期货合约设计研究[①②③④]

本文主要从环境（Environment）、社会（Social）及公司治理（Governance）三个角度评估企业的公司价值和社会价值。具体来说，E（环境）评估企业的生产活动是否对气候变化造成影响、对生态环境造成污染，以及在生产过程中使用资源的种类和资源消耗程度与生产的废弃物及其处理方法等。S（社会）主要关注企业和员工之间的内部关系，是否存在不合理的压榨或不合规的行为，同时也考察企业与政府、客户等外部利益相关者的关系以及社会责任管理的成效。G（公司治理）则关注企业的内部治理结构，如股权结构、董事会结构、高管薪酬等问题，也关注企业是否具有潜在的治理风险。

投资的前身最早可以追溯到 20 世纪 20 年代起源于宗教教会投资的伦理道德投资。随着经济发展、技术进步带来能源危机、环境恶化等负面影响不断加深，环保运动随之兴起。20 世纪 70 年代，由于环保运动的规模和数量不断扩大，全球面临的社会和环境资源可持续问题引起了国际组织关注。“责任投资”的理念也被更多人熟知。但全球问题并未有好转的迹象，甚至环境问题越发突出。2004 年联合国正式发布由时任联合国秘书长主导，多家金融机构联合撰写而成的报告 *Who Cares Wins*。这份报告首次提出了 ESG 概念，旨在探讨如何将环境、社会以及公司治理更好地融入金融投资领域，以求创建一

---

① 作者姓名：张林和方紫霄。

② 作者工作单位：广东外语外贸大学金融学院，金融开放与资产管理研究中心，广州华南财富管理中心研究基地。

个兼具经济效率和可持续性的金融体系。此后，国际组织和投资机构不断完善 ESG 概念、评级标准和投资产品，ESG 逐渐受到各国政府的重视和推进。2020 年 9 月，全球报告倡议组织、SASB、CDP、气候披露标准委员会和国际综合报告委员会五个主导机构联合发布了构建统一 ESG 披露标准的计划。世界经济论坛和四大会计师事务所也推出了统一标准。

近年来，中国越发重视生态文明建设与经济发展关系共同发展的理念。在“碳达峰、碳中和”的时代背景下，国家整体发展战略促使着企业向绿色低碳、环保节能的方向发展。同时也引导企业完善治理结构，肩负起更多的社会责任。在此情形下，ESG 在中国的发展可谓如火如荼。ESG 投资产品的国际化特点可以为市场提供低碳发展、“碳中和”战略目标实现路径的有效补充。但若要在中国进行进一步发展，除标准指引、政策法规、评价体系等需要进一步完善外，相关金融衍生品的开发也至关重要。

1. ESG 现状研究分析

1.1 ESG 股指期货概述

ESG 股指期货是以 ESG 股票价格指数作为标的物的金融期货合约，是指在约定日期，根据合同约定的 ESG 股票价格指数的大小，对标的指数进行交易，到期后用现金结算。

研究 ESG 股指期货，我们首先需要研究 ESG 的股票指数，而构建一个 ESG 股票指数的前提是我们需要通过研究企业披露的 ESG 相关信息，根据相应的评级方法对不同行业的企业进行 ESG 相关评级。最后根据企业的 ESG 评级再来确定 ESG 股指的组成。

1.1.1 ESG 信息披露

ESG 信息披露是指企业将过去的一段时间自身在环境、社会以及公司治理上的一些举动和相应的结果发布出来的过程。目前国际上应用较广的信息披露标准如表 1 所示。

表 1　国际 ESG 信息披露准则

组织	年份	标准	特点
国际标准化组织	2010	ISO 26000	涵盖人权、劳工实践等 7 个核心问题的指标较为细化
责任投资原则组织（PRI）	2006	六项责任投资原则	
全球报告倡议组织（GRI）	1997	可持续发展报告的首个全球标准——GRI 标准	侧重于公司的经济、环境和社会影响
国际综合报告委员会（IIRC）	2010	国际综合报告框架	引导企业以清晰、准确和可比的方式提供战略、治理、绩效、愿景等重要信息
可持续性会计准则委员会（SASB）	2011	77 个 SASB 行业准则	具备行业针对性，可以帮助识别与可持续性相关的风险和机遇，这些风险和机遇对公司的财务状况、经营业绩和风险状况至关重要
碳排放信息披露项目（CDP）	2000	碳排放信息披露指南	专注于气候、水和森林等环境相关的信息披露体系
气候相关财务信息披露工作组（TCFD）	2017	气候变化相关财务信息披露实施指引	从治理、战略、风险管理、指标与目标四个方面关注金融机构和企业面临的气候风险、气候机遇及其对财务信息的影响
气候披露标准委员会（CDSB）	2015	环境和气候变化信息报告框架	主要是气候相关财务信息披露

资料来源：根据 ISO 官网、UN PRI 官网、GRI 官网、IIRC 官网、SASB 官网、CDP 官网、TCFD 官网、CDSB 官网整理。

ESG 信息披露是评级机构能够进行 ESG 评级的前提，而 ESG 评级则是投资机构进行选择性投资的基础。而将企业披露 ESG 信息应用于投资领域也是在鼓励不断完善 ESG 信息披露的标准，引导政府提高企业 ESG 信息披露要求以求企业能够更好地履行在环境、社会、公司治理上的责任，自觉披露更多的 ESG 相关信息。

1.1.2　ESG 评级

ESG 评级是在进行 ESG 相关投资中相当重要的一环。第三方评级机构收集企业披露的 ESG 信息，经过一定的评级标准确定企业的 ESG 评级。目前无论是国际上还是国内都有不少对企业进行 ESG 评级的第三方机构，国际主流 ESG 评级机构如表 2 所示，国内主流评级机构如表 3 所示。本文挑选其中比较具有代表性的 MSCI 评级和中证指数评级进行具体介绍。

表2　国际主流ESG评级机构

发布机构	指标体系	特点
明晟（MSCI）	涉及10个主题，35个关键点	指标衡量企业暴露与特定风险的可能性，也关注企业应对风险的举措
英国富时（FTSE）	涉及12个领域，300多个指标	将公司绿色收入作为公司ESG评级打分结果的补充性判断
汤森路透（Thomson Reuters）	涉及10个领域，178个指标	评级方法纳入了ESG争议项，ESG综合得分结合ESG争议得分
道琼斯（Dow Jones）	涉及环境和社会的6个领域	
穆迪	3个一级指标，5个二级指标，27个三级指标	将ESG因素融入其整体的信用分析框架，分析ESG因素对信用评级结果的影响。包括发行人ESG分数和ESG信用影响分数

资料来源：根据公开资料整理。

表3　国内主流ESG评级机构

发布机构	样本范围	指标体系	具体评级形式
中证	全部A股公司	3个维度，14个主题	采用行业内分数，范围为0～100分，代表公司在同业内ESG评价结果的百分比排名
华证	全部A股公司	3个一级指标，14个二级指标，26个三级指标	总分为100分，相应给予“AAA—C”九档评级
商道融绿	全部A股公司，约500家港股公司	3个维度，13项二级分类议题	满分为100分，设置A+、A、A-、B+、B、B-、C+、C、C-、D共10个等级
社投盟	沪深300成分股	3个一级指标，9个二级指标，28个三级指标和57个四级指标	共设10个大等级，分别为AAA、AA、A、BBB、BB、B、CCC、CC、C和D。其中，AA级至B级用“+”和“-”进行微调
万得	全部A股公司	3个维度，细分27个议题	由管理实践得分（总分7分）和争议事件得分（总分3分）组成
微众揽月	沪深300历史上共711家上市公司	3个维度，二级指标则为具体的41个ESG指标	短期ESG风险波动（脉动分）、长期ESG质量评价（洞察分）、近一年改善ESG表现的努力（动量分），取值范围均为0～100分

资料来源：根据公开资料整理。

MSCI（摩根士丹利资本国际公司）作为一家设计了多个 ESG 指数的公司，它有自己设定的 ESG 评级办法。MSCI 评级包括环境、社会责任、公司治理三个角度，包含 10 个主题、35 个关键点，具体评级角度如表 4 所示。

表 4　MSCI 评级角度

角度	主题	单元
环境	气候变化	碳排放 气候变化脆弱性 环境影响融资 碳生产足迹
	自然资源	水资源 生物多样性与土地利用
	污染与废物	包装材料和废料 电子废物 有毒排放物和废物
	环境机遇	清洁技术领域的机遇 绿色发展领域的机遇 能源机遇 可再生能源领域的机遇
社会责任	人力资源	劳动管理 健康与安全 人力资本发展 供应链劳动标准
	产品责任	产品安全和质量 化学品安全 消费者金融保护 隐私和数据安全 负责任的投资
	利益相关者	社区关系 有争议的资源
	社会责任机遇	获得合作 获得资金 获得健康保健 营养与健康领域的机遇
公司治理	公司治理	所有权和控制权 董事会 财务
	公司行为	商业道德 税收透明度

资料来源：摩根士丹利资本官网。

最终 MSCI ESG 评级的得分是根据表 4 的各个关键点计算出得分再进行加权得出的。环境与社会责任的关键点一般占总 ESG 评级的 5% ~30%，每个关键点的权重考虑该行业相对于所有其他行业对环境或社会的负面或正面影响的贡献以及该风险或机遇于何时会对企业产生影响。环境与社会责任的总体角度得分是各个关键点的加权得分。治理角度则是从公司治理整体而言，而不是根据关键点打分，治理角度整体权重最低为 33%。

中证 ESG 评价结果由高到低分为 AAA、AA、A、BBB、BB、B、CCC、CC、C 和 D 共十档。每月根据公司或政府机构及媒体更新发布的信息对企业 ESG 评级进行更新。

中证指数评级分别从环境（E）、社会责任（S）和公司治理（G）的 3 个维度，13 个主题对企业进行考察。具体考察方面如表 5 所示。

表 5　中证指数评级角度

角度	主题	单元	意义
环境	气候变化	碳排放	衡量企业在温室气体排放方面的风险
	污染与废物	污染与废物排放	衡量企业面临与污染、废物排放相关的诉讼或监管惩罚等风险
	自然资源	水资源	衡量企业在资源成本提升和资源使用与所在地利益冲突时，可能面临的经营生产持续性、市场准入困难等风险
	土地使用与生物多样性	环境管理 环境管理制度	从整体角度衡量企业管控环境风险的能力
	环境机遇	环境机遇	衡量企业可能获益于经济转型和绿色经济发展的机遇
社会责任	利益相关方	员工	衡量企业可能面临的由于劳动力不稳定等带来的生产停滞、法律诉讼等风险
		供应链	衡量企业由于供应链的不稳定或不安全等因素导致企业经营持续性受到影响的风险
		客户	衡量企业面临产品质量问题、信息泄露等带来的监管处罚、市场准入与法律诉讼等风险
	责任管理	责任管理	衡量企业在社会责任方面的管理绩效以及给企业带来的影响
	社会机遇	慈善活动	衡量企业受益于履行社会责任、对社会积极贡献而获得的企业发展机遇

续表

角度	主题	单元	意义
公司治理	股东权益	中小股东保护、控股股东与大股东行为	反映企业对股东权益的保障程度以及控股股东行为对企业的影响
	治理结构与运作	机构设置、机构运作、激励与约束机制	反映企业的董事会、监事会的治理情况，以及企业的高管激励与约束情况
	信息披露	信息披露质量	从企业信息是否完整、及时、可靠来衡量企业信息披露的质量
	公司治理风险	公司治理风险	考察企业是否受到的监管处罚、法律诉讼及其程度
	管理运营	财务风险、财务质量	评估企业的财务报表，考察企业面临的财务风险

资料来源：中证指数官网。

即使在 ESG 评级起源时间较长，发展得较为完善的国外，Chatterji 等（2016）依旧发现并证实了国际上 KLD、Sustainalytics、穆迪 ESG、标普全球、Refinitiv 和 MSCI 这 6 家知名 ESG 评级机构对同一家企业的 ESG 评级严重缺乏一致性。而 Berg 等（2019）对 Chatterji 等的研究结果进一步研究发现，衡量不同因素对企业影响的方法不同是导致 ESG 评级差异巨大的主因。但作者认为将不同机构的 ESG 评级纳入一个一致的框架是可能的。

在国内关于 ESG 评级的相关研究中，王凯和张志伟（2022）针对国内与国外 ESG 评级的现状进行比较，发现目前我国 ESG 评级缺少充足的 ESG 信息披露制度支撑，也缺乏统一且权威的标准。不同机构的评级方法主观性强，导致不同机构的评级结果有所差异。数据及结果的更新频率较低，使 ESG 评级难以及时反映企业的境况。这也再次证明了我国在完善 ESG 评级上仍任重道远。

1.2 ESG 指数研究

1.2.1 国外指数研究

国外早年间便已经开始了 ESG 相关指数方面的研究。现在世界范围内已经存在许多知名的 ESG 指数，具体如表 6 所示。本文主要选择了其中的 MSCI 全球 ESG 领导指数和标准普尔 500 ESG 指数进行介绍。

表 6　全球部分 ESG 股票指数及其母指数

母指数	ESG 股票指数
MSCI 全球指数	MSCI 全球 ESG 领导指数
富时已发展指数	富时已发展 ESG 低碳排放精选指数
标准普尔全球大中型指数	标准普尔全球大中型 ESG 指数
MSCI 新兴市场指数	MSCI 新兴市场 ESG 领导指数
STOXX 欧洲 600 指数	STOXX 欧洲 600 ESG－X 指数
标准普尔 500 指数	标准普尔 500 ESG 指数
富时英国 100 指数	富时英国 100 ESG 精选指数

资料来源：根据相关资料整理。

MSCI ESG 领导指数是自由浮动调整的市值加权指数，挑选同行业 ESG 评级较高的企业，确保涵盖 ESG 表现良好的一流企业。MSCI ESG 领导指数中涵盖的企业是从母指数（MSCI 全球可投资市场指数）中挑选的。MSCI ESG 领导指数各行业的企业覆盖率为母指数行业的企业覆盖率的 50%。

MSCI ESG 领导指数是根据 MSCI 自己提供的企业 ESG 评级标准、MSCI ESG 争议评分以及相关研究来确定纳入指数的资格。被纳入 MSCI ESG 领导指数的企业要求拥有 MSCI ESG“BB”或以上评级，并且在 MSCI ESG 争议指数中获得 3 分或以上的分数。与此同时，所属争议性武器、核武器、民用武器、烟草、酒精、常规武器、赌博、核电、化石燃料开采、火力发电这些行业的企业并不在 MSCI ESG 领导指数考虑范围之内。

而对于其余行业，MSCI ESG 领导指数选择标准则是对已经符合上述标准的母指数中的企业，根据 ESG 评级、ESG 趋势、是否是指数的当前成分、行业调整 ESG 得分、自由浮动调整后的市值减少程度这些标准进行排名。然后优先选取各行业市值排名前 35%（包括 35%）的证券。

MSCI ESG 领导指数于 5 月进行年度审查，根据指数审查前的一个月公布的企业相关数据，重新确定组成指数的企业。

MSCI 根据不同区域划分各个区域的 MSCI ESG 领导指数。MSCI 全球 ESG 领导指数是由表 7 中的各区域 ESG 领导指数汇总得到的。

表 7　MSCI 全球 ESG 领导指数构成

MSCI 区域 ESG 领导指数	地区	母指数
MSCI 太平洋 ESG 领导指数	亚洲太平洋	MSCI 亚太指数
MSCI 欧洲和中东 ESG 领导指数	欧洲和中东	MSCI 欧洲和中东指数
MSCI 加拿大 ESG 领导指数	加拿大	MSCI 加拿大指数
MSCI 美国 ESG 领导指数	美国	MSCI 美国指数

资料来源：摩根士丹利资本官网。

标准普尔 500 ESG 指数是用来衡量符合可持续性标准的母指数的证券表现，同时保持与其母指数（标准普尔 500）相似的整体行业权重。标准普尔 500 ESG 指数采用浮动调整市值（FMC）加权，目标是每个行业的市值为母指数内每个行业的市值的 75%，以求标准普尔 ESG 指数能表现出与其母指数类似的行业或部门风险特征。

1.2.2　国内指数研究

国内虽然近年来才着重于 ESG 的相关研究，但中国市场已经有了不少 ESG 指数存在。截至 2022 年 9 月，万得数据库可以查到 121 个 ESG 股票指数的信息，分别由中证指数、万得、华证指数、深圳证券、长城证券等几家机构编写完成。具体情况如表 8 所示。

表 8　国内机构 ESG 指数编制情况

ESG 指数编写机构	编写个数
中证指数有限公司	61
上海华证指数信息服务有限公司	7
万得信息技术股份有限公司	32
深圳证券信息有限公司	13
新华财经	4
长城证券股份有限公司	2
MSCI 指数	2

资料来源：根据相关资料整理。

部分 ESG 指数如表 9 所示。本文主要选择了其中的中证华夏银行 ESG 指数和最近推出的深证成指 ESG 基准指数进行介绍。

表9 国内部分ESG指数情况

推出公司	指数简称	成分个数	推出日期
中证指数有限公司	500 ESG优选	150	2022年3月21日
	华夏银行ESG全收益	126	2020年4月30日
	300 ESG	235	2020年4月30日
上海华证指数信息服务有限公司	大盘ESG		2022年4月20日
	中小盘ESG		2022年4月20日
万得信息技术股份有限公司	万得可选消费可持续ESG	100	2021年3月15日
	万得两创可持续ESG50	50	2021年9月3日
深圳证券信息有限公司	深指ESG	400	2022年7月25日
	创指ESG	80	2022年7月25日
新华财经	新华ESG50	50	2021年10月22日
	新华ESG300	300	2021年8月24日
长城证券股份有限公司	长城ESG能源优选	32	2021年5月19日
	长城ESG大盘优选	180	2021年5月31日
MSCI指数	MSCI中国A股国际通ESG通用（人民币）		2018年8月6日
	MSCI中国A股国际通ESG通用（美元）	475	2018年8月6日

资料来源：根据公开资料整理。

中证华夏银行ESG指数是华夏银行开发的，于2020年4月30日发布的ESG指数。以2017年6月30日为基日。自发布上市的一个月内的收盘价走势如图1所示。

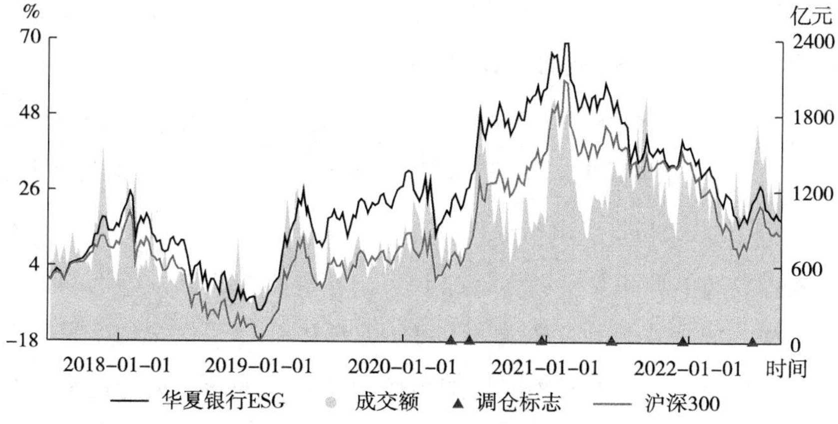

图1 华夏银行ESG市场表现

（数据来源：Wind）

中证华夏银行 ESG 指数以沪深 300 为母指数，根据企业中证 ESG 评价的环境（E）、社会（S）、公司治理（G）的分数经下式加权得到的即为企业的 ESG 总分数。

$$\text{ESG 分数} = 0.2 \times \text{E 分数} + 0.3 \times \text{S 分数} + 0.5 \times \text{G 分数} \quad (1-1)$$

再计算母指数中证券的估值、股息、质量与市场四个因子分数，加权平均得到企业的综合得分。剔除母指数 ESG 分数最低的 20% 的证券，对其余合格证券根据中证二级行业标准分成的行业部门按照综合得分由高到低排名，依次纳入指数，直到入选企业的合并市值达到该行业市值的 50%。且单个证券权重不超过 10%，权重排在前五位的证券权重合计不超过 40%。

$$\text{报告期指数} = \frac{\sum(\text{证券价格} \times \text{调整股本数} \times \text{权重因子})}{\text{除数}} \times 100 \quad (1-2)$$

式中，权重因子介于 0 ~ 1，以保证中证华夏银行 ESG 指数中的各行业权重与沪深 300 保持一致。组成指数的证券成分和权重因子于每年 6 月和 12 月的第二个星期五的下一交易日进行调整。若有特殊情况则对指数进行临时调整。

深证成指 ESG 基准指数的母指数为深证成指，它按照国证一级行业标准剔除了母指数各行业部门中 ESG 评分排名较低的后 20% 的股票。指数采用派氏加权法，依据下列公式逐日连锁实时计算：

$$\text{实时指数} = \frac{\sum(\text{样本股实时成交价} \times \text{样本股权数} \times \text{权重调整因子})}{\sum(\text{样本股上一交易日收市价} \times \text{样本股权数} \times \text{权重调整因子})} \times \text{上一交易日收市指数} \quad (1-3)$$

纳入指数的单只证券权重不超过 15%，权重排在前五位的证券权重合计不超过 60%。组成指数的证券成分于每年的 6 月和 12 月的第二个星期五的下一交易日进行调整。权重调整因子随指数的证券成分同时进行调整。在确定新入选样本股后，在剩余股票中按 ESG 评分从高到低排序选取样本数量 5% 的股票作为备选样本股。若有特殊情况，则随时对指数进行临时调整。

1.3 ESG 股指期货推出可行性分析

1.3.1 ESG 发展有政策支持

中国最早于 2002 年发布的《上市公司治理准则》明确指出，上市公司在经营时也应关注社区福利、环境保护、公益事业等问题，关注企业的社会责任，并明确规定了上市公司治理信息的披露范围。如表 10 所示，2003—2022 年，我国陆续发布了各种政策法规鼓励建立社会责任报告制度，建立健全的环境信息强制性披露制度，鼓励 ESG 发展、绿色金融发展。对企业 ESG 信息披露逐渐严格的要求也将助力 ESG 投资市场与 ESG 衍生品市场的进一步完善。

表 10 部分政策简述

时间	主体	ESG 要素	文件
2003 年 9 月	原国家环保总局	E	《关于企业环境信息公开的公告》
2007 年 4 月	原国家环保总局	E	《环境信息公开办法（试行）》
2007 年 12 月	国资委	ESG	《关于中央企业履行社会责任的指导意见》
2008 年 2 月	环境保护部	E	《关于加强上市公司环境保护监督管理工作的指导意见》
2010 年 9 月	环境保护部	E	《上市公司环境信息披露指南》
2016 年 7 月	国资委	ESG	《关于国有企业更好履行社会责任的指导意见》
2017 年 6 月	环保部、证监会	E	《关于共同开展上市公司环境信息披露工作的合作协议》
2018 年 9 月	证监会	ESG	《上市公司治理准则（修订）》
2020 年 1 月	银保监会	ESG	《关于推动银行业和保险业高质量发展的指导意见》
2021 年 2 月	证监会	ESG	《上市公司投资者关系管理指引（征求意见稿）》
2021 年 5 月	生态环境部	E	《环境信息依法披露制度改革方案》
2021 年 8 月	中国人民银行	E	《金融机构环境信息披露指南》
2021 年 12 月	生态环境部	E	《企业环境信息依法披露管理办法》
2022 年 4 月	证监会	ESG	《上市公司投资者关系管理指引》

1.3.2 国内 ESG 评级体系健全

商道融绿作为国内最早推出 ESG 评价体系的机构于 2015 年推出商道融绿 ESG 评级方法体系，随后各大机构相继推出自家的 ESG 评级体系。虽然涵盖范围不尽相同，但大多评级体系已涵盖整个 A 股市场。这为 ESG 指数的建立打下了深厚的基础，而 ESG 股票指数又是 ESG 股指期货的标的资产。

1.3.3 国内 ESG 投资市场活跃

下文的系列图为万得数据库中获取的较具有代表性的 ESG 指数与沪深 300 在个数、年化收益率、年化波动率、夏普比率、成交量、成交额等方面的对比情况。本文选取进行对比的 ESG 指数分别是 300ESG 指数、华夏银行 ESG 指数与 300ESG 领先指数。选取从 2017 年 7 月至 2022 年 8 月的数据。

从图 2 可以看出，五年内各个指数的成交量情况基本都是呈上升的状态。华夏银行 ESG 指数与 300ESG 领先指数增长较慢，但 300ESG 指数的成交量增长得较为迅速，从 2017 年与沪深 300 成交情况相差较大到 2021 年、2022 年成交情况已经相差较小，且这几年的增长速度也大致一样。

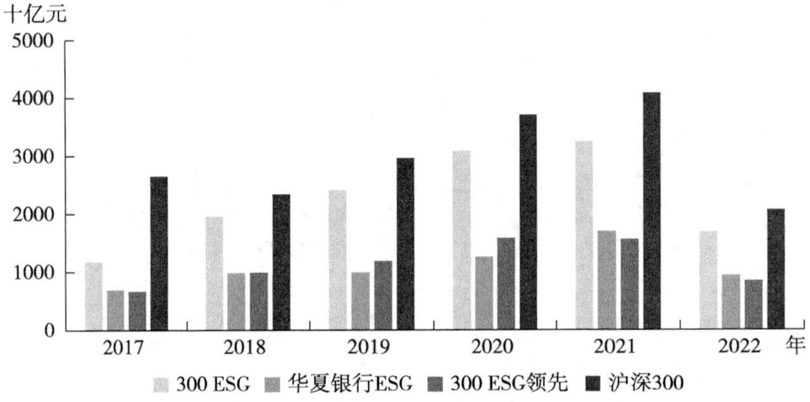

图 2　四个指数近五年成交量情况

（数据来源：Wind）

从图 3 可以看出，五年内各个指数的成交额情况基本都是呈上升的状态。华夏银行 ESG 指数与 300ESG 领先指数增长较慢，且相比于成交量，其成交额 300ESG 和沪深 300 相差更大，这是由于华夏银行 ESG 指数与 300ESG 领先指数单张价格更低的原因。300ESG 指数的成交额与沪深 300 以相同势头前进，增长得都较为迅猛。从合并成交量与成交额这两张图来看，自 2018 年以来，300ESG 与沪深 300 在成交额与成交量上的表现差别较小，可见投资者对 300ESG 指数的认同感较高。

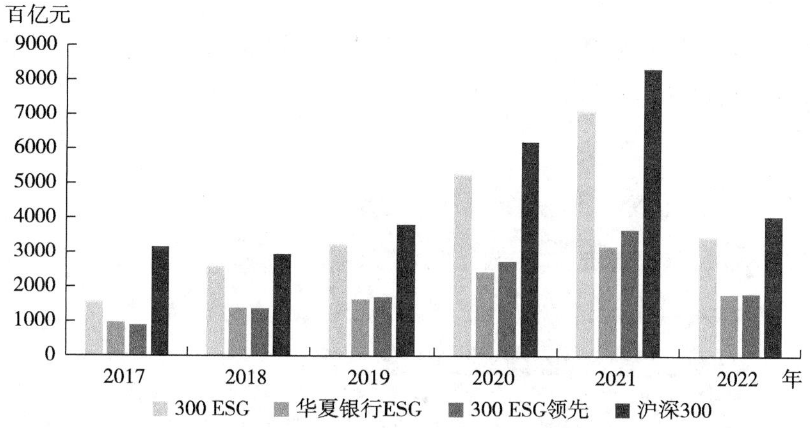

图 3　四个指数近五年成交额情况

（数据来源：Wind）

从图 4 可以看出，2020 年、2021 年沪深 300 指数的年化收益率相较于 300ESG 指数、华夏银行 ESG 指数与 300ESG 领先指数表现较好。2017 年、2018 年、2019 年、2022 年沪深 300 指数的表现都略差于这三个 ESG 指数。但总体来说，除去 2017 年 300ESG 指数、华夏银行 ESG 指数与 300ESG 领先指数皆明显优于沪深 300 指数外，其余四年这四个指数的年化收益率都差不多。

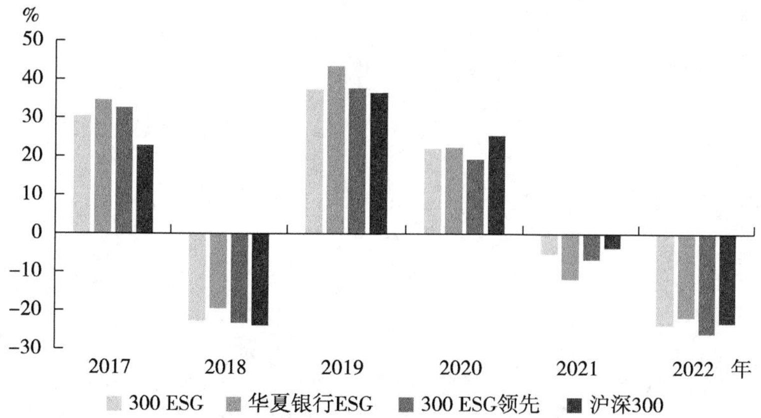

图 4　四个指数近五年年化收益率情况

（数据来源：Wind）

从图5可以看出，这五年300ESG指数、华夏银行ESG指数、300ESG领先指数与沪深300指数在年化波动率方面的表现差别不大。三个ESG指数均与沪深300指数的年化波动率接近。

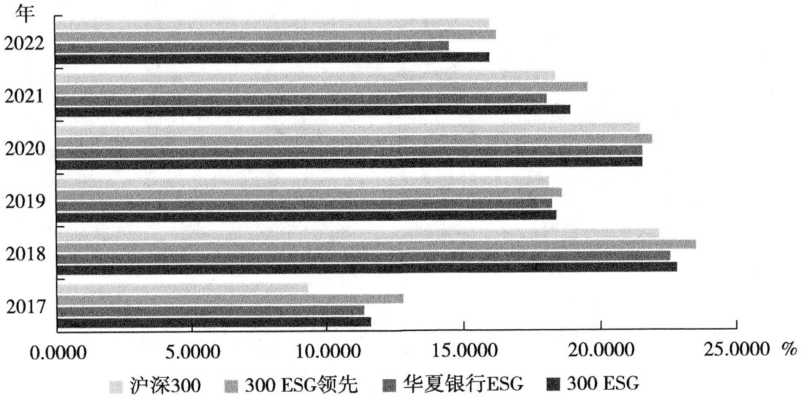

图5　四个指数近五年年化波动率情况

（数据来源：Wind）

图6是自2012年以来中国加入联合国负责任投资准则（PRI）的总人数和每年的新增人数。据UN PRI官网统计，拉丁美洲（77%）和中国（46%）是2021年签署国增长最快的市场之一。截至2022年8月已经有109家中国机

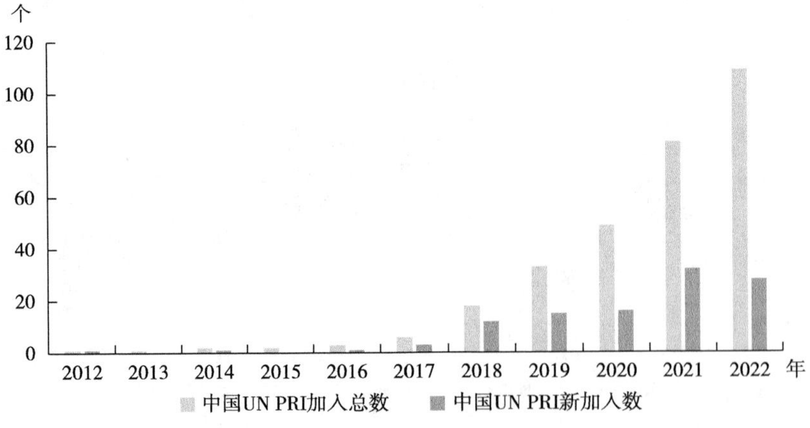

图6　中国机构加入UN PRI的情况

（数据来源：UN PRI官网）

构签署了联合国负责任投资准则，而每年新加入的机构数目也在不断增长。这不仅意味着国内有越来越多的机构与企业愿意将 ESG 原则纳入投资实践，同时也从侧面反映了国内投资者对 ESG 投资的兴趣和践行可持续发展的愿景。

1.4 ESG 股指期货推出必要性分析

1.4.1 投资者必要性分析

随着国内外 ESG 市场的投资规模不断扩大，ESG 相关指数、基金、理财产品的种类、个数扩张迅速。投资者为了对冲 ESG 投资产品的风险，对 ESG 衍生品的需求不断提升。且目前我国内地市场尚未有 ESG 衍生品推出，国内的股指期货对国内的部分 ESG 指数对冲效果较差，推出 ESG 股指期货可以弥补市场的空缺与不足。

ESG 股指期货的推出也丰富了投资者的投资工具，有利于培养优秀的机构投资者。目前，国内的股票基金管理人想实现在市场上的资本增值，必须先购买股票。而基金的股票持仓量相对较高，一旦市场出现下跌，开放式基金的兑付压力就会显著增大，甚至会使基金被迫面临清算。而股指期货的做空机制使得机构投资者可从原来买进之后等待股票价格上升的单一模式转变为双向投资模式。可见，机构投资者的培育需要有丰富的投资品种作补充，特别是衍生品工具，这一点已被国际股票市场发展的成功经验所证明。

ESG 股指期货能够发挥其作为衍生品的价格发现的功能作用，提高 ESG 投资市场的透明度与市场效率。

1.4.2 证券市场必要性分析

推出 ESG 指数相关的衍生品，可以增强 ESG 指数 ETF 的流动性。

ESG 股指期货的推出使用可以引导市场将更多的资金投资于可持续发展领域，助力可持续发展领域的进一步发展。

在“碳达峰、碳中和”的时代背景下，我国有着推行绿色金融的内在要求，有着完善绿色金融体系的需求。而 ESG 衍生品的推出正是迎合了这一需求，与目前绿色发展的目标相契合，与国家政策推行的方向一致。同时也作为中国完整绿色金融体系的一块基石。

ESG 衍生品的推出不但昭示着中国坚持绿色发展、可持续发展的决心，也充分体现了中国作为全球重要经济体一贯的积极责任。

推出 ESG 衍生品可以迎合全球投资者管理其地区及全球投资组合，以及国内投资者进行全球资产配置的需求，推动国内市场进一步与国际市场接轨，促进绿色和可持续金融与 ESG 投资在中国市场以致全球市场的进一步增长。

2. ESG 指数介绍

2.1 ESG 指数编制方法

从上文国际与国内的 ESG 指数编制情况，我们可以构建 ESG 指数编制的基本流程，如图 7 所示。

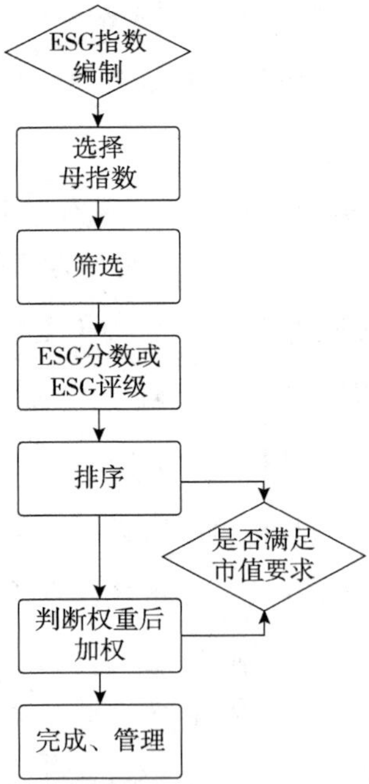

图 7　ESG 指数编制

首先，编制 ESG 指数需要选取 ESG 指数的母指数。

其次，ESG 指数需要在母指数的范围内剔除一些行业的企业。国外的标普是剔除不符合全球标准筛选（GSS）的企业。MSCI 直接列出了剔除的行业范围。国内的华夏银行 ESG 指数和深证成指 ESG 基准指数都是选择剔除母指数的 ESG 评分后 20% 的股票。在剔除不符合要求的股票后，编制 ESG 指数需要根据 ESG 评级或 ESG 分数来对母指数中经过筛选的股票进行行业内排序，从排行最高的企业开始纳入指数。最终纳入的企业需要达到所需的市值要求。如果未达到市值要求，可以从未纳入合格范围的企业再进行选择。

再次，筛选出编制指数的企业后，需要将其进行成分权重加权。权重如何选择是编制指数较为核心的步骤。MSCI 和标普 ESG 指数是根据样本股的市值选择权重的。华夏银行 ESG 指数和深证成指 ESG 基准指数也是主要依靠样本股的市值对样本股赋予不同的权重。但同时也在指数编制中添加了权重调整因子。

最后，指数完成后的管理问题。指数的更新频率、调整方法，以及如果 ESG 指数的样本股出现了存在严重影响其 ESG 分数或具有重大争议事件发生的企业，ESG 指数如何对该企业作出反应。

2.2 本文 ESG 指数期货的标的指数选择

ESG 指数期货在国内尚没有期货交易所开发，因此没有先例可循。在万得可查得的在中国内地上市的 ESG 股票指数共有 138 个。自 8 月 1 日至 11 月 15 日成交量排名前十的指数如表 11 所示。

表 11 成交量排名前十的指数

证券代码	证券简称	区间成交量
931650. CSI	800ESG	1321094334167
999111. SSI	中小盘 ESG	1131739757000
866603. WI	万得小盘 ESG 趋势	857726387971
989008. CNI	新华 ESG300	822532837309
489008. CNI	新华 ESG300R	822532837309

续表

证券代码	证券简称	区间成交量
931598. CSI	中银证券 300ESG	770819841273
866602. WI	万得中盘 ESG 趋势	756938993836
470026. CNI	深指 ESGR	727169009655
970026. CNI	深指 ESG	727169009655
999110. SSI	小盘 ESG	676497172800

数据来源：Wind。

本文就如何在这么多 ESG 指数中选择具有一定代表性的 ESG 指数作为本文的标的指数，提出可以从以下几个方面来进行指数标的的选择。

2.2.1 标的母指数性质

指数有综合指数和成分股指数。而我们选择的标的指数的母指数则应当是成分股指数，而非综合指数。这是由于我国股票市场尚处在发展阶段，且市场规模仍在不断扩充，因此，采用完整样本编制的股票指数很难维持其内在结构的稳定性和指数前后的可比性。而 ESG 指数是通过筛选出母指数中一定比例的股票形成的。因而，母指数的稳定性对 ESG 指数的稳定性有一定的影响。所以，在选取 ESG 指数标的时，不再将综合指数和大、中、小盘指数纳入其中。

2.2.2 指数的编制方法、成分股的权重

选择 ESG 期货指数标的时，应选择 ESG 指数和母指数编制计算方法都合理的指数。在计算指数时，指数的成分股的权重必须恰当，不应出现某只股票权重过大的情况，这是为了避免某一只股票的价格波动对指数的运动造成过度影响，又要体现不同成分股对于股市波动的不同影响；同时指数的计算公式应相对简单并对大众公开。因此，选择同一母指数的基准指数和价格指数。

2.2.3 指数的流动性与挂钩基金

指数本身应当具有一定的流动性，指数的流动性越高，相应的期货的价格发现、套期保值的作用才能够得到充分的发挥，股指期货的开发与上市才

有意义。图 8 是经过上述条件筛选之后近 3 个月的区间成交量排在前 20 的 ESG 指数。图 9 是这 20 个指数的区间成交额。

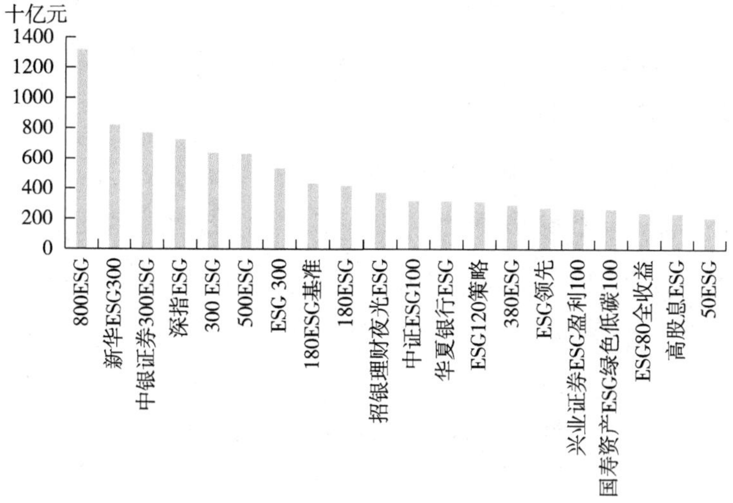

图 8　区间成交量排在前 20 的 ESG 指数

（数据来源：Wind）

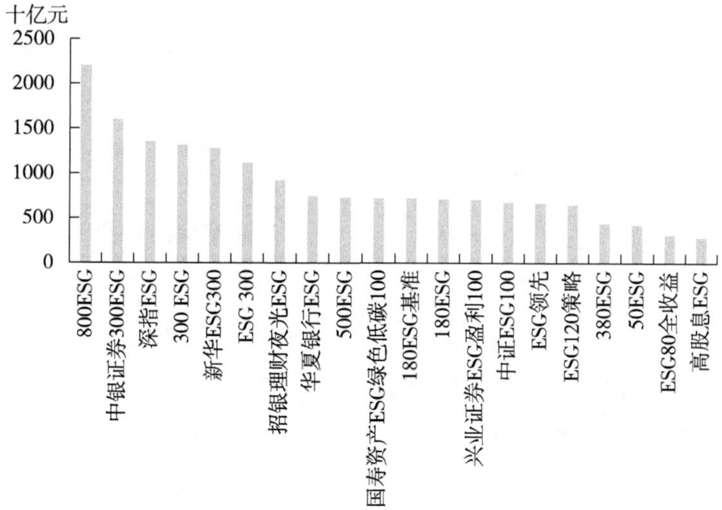

图 9　区间成交量排在前 20 的 ESG 指数成交额

（数据来源：Wind）

从图 8 和图 9 可以看出，800ESG、中银证券 300ESG、深指 ESG、300 ESG、新华 ESG300、ESG 300、华夏银行 ESG、500ESG 的成交量与成交额均较高。选择近 3 个月的成交额是因为平衡 ESG 指数推出时间长短对成交量的影响，在一定程度上代表这几个 ESG 指数的近期的流动性较好。因此，主要以这几个指数的相关资料进行分析选择。

2.2.4　母指数的流动性和挂钩基金

母指数的流动性是指数流动的基础，母指数的流动性越强，挂钩基金越多，就代表着母指数在市场上受投资者认可的程度越高。相应地，ESG 指数期货的价值越高，意义也越大。表 12 是 800ESG、中银证券 300ESG、深指 ESG、300 ESG、新华 ESG300、ESG 300、华夏银行 ESG、500ESG 的母指数和挂钩基金。

表 12　ESG 指数的母指数和挂钩基金

ESG 指数	母指数	挂钩基金
800ESG	中证 800	
中银证券 300ESG	沪深 300	
深指 ESG	深市 A 股	
300 ESG	沪深 300	华夏沪深 300ESG 基准 ETF 招商沪深 300ESG 基准 ETF 富国沪深 300ESG 基准 ETF
新华 ESG300	新华 500	
ESG 300	国证 1000	
华夏银行 ESG	沪深 300	
500ESG	中证 500	中金中证 500ESG 基准指数增强

资料来源：中证指数官网、国证指数官网。

从表 12 可以看出，深指 ESG 的母指数即样本股范围是深证 A 股，因此将其排除于选择范围之外。从图 10 可以看出，新华 ESG300 的母指数流动性较差，挂钩基金较少。ESG300 自身流动性不足且无挂钩基金。华夏银行 ESG 则是自身流动性不足、无挂钩基金且有中银证券 300ESG 这样成交量较高、300 ESG 挂钩基金较多的同一母指数衍生而来的 ESG 指数。因此保留 800ESG、中银证券 300ESG、300 ESG、500ESG 进一步进行筛选。

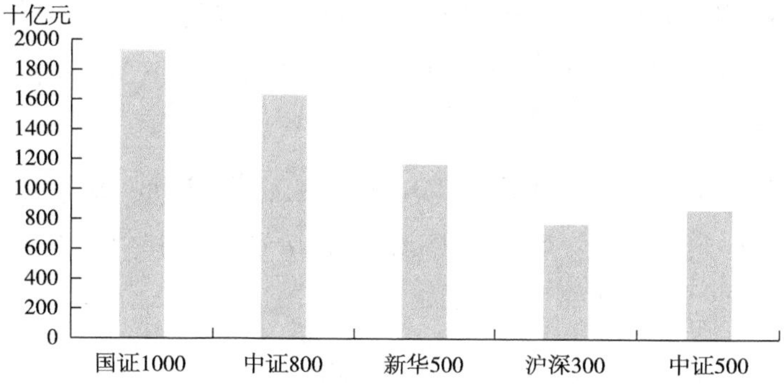

图 10　ESG 指数成交额

（数据来源：Wind）

2.2.5　指数样本股的行业选择性

选取的指数样本股应该具有较好的行业代表性，应该覆盖各个行业。但考虑 ESG 指数在指数编制过程中会使用选定的 ESG 标准进行评分，导致 ESG 指数会筛掉在环境、社会、公司治理方面表现较差的企业，因此可能会有一定的行业偏向性。图 11 至图 14 为 800ESG、中银证券 300ESG、300ESG、500ESG 的行业分布图。

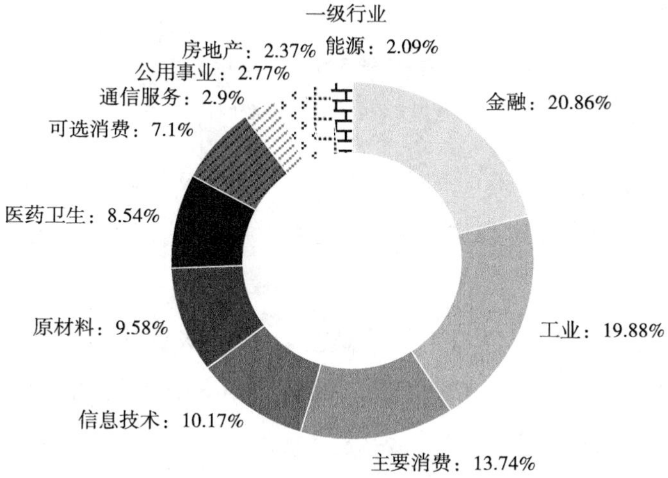

图 11　800ESG 行业分布图

（数据来源：中证指数官网）

从图 11 可以看出，800ESG 指数涵盖 11 个一级行业，主要样本股集中于金融、工业、主要消费等领域，占 54.48%。其中，占比最大的是金融行业，占比为 20.86%。

从图 12 可以看出，中银证券 300ESG 指数涵盖 11 个一级行业，主要样本股集中于金融、工业、主要消费等领域，占 67.42%。其中，占比最大的是金融行业，占比为 30.58%。

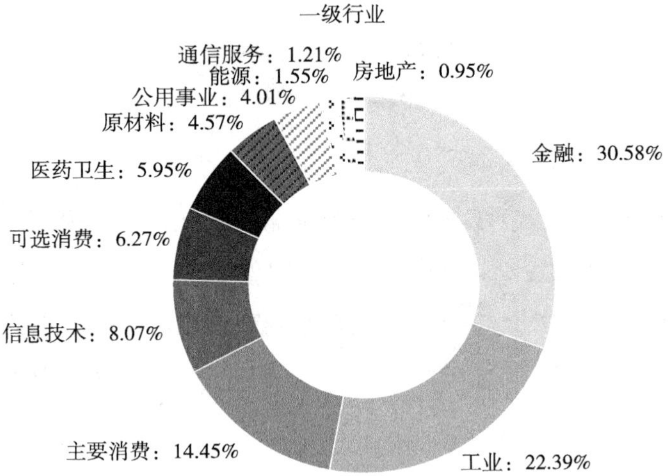

图 12　中银证券 300ESG 行业分布图

（数据来源：中证指数官网）

从图 13 可以看出，300ESG 指数涵盖 11 个一级行业，主要样本股集中于金融、工业、主要消费等领域，占 55.40%。其中，占比最大的是工业，占比为 20.29%。

从图 14 可以看出，500ESG 指数涵盖 11 个一级行业，主要样本股集中于工业、原材料、医药卫生、信息技术等领域，占 63.97%。其中，占比最大的是工业，占比为 22.52%。

基于以上几个标准，考虑到 800ESG 是近 3 个月以来成交量最大、行业分布最广最为分散的 ESG 指数，在其余各项条件都满足的前提下，其母指数中

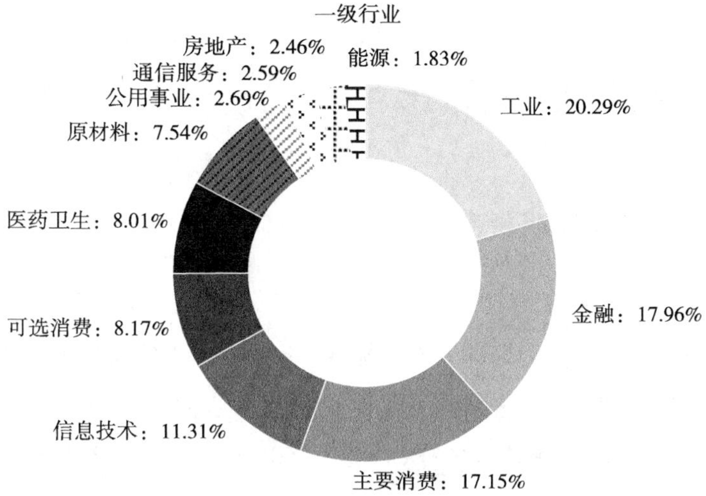

图 13　300ESG 行业分布图

（数据来源：中证指数官网）

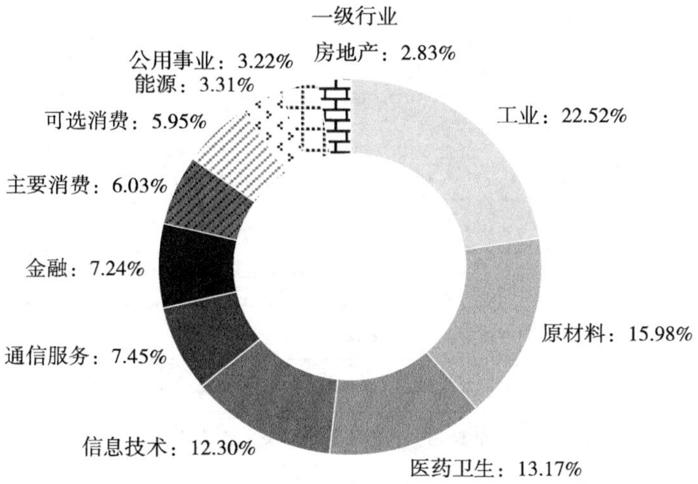

图 14　500ESG 行业分布图

（数据来源：中证指数官网）

证800指数也是市场流通较广、挂钩基金较多的指数之一。因此最终选出本文的标的指数为800ESG。

3. ESG股指期货合约设计

3.1 ESG现有股指期货合约

STOXX®欧洲600 ESG－X指数期货（FSEG）是欧洲期货交易所于2019年推出的ESG指数期货。STOXX®欧洲600 ESG－X指数期货为投资者提供了一个复制该基准股指市场的方式，同时也为投资者践行其社会责任提供了一个具有成本效益的解决方案。STOXX®欧洲600 ESG－X指数期货具体合约细则如表13所示。

表13 STOXX®欧洲600 ESG－X指数期货合约细则

期货名称	STOXX®欧洲600 ESG－X指数期货
相关市场	欧洲
标的指数	STOXX®欧洲600指数
交易所	欧洲期货交易所
货币	欧元
合约单位	指数点数×100欧元
合约月份	3月、6月、9月和12月周期中最接近的三个季度月份，总共9个月
到期日	每个到期月的第三个星期五
每日结算价格	欧洲中部时间17:30的前一分钟内所有交易的交易价格的加权平均值
最终结算价格	欧洲中部时间11:50至12:00的相应指数值的平均值
交割方式	现金交割

资料来源：欧洲期货交易所。

台湾永续期货是台湾期货交易所于2020年6月推出的ESG股票指数期货，其标的为台湾永续指数。台湾永续指数于2017年发布，是中国台湾首个结合了 ESG 与财务指标（ROE）筛选的投资型 ESG 指数。台湾永续指数是以富时 4Good 新兴市场指数成分股中上市的台湾公司为样本，再使用财务指标筛选出台湾永续指数的成分股。台湾永续期货一经上市便大受欢迎，2020 年半年交易量达 98518 手，2021 年交易量达 19709 手。

台湾永续期货具体合约细则如表 14 所示。

表 14　台湾永续期货合约细则

期货名称	台湾永续指数期货
相关市场	中国台湾
标的指数	FTSE4Good 台湾指数公司台湾永续指数
交易所	台湾期货交易所
货币	新台币
合约单位	指数点数 ×100 新台币
合约月份	自交易当月起连续 3 个月份，另加上 3 月、6 月、9 月、12 月中三个接续季月，总共 6 个月份的契约在市场交易
保证金（元）	44000（原始）、34000（维持）
交割方式	现金交割
到期日	各契约的最后交易日为各个期货合约交割月份第三个星期三
每日结算价格	欧洲中部时间 17:30 的前一分钟内所有交易的交易价格的加权平均值
每日涨跌幅	最大涨跌幅限制为前一交易日结算价上下的 10%
最终结算价格	以最后结算日台湾证券交易所当日交易时间收盘前三十分钟内标的指数的简单算术平均价决定
头寸限额	1000（自然人）、3000（法人）、9000（期货做市商）
交易时间	营业日上午 8:45 ~ 下午 1:45，最后交易日的交易时间为上午 8:45 ~ 下午 1:30

资料来源：台湾期货交易所。

3.2　合约条款设计

期货合约设计是期货产品设计中最重要的一部分，合理且具有高可行性的产品条约是 ESG 期货产品能够顺利推出的先决条件之一。但目前，中国内地尚未有期货交易所推出 ESG 股票指数期货。因此本文将在国内现有的股指期货的基础架构上参考目前已有的 ESG 股指期货的合约标准，并仔细甄别现有 ESG 指数期货与股指期货的合约区别，最后结合我国颁布的相关政策与条例，以前文设计出的 ESG 指数为标的完成对 ESG 期货合约的设计，期盼能对中国内地市场推出相关产品有所帮助。

3.2.1 交易标的

本文使用的交易标的为中证 800ESG 股票指数，该股票指数的母指数为中证 800。中证 800 作为目前市场的主力指数之一，受到众多投资者的关注。

中证 800ESG 基准指数是从中证 800 样本中剔除中证一级行业内 ESG 分数最低的 20% 的上市公司证券，选取剩余证券作为指数样本，为 ESG 投资提供业绩基准和投资标的。样本每半年调整一次，样本调整实施时间分别为每年 6 月和 12 月的第二个星期五的下一交易日。若遇到特殊情况如退市等，则随时调整。

800ESG 指数排名前二十的样本股名称及权重如表 15 所示。

表 15 800ESG 指数排名前二十的样本股名称及权重

样本股名称	权重（%）
贵州茅台	5.534
宁德时代	2.399
招商银行	2.191
五粮液	1.619
美的集团	1.346
长江电力	1.333
中国平安	1.3
兴业银行	1.253
比亚迪	1.244
隆基绿能	1.064
恒瑞医药	0.99
海康威视	0.969

续表

样本股名称	权重（%）
伊利股份	0.907
格力电器	0.904
中国中免	0.852
迈瑞医疗	0.823
京东方 A	0.815
工商银行	0.799
紫金矿业	0.786
中国建筑	0.732

资料来源：中证指数官网。

由表 15 可知，800ESG 指数样本股权重集中度不高，整体呈现较为分散的形式。这也代表着 800ESG 指数不太可能会因为某只股票的影响而产生严重波动。结合本文前面对于标的指数选择的一些标准来看，选择 800ESG 指数作为本文的标的指数是较为合理的。

3.2.2 合约单位与合约乘数

商品期货、国债期货有交易单位的，交易时以交易单位的整数倍进行买卖。商品期货、国债期货的合约规模就是交易单位乘以单位价格。但股指期货与商品期货、国债期货不同，指数并非一个具体的计量单位。因此，股指期货的合约单位（合约规模）是标的指数点数乘以一个人为规定的合约乘数。合约单位的大小既取决于合约乘数的大小，又取决于标的指数点位的高低。合约乘数的大小会直接关系到该股指期货在期货市场的流动性和安全性。

根据国内外学者的研究可知，合约乘数如果规定得越大，那么中小投资者的参与度就越低，合约交易的活跃性会降低，期货的流动性也会随之降低。如果合约乘数规定得过小，合约单位也随之变小。那么对于有避险需求的投资者来说，其避险成本是随之上升的。这无疑会打击投资者使用 ESG 股指期货避险的积极性。

因此，合约乘数的选择需要考虑到不同期货市场的资金规模、资本结构与投资者性质。基于各国的人均 GDP 来代表各国投资者的投资资金规模，通过使用合约面值/人均 GDP 这一中间指标来矫正不同国家和地区收入、资金等方面的差异（见表 16）。

表 16　各个国家（地区）的人均 GDP

国家（地区）	人均 GDP（美元）
中国	12358.80
德国	50794.95
新加坡	72794.91
中国台湾	33775.17

数据来源：国研网。

现有 ESG 股指期货及国内股指期货的合约乘数以及合约面值如表 17 所示。

表 17　部分 ESG 股指期货的合约乘数以及合约面值

股指期货	期货交易所	合约乘数	指数点数	汇率	合约价值（美元）	合约面值/人均 GDP
沪深 300 指数期货	中国金融期货交易所	300	3958.2	0.1434	170281	13.778
中证 500 股指期货		200	6201.20	0.1434	177850	14.391
上证 50 股指期货		300	2669.20	0.1434	114828	9.291
台湾永续期货	中国台湾期货交易所	100 新台币	7506.96	0.0326	24502	0.725
STOXX®欧洲 600 ESG-X 指数	欧洲期货交易所	100 欧元	162.90	1.05	17104	0.337
MSCIEMU ESG 筛选指数期货		10 美元	2452		24520	0.483
MSCI 日本 ESG 增强型焦点指数期货		10 美元	1866		18660	0.367
富时新兴 ESG 指数	新加坡期货交易所	50 美元	1013.4		50670	0.696
日经 ESG-REIT 指数		2500 日元	1084	0.007312	19815	0.272

数据来源：中国金融期货交易所、欧洲期货交易所、新加坡期货交易所、中国台湾期货交易所。

从表 17 可以看出，现有 ESG 指数期货的合约范围在 10 ~300，就合约价值来说，我国的合约价值相对较高。而合约面值/人均 GDP 这一中间指标也是我国期货合约远远高于国际现有的 ESG 期货合约，较低的上证 50 股指期货也有 9. 291。而国际现有的 ESG 期货合约这一指标则基本处于 0. 27 ~0. 72 这一范围。

再考虑 ESG 投资市场与主体指数投资市场仍有一定的规模差距。结合沪深 300 指数与 300ESG 指数、中证 500 与 500ESG、中证 800 与 800ESG、上证 50 与 50ESG 指数的成交量与成交金额的比值差距，如图 15 和图 16 所示。

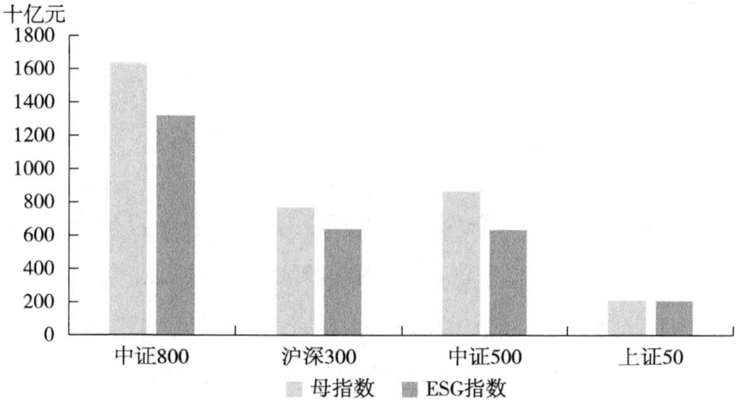

图 15　母指数与指数成交量对比

（数据来源：Wind）

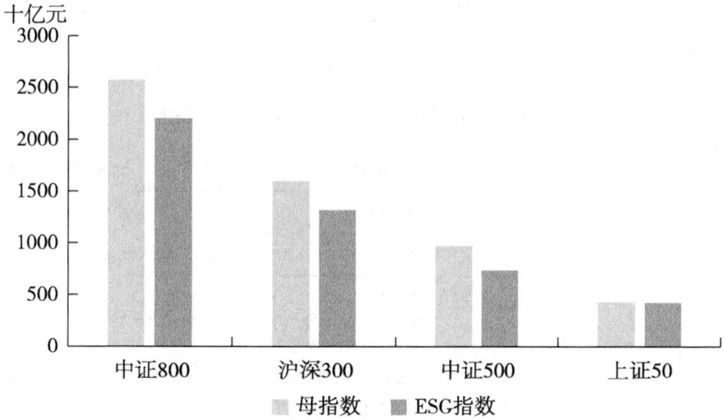

图 16　母指数与指数成交额对比

（数据来源：Wind）

由图 15 和图 16 可以看出，沪深 300 指数与 300ESG 指数、中证 500 与 500ESG、中证 800 与 800ESG、上证 50 与 50ESG 指数成交量与成交金额相差较小。尤其上证 50 的成交量与成交金额与 50ESG 相差无几。从表 18 可推测 ESG 市场规模大约占整体市场规模的 85%。

表 18　ESG 指数成交金额占母指数比例

母指数	ESG 指数成交金额占母指数比例
中证 800	0.856
沪深 300	0.823
中证 500	0.756
上证 50	0.984
平均值	0.855

数据来源：Wind。

考虑到目前我国投资市场仍旧处于散户较多，中小投资者较多，且 ESG 指数期货的设立目的之一是让更多的投资者能够参与到指数期货投资交易活动中，那么不适宜将合约乘数设得较高，从而导致准入门槛较高。

基于以上几点我们可以暂将乘数范围定为 100 ~ 300。为了便于计算，我们选择合约乘数为 100、150、200、250、300 分别进行合理性检验。

首先，我们进行流动性检验。使用日均成交额/合约面值来进行期货流动性的衡量。日均成交额使用 800ESG 过去 3 个月的日均成交额为 310514 百万元。指数点使用近 3 个月以来 800ESG 的平均收盘价为 1111。

表 19　800ESG 不同乘数的流动性检验

合约乘数	合约面值	日均成交额/合约面值
100	111100	2.794905491
150	166650	1.863270327
200	222200	1.397452745
250	277750	1.117962196
300	333300	0.931635164

而沪深 300 期货的日均成交额/合约面值指标的值为 0.19，可以看到当使用合约乘数为 300 时，指标值为 0.93，与沪深 300 期货指标值相近，且满足

流动性增强的要求。此时，合约面值/人均 GDP 这一中间指标的指标值为 3.87，低于现有股指期货的指标值，也符合降低 ESG 股指期货准入门槛的目的。因此，可以暂将合约乘数定为 300。

其次，我们使用保证金准入门槛进一步评估其安全性。2021 年我国人均可支配收入为 35128.10 元。根据人均可支配收入，我们将准入门槛设定为 2 年的人均可支配收入，即 7 万元。这样一方面可以确保期货准入门槛不会太高，另一方面也保证了风险承担能力过弱的小型投资者参与其中，避免引发社会风险的可能性。中国金融期货交易所目前选取的保证金模式为静态保证金，并将所有期货的保证金均设为 8%。考虑到期货公司保证金有加成，一般最后会加到合约价值的 15% ~18%。因此，将考虑保证金率处于 15% 和 18% 时的保证金规模。

表 20　不同保证金的安全性检验

合约乘数	合约面值	保证金水平	
		15%	18%
100	111100	16665	19998
150	166650	24997.5	29997
200	222200	33330	39996
250	277750	41662.5	49995
300	333300	49995	59994

数据来源：Wind。

由表 20 数据可见，在目前 800 ESG 指数的点位水平下，考虑到投资者不会拿出全部资金只开一个仓，合约乘数在 300 时基本可以将 7 万元以下的小户投资者排除在外，安全性得以保障。

3.2.3　保证金

期货保证金是投资者按期货合约价格的一定比率交纳少量资金作为履行期货合约的财力担保。它具有降低违约风险和减少价格波动的作用。目前国内股指期货使用的保证金形式是固定比例的静态保证金。

本文建议可以在 ESG 指数期货推出前期使用静态保证金，确保期货产品上市之初市场平稳。等到市场的监管体系、市场自身机制更为完备，交易所对期货保证金的管理体系更为健全后，可以考虑使用动态保证金模式。如表21所示，目前国内市场上所有的股指期货合约的保证金比例均为8%。因此在ESG指数期货推出前期，其保证金比例应与国内所推出的股指期货合约一致设定为8%。

表21　不同乘数的流动性检验

股指期货	最低交易保证金
沪深300股指期货	合约价值的8%
中证500股指期货	合约价值的8%
中证1000股指期货	合约价值的8%
上证50股指期货	合约价值的8%

数据来源：中国金融期货交易所。

下文将研究讨论我国期货市场及监管机制进一步完善后，动态保证金的收取方法和部分相应模型。

基于国内外学者的研究结论，本文分别选取传统理论的Delta－Gamma正态分布模型和极值理论的GARCH－POT模型进行期货合约动态保证金的研究。

在已有的关于股指期货保证金的计算中，不少使用风险价值VaR的模拟计算作为期货未来遭受风险的最大损失值，作为风险度量。在一定的置信水平下，如果回测模型失败频率较高，说明该模型低估了风险，对应保证金水平较低；如果回测模型失败频率过低，说明该模型高估了风险，对应保证金水平较高。

回测检验则使用Kupiec失败检验法，其原理为：将实际损失超过VaR估计值的记为失败，当置信水平为c，样本数据为T，失败次数为N，则失败频率为

$$P = \frac{N}{T} \tag{3-1}$$

Kupiec提出的似然比检验为

$$LR = 2\ln\left[\frac{\left(\frac{N}{T}\right)^{N}\left(\frac{1-N}{T}\right)^{T-N}}{(1-c)^{N}c^{T-N}}\right] \tag{3-2}$$

当 T 数量足够大，LR 统计量服从自由度为 1 的卡方分布，因此在一定置信水平下，通过计算 LR，若在非拒绝区域内，则接受原假设，失败频率与置信水平相一致，实际损失与预期的损失一致，该模型的预测结果准确。而在本文选取的置信水平为 95% 时，$LR > 3.84$ 为接受原假设。置信水平为 99% 时，$LR > 6.64$ 为接受原假设。

使用 Delta－Gamma 正态分布模型进行模拟时，假定金融资产收益率服从正态分布 $N(\mu, \sigma^2)$，在置信水平 c 下，VaR 可表示为

$$VaR = \mu + \sigma \times \varphi^{-1}(1-c) \tag{3-3}$$

式中，φ^{-1} 代表标准正态分布的函数的反函数。

使用 2018 年 1 月至 2022 年 11 月的沪深 300 期货合约的连续收盘价作为实证数据，共 1182 个数据通过 Python 进行计算模拟。置信区间选择为 95%，时间窗口选取 250 天，即在计算收益率时计算 250 天收益率样本的均值和方差，此后每一天进行循环计算，最终得到 931 个样本。在计算 VaR 值时要考虑多头和空头，代入公式 $VaR = \mu \pm \sigma * \varphi^{-1}(1-c)$，分别计算第 i 天多头和空头的 VaR 值。记录股指期货历史收益率超过 VaR 的天数，计算失败频率，再代入公式进行 Kupiec 检验。使用 Kupiec 检验具体结果如表 22 所示。

表 22　Delta－Gamma 正态分布模型 Kupiec 检验结果

空头			多头		
失败次数	失败频率	LR	失败次数	失败频率	LR
38	4.08%	1.7589	34	3.65%	3.9139

由表 22 可知，多头 LR > 3.84，失败频率与置信水平显著不一致。但模型计算的 VaR 值较为准确，失败频率并未显著低于或高于显著度，对期货市场的风险估计较为准确。

本文接下来讨论基于极值理论的 GARCH－POT 模型。极值理论主要研究尾部极值分布，度量极端事件的风险问题。极值理论关注尾部分布，不针对

样本的整体分布做任何假设，因此模型更加稳定，可更好地估计尾部 VaR 值。本文使用极值理论中的超口限值分布模型（POT）的研究方法，这是因为 POT 模型针对超过阈值尾部建模，可以更准确地度量极端事件的风险，因此本文主要选取 POT 模型来进行实证分析。

GARCH－POT 模型针对 GARCH 模型生成的残差序列进行尾部估计，选取残差序列的阈值，计算残差序列的 VaR 值，然后将其代入随机波动模型计算收益率样本序列的 VaR 值。资产在 t 时刻的收益率服从随机波动模型：

$$R_t = \mu_t + \sigma_t Z_t \tag{3-4}$$

式中，μ_t 为 t 时刻的预期收益率，σ_t 为 t 时刻的波动率，Z_t 服从 $N(0,1)$ 的标准正态分布，波动率 ω 可通过 GARCH 模型计算：

$$\sigma_t^2 = \omega + \alpha\,\varepsilon_{t-1}^2 + \beta\,\sigma_{t-1}^2 \tag{3-5}$$

其中

$$\varepsilon_{t-1} = R_{t-1} - \mu_{t-1} \tag{3-6}$$

$$\mu_t = \lambda R_{t-1} \tag{3-7}$$

参数 ω、α、β 和 λ 可用最大似然法来估计，然后计算收益率序列的 VaR 值：

$$VaR = \mu_{t+1} + \sigma_{t+1} VaR(Z_q) \tag{3-8}$$

GARCH－POT 模型的基础是要先获得 GARCH 模型的残差序列，再通过残差序列计算 $VaR(Z_q)$ 值，最后得到 VaR 值。由于极值理论要求采样序列中的宽幅大于阈值，因此选取的采样间隔不能太短。根据 2018 年 1 月至 2022 年 11 月沪深 300 期货合约的连续收盘价计算出的收益率，利用 GARCH 模型计算出 $t+1$ 时刻的预期收益和波动率，以及每一时刻的噪声残差序列。利用残差序列的采样数据，用 Hill 估计法确定阈值 u，利用 GPD 分布对超过阈值的尾部分布进行拟合，得到残差序列的 $VaR(Z_q)$ 值。多空头 VaR 值的计算公式如下：

$$VaR = \mu_{t+1} \pm \sigma_{t+1} VaR(Z_q) \tag{3-9}$$

GARCH－POT 模型所拟合的 VaR 值曲线已经能将大部分的收益曲线的波动包含在内，但也有失败。且相较于 Delta－Gamma 正态分布模型，GARCH－

POT 模型模拟出的 VaR 值曲线更加贴合实际的期货收益率曲线。使用 Kupiec 检验具体结果如表 23 所示。

表 23　不同乘数的流动性检验

置信水平	空头			多头		
	失败次数	失败频率	LR	失败次数	失败频率	LR
95%	11	1.62%	22.0531	21	3.08%	6.0626
97.5%	3	0.44%	17.9278	7	1.03%	7.7578
99%	2	0.29%	4.7533	2	0.29%	4.7533

由表 23 可知，在较低的置信水平下，失败频率显著低于显著度，则期货市场风险被高估。而在 99% 的置信水平下，模型的预测非常准确。

就上述传统理论的 Delta - Gamma 正态分布模型和极值理论的 GARCH - POT 模型实证数据 Kupiec 检验的检验频率可以看出，极值理论的 GARCH - POT 模型对于 VaR 值曲线拟合较好，失败频率较低，在高置信水平下模型预测准确。

3.2.4　头寸限额

期货头寸是指投资者可以拥有的最大持仓限额。头寸限额并非为了给套保者增添限制，而是避免投机者操纵市场价格，避免将风险过分集中于少数投资者。同时，也是为了避免期货到期日的实物交割量太大，从而造成大规模的违约风险。头寸限额有三种类型，即按保证金的多少设定持仓限额、对会员的持仓限额、对客户的持仓限额。

有些交易所的头寸限额还对近期月份和远期月份、套期保值者和投机者、机构投资者和个人投资者等区别对待。个人投资者与机构投资者设置不同的头寸限额，辅之每日交易限额的设定。如此，机构投资者的套保需求得以满足，也能防止套利行为扰乱市场。考虑到 ESG 指数期货上市可能会引起的市场波动，最开始的个人头寸限额不应设计得过高，总头寸限额为 800 手，每日交易限额为 150 手是较为合理的。机构投资者的总头寸限额可以设置为 3000 手，每日交易限额为 300 手。

3.2.5 合约交易时间

由于股指期货同时涉及了期货市场与现货市场，考虑到这点，其交易时间应当与现货市场尽可能保持同步。这样既有利于投资者进行套利或保值的交易活动，又对期货价格发挥价格发现的功能有正面作用。

表24 国内外部分指数期货合约的交易时间

股指期货	交易时间
沪深300、上证50股指期货	上午：9:30~11:30，下午：13:00~15:00
台湾永续期货	8:45~13:45
STOXX®欧洲600 ESG-X指数	7:50~22:00
MSCI EMU ESG筛选指数期货	2:10~22:00
MSCI日本ESG增强型焦点指数期货	2:10~22:00
富时新兴ESG指数	上午7:25~下午6:30
日经ESG-REIT指数	下午2:55~上午5:15

数据来源：中国金融期货交易所、欧洲期货交易所、新加坡期货交易所、中国台湾期货交易所。

从表24国内外部分期货合约的交易时间可以看出，为了防止投机者在开盘时操纵期货价格从而影响股市，很多国外的交易所选择将期货市场在股票市场前开放。此外，从期货市场的收市时间来看，大部分国家都比现货市场晚了一些。它的优点是能减少现货市场收市时的波动幅度，也能为现货市场收市后提供套期保值的工具。基于此，有些期货市场会将交易时间推迟于现货市场15分钟后开始，延迟于现货市场15分钟后结束。

3.2.6 每日涨跌幅与最小变动价位

同股票一样，期货也有涨跌停板制度，交易所人为规定股票指数的最大涨跌幅。如果期货当日价格达到前一个交易日的结算价格加上允许的最大比例的涨幅的金额，则称其为期货合约达到涨停板；如果期货当日价格下跌至前一个交易日的结算价格减去允许的最大比例的跌幅的金额，称其为期货合约达到跌停板。谭建（2007）认为，制定每日价格变动限额可以防止价格的暴涨暴跌，从而抑制过度投机和突发事件给市场秩序带来的伤害。正因为使期货价格保持在一个正常的范围内波动，因此能更好地发挥期货价格的价格发现功能。另外，还能降低面临价格不利变动的交易者的信用风险。

期货的涨跌停幅度会在一定程度上影响股指期货自身的交易风险，也会影响其避险作用效果。如果涨跌幅过大，不但会加大合约的风险，使投资者的投资热情下降，而且对价格的限制作用也不显著。如果涨跌幅过小，不仅使投资者很难进行规避风险的操作，还会导致涨停现象的频繁发生，从而对整个股市本身的内在运作产生影响。

涨跌停幅度应覆盖大多数正常市场波动，同时也能防止突发情况或极端情况下的非理性行为。不同期货的涨跌停幅度并不是千篇一律的，一般来说，商品期货的涨跌停幅度在 4% ~10%，而股指期货为 10%。台湾永续期货、沪深 300 指数期货的涨跌停幅度均为 10%。综合以上因素考虑，将涨跌停幅度定为 10% 是较为合理的范围。

最小变动价位是指在进行期货交易时，报价的最小变动额度，由交易所人为制定。通常商品期货和国债期货最小变动价位是和交易单位的大小挂钩的。对于股指期货则与合约乘数的大小有关。如果合约乘数较小，则最小变动价位可以取得大一些，可以取到十位数或个位数。但若是合约乘数本身就比较大，那么最小变动价位就需要取得小一些，只取十分之几或百分之几。表 25 所示为国内外各大交易所部分期货相关概况。

表 25　国内外各大交易所部分期货最小变动价位

交易所	期货品种	交易单位	最小变动	最小变动价格
上海期货交易所	黄金	1000 克/手	0.02 元/克	20 元
	白银	15 千克/手	1 元/千克	15 元
	橡胶	10 吨/手	5 元/吨	50 元
郑州商品交易所	白糖	10 吨/手	1 元/吨	10 元
	棉花	5 吨/手	5 元/吨	25 元
	尿素	20 吨/手	1 元/吨	20 元

续表

交易所	期货品种	交易单位	最小变动	最小变动价格
大连商品交易所	玉米	10 吨/手	1 元/吨	10 元
	焦炭	100 吨/手	0.5 元/吨	50 元
	淀粉	10 吨/手	1 元/吨	10 元
中国金融期货交易所	沪深 300	300	0.2	60 元
	上证 50	300	0.2	60 元
	中证 500	200	0.2	40 元
欧洲期货交易所	STOXX®欧洲 600 ESG – X 指数	100	0.1	10 欧元
	MSCI EMU ESG 筛选指数期货	10	0.5	5 美元
	MSCI 日本 ESG 增强型焦点指数期货	10	0.5	5 美元
新加坡期货交易所	富时新兴 ESG 指数	50	0.2	10 美元
	日经 ESG – REIT 指数	2500	0.2	500 日元

数据来源：上海期货交易所、郑州商品交易所、大连商品交易所、中国金融期货交易所、欧洲期货交易所、新加坡期货交易所。

根据国内外学者的研究可知，最小变动价位的选择需要综合考虑标的指数的点数大小、能否充分反映市场价格趋势以及是否便于计算这三点因素。最小变动价位应与合约价值成正比，合约价值越大，最小变动价位应越大，反之则越小。我国目前的期货最小变动单位均为 0.2。按照国内期货惯例将 ESG 期货的最小变动单位也定位在 0.2，我们所选的合约乘数为 300，则合约最小变动价格为 60 元。

我们使用波动次数 = 价格 × 涨跌幅 ÷ 最小价格变动这一指标进行合理性、流动性检验。指数点使用近 3 个月以来 800ESG 的平均收盘价为 1111。我们选择的涨跌停幅度为 10%。

由表 26 可知，当合约的最小变动单位定位在 0.2 时，800ESG 的波动次数显著小于中证 500，也小于沪深 300 和上证 50。波动次数过小时不利于提高期货价格发现的连续性和交易频率，不利于市场的流动性。考虑将最小变动单位定位改为 0.1，则波动次数为 3.7。波动次数有所提高，与现有期货的指标值更为接近。

表 26　期货波动次数

股指期货	沪深 300	上证 50	中证 500	800ESG
波动次数	6.55	4.38	15.25	1.85

对最小变动单位的合理性、安全性进行检验。最小变动单位定位为 0.1，相较于 0.2 变动一个点时，相当于合约价值的值较小，交易风险有所降低。因此最小变动单位可以定位为 0.1。

3.2.7　交割月份、交割时间与交割方式

期货合约的交割月份是指股指期货的到期月份。同一类别的股指期货，则是以不同的到期月份，来划分不同的合约。一般来讲，股票指数期货的交割月份可以分成两种。

其中一种是连续季月制，即每年的 3 月、6 月、9 月、12 月。如 STOXX® 欧洲 600 ESG－X 指数期货就是取 3 月、6 月、9 月和 12 月周期中最接近的三个季度月份。这样投资者可以交易三种不同到期时间的期货合约。三种合约之间时间差为 3 个月。另外一种是近月合约加远期季月合约的形式。如台湾永续合约的交割月份就是自交易当月起连续三个月份，另加上 3 月、6 月、9 月、12 月中三个接续季月，总共六个月份的合约在市场交易。沪深 300 指数期货合约则是选择当月、下月及随后两个季月，即交易所同时提供四个月份的合约。

从套利者角度来说，套利者不在意期货合约的期限，而是更加在意期货合约是否有足够的套利空间。但由于利率变动、保证金制度以及价格波动这些风险因素的存在，短期合约的套利风险要远小于长期合约。因此，在套利的利润空间差别不大且没有别的限制条件的情况下，套利者会更加倾向于短期合约。

因此，短期合约特别是当月合约的定价效率一般要高于远期。对于有短期风险回避的套期保值投资者来说，短期套保交易可以选择短期合约，也可以选择长期合约。但短期合约的基差风险较小、时间较短，且各方面的不确定性也没有那么大。对于以获取稳定超额收益为投资目标的纯粹的长期套期

保值投资者而言，其交易规模一般较大，由于滚动交易成本的存在，长期期货合约的交易成本会降低。因此，长期期货合约的需求也是确实存在的。

而这两种合约制度各有其利弊。连续季月制比较适合中长期投资者，短、中、长期的投资者交易的期货合约月份相同，则期货合约的市场流通量会较大。而近月合约加远期季月合约的方式，可以防止期货价格与现货价格的长期偏离，从而提高套期保值的效率，促进投资者的投资行为。欧美等国外期货市场由于起步时间较早，监管制度、市场发展较为完善，其期货市场上投机行为较少，主要为套期保值的投资者，长期套保者也比较多。因此，国外发达市场大多选择连续季月制。虽然目前我国证券市场的发展方兴未艾，但仍旧有监管制度不健全、期现货价格易偏离合理范围、投机行为较多的不足之处。因此，国内期货合约选择近月合约加远期季月合约的方式较为合理。结合沪深300期货合约、上证50期货合约，选择当月、下月及随后两个季月作为ESG股指期货的交割月份。

一般来说，国内外期货合约的交割时间同最后交易日是同一时间。STOXX®欧洲600 ESG－X指数期货和沪深300股指期货都选择在最后一个交易月的第三个星期五进行交割。而台湾永续期货选择在最后一个交易月的第三个星期三进行交割。其交割时间都选在了第三个星期。因此，我们将交割时间选择在最后一个交易月的第三个星期五。

ESG指数期货不同于商品期货，到期日当天，ESG指数期货只能采用现金交割方式，而不能使用商品期货的实物交割方式。通过计算盈亏的指数点数与交易单位的乘积确定ESG指数合约的名义价值，通过交易平台完成现金的交割。

3.2.8 每日结算价格

每日结算价格主要是为了保证股指期货逐日无负债盯市制度的有效实施，是每天盘后对实现损益和次日保证金收取清算的依据。因此需要确保每日结算价格能够及时准确反映交易者已经发生的损益。然后要确保发生亏损的交易者有继续履约的能力。对于不能履约的交易者要作出反应，如追加保险金、强行平仓等。这需要期货合约的每日结算价具有连续性。同时为了确保交易所和期货经纪机构在进行风险管理时，可以有效地完成随机平仓交易，也要求每日结算价有一定的交易深度。

王莹（2008）研究总结了四种结算方式，分别为：不完全平均数法、α－温塞平均数法、成交量加权平均数法以及指数平滑法。之后的每日结算价格计算方法多为在其基础之上进行改进型研究。具体计算方法如下：

（1）成交量加权平均数法。即在设定的取样时间内，收集这段时间的成交价格 P 与成交量 Q。最终结算价格满足下式：

$$P = \frac{\sum_{i=1}^{n} P_i Q_i}{\sum_{i=1}^{n} Q_i} \tag{3-10}$$

（2）指数平滑法。该方法是根据距离结算时间的远近，赋予结算价格不同的权重。离收盘时间越近，则赋予的权重越大。收集这段时间的成交价格 P，首项为当日最后一笔期货价格结算价。

$$P = \sum_{i=1}^{n} \alpha(1-\alpha)^{i-1} P_i \tag{3-11}$$

（3）不完全平均数法。收集采样这段时间的成交价格 P，将其从小到大排列为P_1，P_2，…，P_{n-1}，P_n。则不完全平均数为：

$$T(\alpha,\alpha,P) = \frac{P_{1+\alpha n} + P_{2+\alpha n} + \cdots + P_{n-\alpha n}}{n(1-2\alpha)} \tag{3-12}$$

（4）α－温塞平均数法。收集采样这段时间的成交价格 P，将其从小到大排列为P_1，P_2，…，P_{n-1}，P_n。去掉 r 个最大与最小的数据，则 α－温塞平均数为：

$$w(\alpha,\alpha,P) = \frac{rP_{1+r} + P_{1+r} + \cdots + P_{n-r} + P_n}{n} \tag{3-13}$$

式中，$nr = \alpha$。

以上四种每日结算价格的计算方法，α－温塞平均数法和不完全平均数法侧重于样本奇异值剔除之后对剩余值进行等权平均。指数平滑法是时间加权的价格平均法。成交量加权平均数法是以成交量为加权的价格平均法。

根据表27所示，鉴于期货的每日结算价格应当具备可交易的实现性和真实性，所以在对其经济意义进行逻辑分析后，成交量加权平均数法更加适用于计算股指期货的每日结算价格。这是因为有成交量的加持，每日结算价格的真实性才会更高，才更能代表市场。

表27　部分股指期货合约规定的每日结算价格

股指名称	最后结算价
沪深300股指期货	当日最后一小时成交量的加权平均价
STOXX®欧洲600 ESG－X指数期货	欧洲中部时间17:30之前一分钟内所有交易价格的交易量加权平均数（交易数超过5笔）
台湾永续指数期货	收盘前一分钟内所有交易的成交量加权平均价
MSCI EMU ESG筛选指数期货	欧洲中部时间17:30之前一分钟内所有交易价格的交易量加权平均数（交易数超过5笔）
MSCI日本ESG增强型焦点指数期货	欧洲中部时间17:30之前一分钟内所有交易价格的交易量加权平均值（交易数超过5笔）

资料来源：中国金融期货交易所、欧洲期货交易所、新加坡期货交易所、中国台湾期货交易所。

每日结算价格的基本作用是确保股指期货每日盯市现金结算风险管理制度的有效执行，保证其稳定性、可操作性和持续有效性。因此，必须保证其与现货指数价格的连续性。按照国际通行做法，鉴于我国是一个对风险有较高要求的新兴市场，本文提出，在ESG指数期货上市初期，可以像现有的股指期货那样，以每天最后一个小时的成交量加权的平均价为期货每日结算价格的计算方法。

3.2.9　最后结算价

通过观察表28国内外部分股指期货合约的最后结算价格的规定可以看出，各大交易所将最后结算价格分为两类：一类为取期货合约最后交易日的收盘前的一段时间的平均价格作为最终结算价；另一类为取规定时间节点的开盘价或收盘价作为最后结算价格。而后一种方式基本是为处于发达市场的欧美国家采用的，目的是为避开现货、期货和期权三重结算给市场带来的过度波动。

表 28　部分股指期货合约规定的最后结算价格

股指名称	最后结算价
沪深 300 股指期货	最后交易日标的指数最后 2 小时的算术平均价
STOXX®欧洲 600 ESG－X 指数期货	欧洲中部时间 11:50 至 12:00 之间的相应指数值的平均值
台湾永续指数期货	以最后结算日台湾证券交易所当日交易时间收盘前三十分钟内标的指数的简单算术平均价计算
MSCI EMU ESG 筛选指数期货	欧洲中部时间 17:30 之前一分钟内所有交易价格的交易量加权平均数
MSCI 日本 ESG 增强型焦点指数期货	欧洲中部时间 17:30 之前一分钟内所有交易价格的交易量加权平均值
富时新兴 ESG 指数	最后一个交易日的官方收盘价
日经 ESG－REIT 指数	根据日经 ESG－REIT 指数在最后交易日之后的日本营业日各成分发行所采用的特殊报价方法计算

资料来源：中国金融期货交易所、欧洲期货交易所、新加坡期货交易所、中国台湾期货交易所。

大多数 ESG 期货合约使用的都是最后一个交易日收盘价前一段时间的平均价格，中国使用的时间跨度较长，而欧美期货市场使用的时间跨度较短。目前我国衍生品市场仍旧处于方兴未艾之时，有效的市场机制、完善的监管制度、高素质的投资者都有所欠缺。因此，使用 2 小时这一收盘前较长的一段时间内的平均价格作为最终结算价格较为合理。

结合上述合约条款的结论，800ESG 股指期货合约最终的设计结果如表 29 所示。

表 29　800ESG 股指期货合约设计

合约条款	设计结论
交易标的	800ESG 股票指数
合约乘数	300
保证金	合约价值的 8%
头寸限额	个人投资者总头寸限额为 800 手，每日交易限额为 150 手。机构投资者的总头寸限额为 3000 手，每日交易限额为 300 手
合约交易时间	上午 9:15～11:30；下午 13:00～15:15
每日涨跌幅	上一个交易日结算价的 ±10%

续表

最小变动单位	0.1
交割月份	当月、下月及随后两个季月
交割时间	最后一个交易月的第三个星期五
交割方式	现金交割
每日结算价	当日最后一小时成交量的加权平均价

4. 结语

4.1 结论

本文聚焦于目前发展迅速的新兴市场——ESG 市场，我国的 ESG 市场各方面发展得已经较为完备。政策方面已有不少支持建议企业披露 ESG 信息相关政策，不少金融机构也提出了针对我国 A 股市场的 ESG 评级体系，市场上已经有了各类 ESG 股票指数和相应基金，但却缺少相应衍生品市场的开发，致使 ESG 股指与基金缺少相应的对冲工具。为了弥补目前市场的空白，增加 ESG 指数 ETF 的流动性，迎合我国推行绿色金融的内在要求，完善绿色金融体系的需求，迎合全球投资者管理其地区及全球投资组合，以及国内投资者进行全球资产配置的需求，并推动国内市场进一步与国际市场接轨，本文探索了 ESG 股指期货设计与应用，提出了一套既有科学性和前瞻性，又符合中国国情的 ESG 股指期货合约设计方案，为后续相关股指期货合约的 ESG 股指期货能够发挥其作为衍生品的价格发现的功能作用，提高 ESG 投资市场的透明度与市场效率。

本文首先介绍了 ESG 的概念与 ESG 指数编制的基础概念，为选取 ESG 股指期货的标的指数的标准提供参考。根据提出的标的选择方法对目前市场上已有的 ESG 指数进行筛选，然后选定了 800ESG 作为本文的指数标的。其次对期货合约的各个条款的设定进行了研究。先通过对国内外文献进行理论研究，分析各个条款选择对投资者和市场的影响。再对比分析已有的 ESG 期货合约以及国内的期货合约的相关指标，结合我国国情进一步确定合约条款的选择范围，针对条款的选择设定使用实证数据进行检验性分析。最后得出800ESG 股指期货合约设计结论。

本文提出一种 ESG 股指期货——800ESG 股指期货，其产品设计方案给日后相关 ESG 股指期货的推出和后续监管提供参考。在目前内地期货市场尚无 ESG 期货推出的情况下，800ESG 股指期货的顺利推出弥补了目前期货市场的空缺与不足，给市场上 ESG 投资者提供了一种更精准的期货产品作为对冲工具，对冲投资风险。

4.2 建议

本文提出一种 ESG 股指期货的产品设计方案，其选定的标的指数是800ESG 指数。其选取标准主要是考虑到最近一段时间 800ESG 成交量高于其他 ESG 指数，推测出其需求高于母指数为其他指数的 ESG 指数。多数 ESG 指数的编制标准意味着沪深 300、上证 500、中证 800 等 ESG 系列指数与其母指数的成分股有较多重合，沪深 300 等指数期货对其 ESG 指数有良好的套期保值效果。而尚未有中证 800 股指期货推出的 800ESG 系列指数对其 ESG 股指期货的需求更加迫切。但较少考虑到监管方面的要求与投资者的实际需求。

4.3 展望

期货合约的研究设计是一项较为复杂耗时的系统性研究工作，由于作者个人时间、精力、能力都相对有限，本文在以下方面仍有值得探讨的地方。

关于 ESG 股指期货的动态保证金研究方面，虽然本文论证了动态保证金在我国期货市场进行推行的可能性，并实证了基于传统理论和极值理论的两个模型对于历史期货的波动性模拟较为良好，但并未提出基于我国市场情况较为完整的动态保证金理论体系。

由于市场目前并未推出 ESG 股指期货，在文中使用的期货价格是基于现货指数进行理论分析模拟所得，并不能完全代表实际市场期货价格波动，因此需要待实际期货上市后再对套保效果进行分析研究。

抱团与暴跌：易方达中小盘基金中的羊群效应[①②③④⑤]

2021年2月24日，小张和小李在办公室里闷闷不乐地刷着手机，看着一个网友在微博上的调侃“刚刚地铁的安检人员要求我出示绿码，我打开基金软件的界面居然蒙混过关了……”竟有些哭笑不得。“今天又是基民暴风哭泣的一天，又有一大波人要排队上天台了……”小张无奈地说道。

2020年伊始，虽然一场突如其来的新型冠状病毒肺炎疫情对我国经济社会发展带来前所未有的冲击，但市场对购买基金的热度不断攀升。尤其是在2021年初，“基金”“日光基”“基遇”等词条频频霸榜微博热搜。现如今，年轻一代也在追求早日实现财富自由，纷纷加入了投资理财的行列，基金投资一度成为“90后”“00后”日常交流的热点话题。小张和小李是互联网企业的员工，作为新一代的年轻人，对他们而言，脱贫比脱单更为重要；然而，面对层出不穷而又花样百出的理财产品及理财方法，他们却又无从下手；为了尽快找到一个“让钱生钱”的方法，他们选择向朋友、财经博主等“抄作业”，别人买什么基金他们就跟着买什么基金。

---

① 本案例由广东外语外贸大学金融学院张群、蔡泽湘和卢航撰写，作者拥有著作权中的署名权、修改权、改编权。

② 作者工作单位：广东外语外贸大学金融学院，金融开放与资产管理研究中心，广州华南财富管理中心研究基地。

③ 案例版权：归属于作者与作者单位所有。

④ 本案例只供课堂讨论之用，并无意暗示或说明某种行为是否有效。

⑤ 案例真实性：此案例为行业模拟基准案例讲授与真实家庭案例演练相结合，行业模拟基准案例部分为案例作者根据经济现实编撰设计，在使用基准案例分析具体家庭情况时，可采用家庭真实数据进行分析，在课堂讲授部分仅就行业基准案例进行阐述，课堂后的演练让学生利用真实调查数据通过匿名处理后进行分析。

2020年也是公募基金的“超级大年”，在这一年，公募基金在规模和业绩等方面都创下了多项奇迹。在众多的公募基金中，易方达中小盘基金（代码：110011）作为易方达基金公司旗下的明星产品、爆款基金，收益表现一直十分亮眼，其基金经理张坤也是行业内的标杆。张坤是我国第一位管理规模破千亿元的基金经理，也是各大社交网络热搜榜单的常客；毫不夸张地说，市场对他的追捧达到前所未有的高度，基民们甚至为其成立了粉丝后援团，他也成了现象级的基金圈偶像。基金饭圈化的影响力也体现在：尽管很多新基民并不了解张坤的投资风格或投资策略，但也因张坤出色的历史业绩而纷纷涌入市场，购买其管理的基金。年轻的小张和小李正是其中一员。

然而，在2021年牛年开市的第5天，A股已经连续三个交易日下跌，沪指跌破3600点关口，中证白酒指数跌幅已超17%。白酒股的重跌不仅直接挫伤了持有白酒股的股民，还连带影响了重仓白酒股的基金表现。“基金大跌”的话题迅速登上热搜榜首，此外，一起登上热搜的还有曾被基民奉若神明的张坤。从张坤管理的两只基金的表现来看，2月24日的日跌幅均超4.5%，且都在近一周内跌幅超11%。随后，易方达基金公司发布公告宣布限购。也仅在牛年开市的这几天时间，曾被称为“公募一哥”的张坤就经历了口碑的断崖式下滑，当初满屏喊着的“坤坤是永远的神”的话语也变成了“渣坤”……

面对这一切，小张和小李陷入了沉思，反思自己到现在对基金仍处于一知半解的状态，或许，自己的投资行为从一开始就是错误的……

1. 基金概况：一只自称中小盘的大盘基

易方达中小盘混合基金全称为“易方达中小盘混合型证券投资基金”，于2008年6月19日发行，以“契约型开放式”进行运作。截至2021年第一季度，该基金的资产规模已达314.64亿元。根据该基金的官方产品说明书，其投资目标是以具有竞争力和较高成长性的中小盘股票为投资对象，通过有效控制风险来实现基金资产的长期增值。投资范围包括国内市场发行上市的股票、债券、权证、资产支持证券、货币市场工具等流动性较好的金融工具以及法律法规或中国证监会允许基金投资的其他金融工具。该基金是一只偏股混合型基金，其预期收益及风险水平低于股票型基金，高于债券型基金和货币市场基金。

根据易方达中小盘2021年第一季度报告，其前十大持仓股及其比例如表1所示。这些数据能反映基金经理的投资方向。在这些股票中，贵州茅台、恒生电子是上证50权重股，贵州茅台市值2.18万亿元，恒生电子市值877.04亿元；而持股比例排名第二的五粮液是在深交所上市，其市值达1.04万亿元。研读易方达中小盘基金定期发布的报告可以发现，从2015年第一季度开始，其持仓时间最久的股票就包括五粮液和贵州茅台。由此可见，该基金所持仓的股票并不一定都是中小盘股，这与基金名称中的“中小盘”三个字有所出入。

表1　2021年第一季度前十大持仓股及其比例

序号	股票代码	股票名称	占基金资产净值比例
1	002044	美年健康	9.20%
2	000858	五粮液	9.20%
3	600519	贵州茅台	8.94%
4	002007	华兰生物	6.06%
5	002568	百润股份	5.80%
6	600763	通策医疗	5.57%
7	600570	恒生电子	5.47%
8	002032	苏泊尔	5.41%
9	600872	中炬高新	5.23%
10	600161	天坛生物	5.22%

数据来源：易方达中小盘2021年第一季度报告。

1.1　行业分布

根据易方达中小盘基金2019年和2020年的年报，如表2所示，可以看出该基金整个行业配置集中于食品饮料和医药生物这两个行业，且这两个行业的占比之和在2019年超过了60%，在2020年甚至超过了70%。结合表1的数据及上文的分析，食品饮料行业的持仓集中在白酒行业。

表2　2019年和2020年持仓行业分布

行业名称	占基金净值比例	行业名称	占基金净值比例
2020年年报		2019年年报	
食品饮料	54.27%	食品饮料	40.76%
医药生物	19.55%	医药生物	22.82%
家用电器	4.22%	家用电器	15.29%
交通运输	4.11%	交通运输	9.48%
汽车	4.09%	汽车	4.97%
电子	3.63%	计算机	1.14%
计算机	1.85%	房地产	0.26%
化工	0.60%	电气设备	0.17%
轻工制造	0.01%	机械设备	0.01%
		电子	0.01%

数据来源：易方达中小盘2019年、2020年年度报告。

1.2　基金经理

由于自2021年9月10日起，“易方达中小盘混合型证券投资基金”更名为“易方达优质精选混合型证券投资基金”（基金代码不变），故截至2021年9月9日，共有2位基金经理曾管理过该基金。其中，张坤为第二任基金经理，于2012年9月28日开始着手管理。在任期内，该基金表现亮眼，曾横扫被称为基金业的“奥斯卡”的中国基金业金牛奖的多项奖项。

表3　截至2021年9月9日的历任基金经理及其表现

姓名	任职日期	离职日期	任职总回报	任职年化回报
张坤	2012-09-28	2021-09-09	631.80%	24.89%
何云峰	2008-06-19	2012-09-28	42.01%	8.54%

数据来源：Wind数据库。

张坤，清华大学研究生学历，生物医学工程专业，目前任职于易方达基金管理有限公司，管理的基金有易方达优质精选混合型证券投资基金、易方达亚洲精选股票型证券投资基金、易方达蓝筹精选混合型证券投资基金、易方达优质企业三年持有期混合型证券投资基金。

他是国内第一个管理规模超过1000亿元的基金经理，有着“公募一哥”“中国巴菲特”的称号。他的投资理念具有极强的“巴菲特属性”：努力寻找具有长期增长潜力的公司，重点关注企业的竞争力、护城河、商业模式、行业竞争结构、创造自由现金流的能力，当企业的估值在合理的区间内时买入并长期持有。在2020年中期报告中，张坤就“基金有不同的风格，对于持有人来说如何选择”给出了回答，他认为投资者可以通过观察持仓、换手率、长期业绩大致判断管理者的投资体系是否自洽、是否稳定，更为重要的是要判断投资者自身的投资体系和价值观与管理者的投资体系和价值观是否匹配，只有其自身的投资体系和价值观与管理人相匹配，才能实现持有基金的久期和基金持有股票的久期相互匹配。如果期限错配，容易导致投资者非理性的投资行为。简言之，对投资者来说，选择一个契合自己价值观的产品比选择一个阶段性业绩优良的产品更重要。只有这样，基金的收益率才能最大限度地转化为投资者的回报。

1.3 基金公司

易方达基金①于2001年成立，是我国领先的综合型资产管理公司，通过市场化及专业化的运作，致力于为国内外投资者提供专业的资产管理方案，努力实现投资者资产的保值增值。截至2021年，公司总资产管理规模超2.7万亿元，其中非货币非短期理财公募基金管理规模排名行业第一（见图1）。企业的主要业务为资产管理业务，通过依托专业化团队，致力于打造在专业领域的核心竞争优势，坚持以价值为导向、研究驱动的投研理念，力求实现长期、稳健、可持续的投资回报。公司旗下的许多产品业绩优良，位居国内基金行业前茅，如旗下的主动权益类基金自2001年公司成立以来的简单平均年化净值增长率为13.94%、债券类基金自2008年首次

① 官方主页：https：//www.efunds.com.cn/。

发行以来的简单平均年化净值增长率为 7.71%，均大幅战胜股票市场和债券市场的基准指数。公司提倡开放、民主、协同的管理理念，多年的发展沉淀，使其形成了以“持信、抱朴、存谐、笃进”为核心内涵的特色公司文化以及一支长期富有激情的专业团队。规范的经营以及持续稳定的优良业绩，使得公司在社会上享有广泛认可，并成功树立起了“专业、规范、稳健、绩优”的品牌形象。

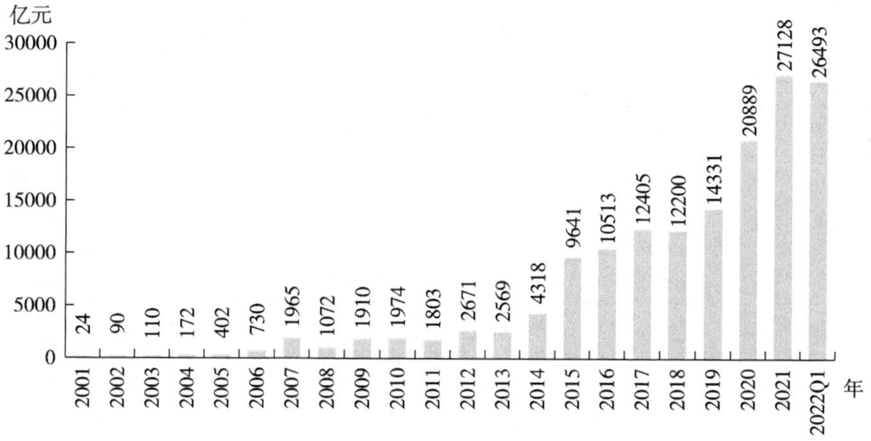

图 1　易方达基金 2001—2022 年第一季度管理规模

（数据来源：易方达官网）

2. 网红基金诞生：可以躺赢吗

虽然易方达中小盘混合基金在刚开始成立的前几年的表现并不抢眼，其在 2009 年、2011 年和 2012 年均没有“跑赢”沪深 300 指数这一“基准”，具体的年化收益表现如表 4 所示。但是，自从 2012 年 9 月张坤接手该基金后，其在 2013—2021 年的年化收益大都跑赢沪深 300 指数，甚至在 2019 年和 2020 年都超过了 60%。就最大回撤的表现来看，该基金的最大回撤浮动较大，虽然该基金在 2011 年、2015 年和 2018 年的最大回撤接近 30%，但仍比沪深 300 指数更优。并且，自基金成立以来的 13 个年度里，有 10 个年度获得正收益，其累计收益率更是高达 729.80%，居同类排名第 1 位。

表 4　2009—2021 年易方达中小盘基金和沪深 300 指数业绩比较

年份	易方达中小盘基金区间收益（%）	沪深 300 指数区间收益（%）	易方达中小盘基金最大回撤（%）	沪深 300 指数最大回撤（%）	周期收益同类排名
成立以来	729.80	30.68	-45.66	-46.70	1/198
2021	-13.50	-5.20	-28.39	-18.19	129/163
2020	84.34	27.21	-15.74	-16.08	8/147
2019	65.34	36.06	-8.58	-13.49	1/135
2018	-14.30	-25.31	-29.30	-31.88	86/119
2017	46.82	21.77	-7.21	-6.07	3/103
2016	8.30	-11.28	-18.19	-19.38	37/79
2015	25.79	5.58	-28.83	-43.48	1/72
2014	31.43	51.65	-9.04	-10.12	1/68
2013	9.61	-7.64	-10.42	-22.16	26/57
2012	5.25	7.56	-16.10	-22.41	31/43
2011	-27.27	-25.02	-29.40	-31.64	24/24
2010	14.57	-12.51	-25.39	-29.50	1/9
2009	74.72	96.71	-20.34	-25.26	2/9

数据来源：Wind 数据库。

进一步地，可以利用情景分析法比较自 2020 年疫情暴发以来的 4 个特殊时期的表现，这 4 个时期的时间节点的选取依据为：2020 年 1 月新冠疫情在我国暴发；2020 年 2 月 28 日，世界卫生组织总干事谭德塞宣布将新冠疫情全球风险级别由此前的“高”上调为“很高”，并在 3 月宣布新冠疫情已经“全球大流行”；2020 年第二季度，随着国内生产逐步恢复常态，投资发力效果显现，我国第二季度经济触底反弹；2020 年底，在全球货币超发的大环境下，市场资金充裕，使优质资产的价值得以持续提升。如表 5 所示，在这 4 个情景下，易方达中小盘基金的区间收益均优于沪深 300 指数。

表 5　易方达中小盘基金和沪深 300 指数在不同情景下的区间收益率

情景	时间区间	易方达中小盘基金	沪深 300 指数
国内疫情暴发	2020 - 01 - 16—2020 - 03 - 04	0. 39%	- 1. 24%
国外疫情大流行	2020 - 02 - 28—2020 - 04 - 10	- 0. 32%	- 7. 73%
经济复苏叠加流动性充裕上涨	2020 - 04 - 02—2020 - 07 - 13	47. 54%	22. 18%
流动性充裕推动景气行业上行	2020 - 12 - 01—2021 - 01 - 22	32. 05%	12. 29%

数据来源：Wind 数据库。

此外，该基金自成立以来就多次获得行业内公认的大奖。其中，在 2016 年获奖 3 次，2017 年获奖 3 次，2018 年获奖 3 次，2019 年获奖 3 次。具体的获奖记录如表 6 所示。尤其在 2020 年底，易方达中小盘基金是除指数基金之外的最近五年的业绩冠军。

表 6　2016—2019 年易方达中小盘基金的获奖记录

获奖年度	奖项名称	颁奖机构	评奖周期回报	基金经理
2019	金基金 · 偏股混合型基金十年期奖	《上海证券报》	65. 34%	张坤
2019	五年期开放式混合型持续优胜金牛基金	《中国证券报》	183. 38%	张坤
2019	十年持续回报混合型明星基金奖	《证券时报》	258. 02%	张坤
2018	十年期偏股混合型金基金奖	《上海证券报》	278. 34%	张坤
2018	三年期开放式混合型持续优胜金牛基金	《中国证券报》	36. 26%	张坤
2018	五年持续回报积极混合型明星基金奖	《证券时报》	125. 26%	张坤
2017	五年持续回报积极混合型明星基金奖	《证券时报》	188. 11%	张坤
2017	一年期开放式混合型金牛基金	《中国证券报》	46. 82%	张坤
2017	一年期偏股混合型金基金奖	《上海证券报》	46. 82%	张坤
2016	一年期开放式混合型金牛基金	《中国证券报》	8. 30%	张坤
2016	一年积极混合型明星基金奖	《证券时报》	8. 30%	张坤
2016	一年期偏股混合型金基金奖	《上海证券报》	8. 30%	张坤

数据来源：Wind 数据库。

正是由于张坤所管理的基金的出色表现，国民话题度持续飙升，他也成为被投资人“抄作业”最多的基金经理之一。并且，张坤也逐渐被基民“偶像化”，甚至摇身一变成为公募基金界的顶流，也是第一位有粉丝后援会和微博超话的基金经理，其粉丝人数还一度超过了 1 万人，粉丝们纷纷为他签到、发帖、打 call，就像粉丝为娱乐圈爱豆打榜一样努力。

然而，事实上，很多新基民对基金市场的行情缺乏自己的理解，并没有认真了解和调研张坤的投资策略和投资风格，也没有认真阅读定期发布的基金报告，而仅仅凭借张坤的历史业绩、基金净值的增长所产生的盈利效应和基金热销的火爆场面而涌入基金市场。甚至有一批基民是通过“直接抄作业”“由朋友、理财博主安利”“盲目崇拜”等方式跟风买入该基金。尽管这些投资行为带有明显的“羊群”特征，但也使得易方达中小盘的基金规模不断地扩大，张坤也成了国内第一个管理规模超过 1000 亿元的基金经理。

如图 2 所示，2011—2020 年易方达中小盘基金的规模呈指数式的爆发增长。当然，在 2020 年这一年，公募基金的整体表现也没有辜负新投资者的期望，银河证券基金研究中心发布的数据显示，2020 年混合偏股型基金平均收益率达 59. 57%。然而，可能被投资者忽略的是，易方达中小盘在 2018 年股灾期间（2018 年 10 月）的最大回撤是 27. 04%，在 2015 年股市大幅波动期间（2015 年 8 月）的最大回撤是 26. 74%，虽然已经跑赢其他的基金，不过这样的最大回撤水平可能不是风险规避型投资者所能承受的。并且，由上文表 4 的数据显示，基金自成立以来的最大回撤竟达到了 45. 66%。

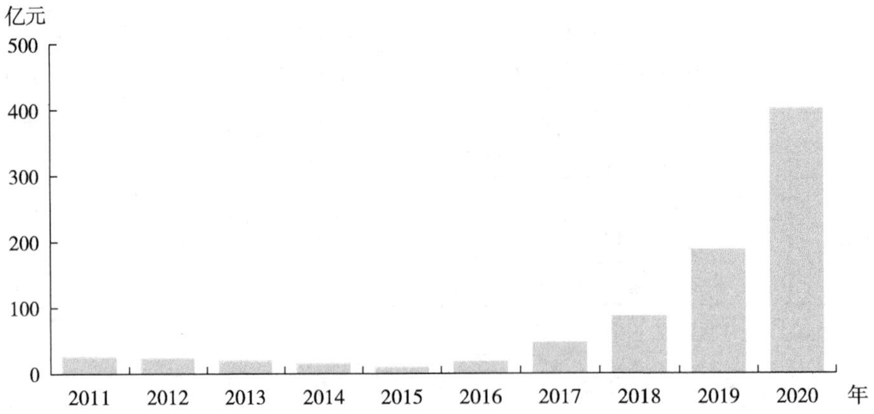

图 2　2011—2020 年易方达中小盘基金规模

（数据来源：Wind 数据库）

3. “iKun”变“菜坤”：是回撤的锅

“张坤还我血汗钱!!!”“张坤你行不行啊”“这些所谓的大V，不过是骗流量的混子而已”……2021年刚开市的那几天，被称为“公募一哥”的张坤就经历了口碑的断崖式下降。

2021年2月24日，从张坤管理的两只基金的表现来看，日跌幅均超4.5%，且都在近一周内跌幅超11%，这样的基金表现显然与基民此前对张坤的期待相违背。在此之前，也即2月23日晚间，易方达基金管理公司发布公告信息宣布暂停申购，且派发了19亿元的大额分红（见图3）。

<table>
<tr><td>基金名称</td><td colspan="2">易方达中小盘混合型证券投资基金</td></tr>
<tr><td>基金简称</td><td colspan="2">易方达中小盘混合</td></tr>
<tr><td>基金主代码</td><td colspan="2">110011</td></tr>
<tr><td>基金管理人名称</td><td colspan="2">易方达基金管理有限公司</td></tr>
<tr><td>公告依据</td><td colspan="2">《易方达中小盘混合型证券投资基金合同》
《易方达中小盘混合型证券投资基金更新的招募说明书》</td></tr>
<tr><td rowspan="4">暂停相关业务的起始日及原因说明</td><td>暂停申购起始日</td><td>2021年2月24日</td></tr>
<tr><td>暂停转换转入起始日</td><td>2021年2月24日</td></tr>
<tr><td>暂停定期定额投资起始日</td><td>2021年2月24日</td></tr>
<tr><td>暂停申购、转换转入、定期定额投资的原因说明</td><td>为了基金的平稳运作，保护基金份额持有人利益</td></tr>
</table>

图3　2021年2月23日发布关于“暂停申购业务”的公告信息

（资料来源：易方达基金官方网站）

紧接着，张坤管理的基金多次遭遇重仓股暴雷，其中包括易方达中小盘基金曾重仓的“美年健康”“中炬高新”等股，这些也都使得张坤备受吐槽。2021年第二季度，易方达中小盘跌幅为－3.96%，沪深300也只跌了－2.02%。这一次，它不仅没跑赢同行的平均水平，甚至还跑输了“沪深300”这一基准。2021年第二季度，基金的总规模大幅度下滑，从当年第一季度的超过316亿元人民币降低到了第二季度的不到290亿元人民币。

2022 年 3 月 8 日晚，易方达基金管理公司发布公告宣布易方达优质精选基金（原名“易方达中小盘”）从 3 月 9 日起均调整在全部销售机构的大额申购、大额转换转入业务金额限制，由此前的 1 万元提升至 5 万元（见图 4）。

<table>
<tr><td>基金名称</td><td colspan="2">易方达优质精选混合型证券投资基金</td></tr>
<tr><td>基金简称</td><td colspan="2">易方达优质精选混合（QDII）</td></tr>
<tr><td>基金主代码</td><td colspan="2">110011</td></tr>
<tr><td>基金管理人名称</td><td colspan="2">易方达基金管理有限公司</td></tr>
<tr><td>公告依据</td><td colspan="2">《易方达优质精选混合型证券投资基金合同》《易方达优质精选混合型证券投资基金招募说明书》</td></tr>
<tr><td rowspan="5">暂停相关业务的起始日、金额及原因说明</td><td>暂停大额申购起始日</td><td>2022 年 3 月 9 日</td></tr>
<tr><td>暂停大额转换转入起始日</td><td>2022 年 3 月 9 日</td></tr>
<tr><td>限制申购金额（单位：元）</td><td>50000.00</td></tr>
<tr><td>限制转换转入金额（单位：元）</td><td>50000.00</td></tr>
<tr><td>暂停大额申购、大额转换转入的原因说明</td><td>为了基金的平稳运作，保护基金份额持有人利益</td></tr>
</table>

图 4　2022 年 3 月 8 日发布关于“放开限购”的公告信息

（资料来源：易方达基金官方网站）

问题来了，从全网的“iKun”变成了“菜坤”，仅仅是基金的最大回撤的“锅”吗？究其本质，“基金赚钱、基民不赚钱”的可能原因有：一是投资者购买基金的热情与市场的行情紧密相连。当市场处于看涨阶段时，投资者申购基金的热情随之高涨，由此使得基金的募集规模可超百亿元；而当市场处于看跌阶段时，投资者申购基金的热情也会随之下降。二是投资者倾向于追逐业绩榜单、盲买热门基金。事实上，资金推动型的市场往往都是急涨急跌，可能 20% 的基金盈利还没有焐热就瞬间由盈转亏；而当某个主题或行业成为热点时，这时进场已处于高位。

4. 基金改头换面：或迎来变化

如上文所述，虽然易方达中小盘基金的名字有“中小盘”三个字，但基金持仓了许多大盘蓝筹股。正是由于基金持仓情况与其名称存在的风格差异，一直以来也备受诟病。2021 年 9 月 10 日，更名事宜终于落槌，基金名称由“易方达中小盘混合型证券投资基金”变更为“易方达优质精选混合型证券投资基金”，并且投资范围也进一步扩大，既包括内地市场上市交易的企业，也包括香港市场挂牌交易的企业。其中，内地市场投资工具，包括依法发行上市的股票、债券、资产支持证券、债券回购、银行存款、同业存单、货币市场工具、衍生工具以及法律法规或中国证监会允许基金投资的其他金融工具；香港市场投资工具，包括港股通、港股通以外的香港证券市场挂牌交易的普通股、优先股、存托凭证，以及法律法规或中国证监会允许基金投资的其他金融工具。如法律法规或监管机构以后允许基金投资其他品种，基金管理人在履行适当程序后，可以将其纳入投资范围。同时投资目标更改为“通过精选优质企业，力求在有效控制风险的前提下，实现基金资产的长期增值”。

图 5 给出了易方达优质精选混合累计净值增长率与业绩比较基准收益率①历史走势对比图。具体而言，自转型以来，易方达优质精选混合型证券投资基金的区间收益率为 -18.73%，最大回撤为 -30.84%，这说明基金转型后并没有取得较好的收益且投资者面临着较大风险。但从其持仓的情况来看，该基金增加了科技、消费等行业的配置，降低了金融、医药等行业的配置。其中，腾讯控股、贵州茅台、招商银行、五粮液、泸州老窖、伊利股份均被不同程度减仓，对海康威视、京东集团香港交易所则进行了加仓，同时，贵州茅台第一大重仓股的位置也被替代。由此，基金更名及持仓变化是否有利于基金未来的走势，这值得我们期待。

① 这里的业绩比较基准收益率的计算方法为：沪深 300 指数收益率 ×50% + 中证香港 300 指数收益率 ×30% + 中债总指数收益率 ×20%。

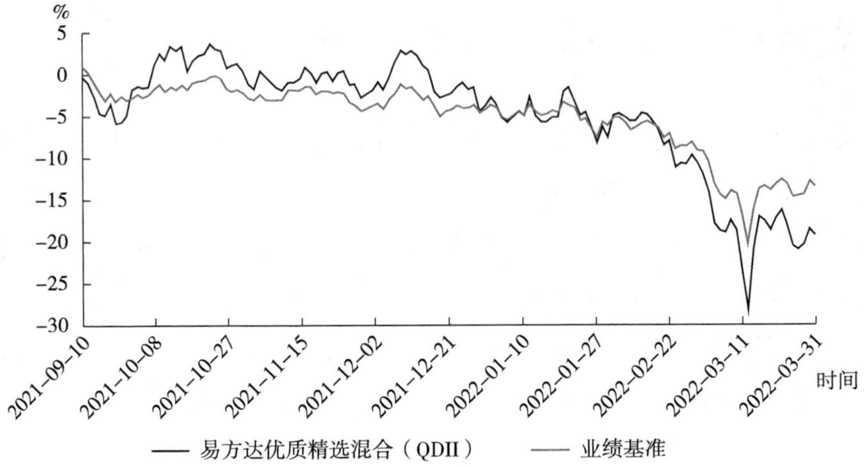

图 5　易方达优质精选混合累计净值增长率与业绩比较基准收益率历史走势对比

（数据来源：易方达基金官方网站）

5. 易方达中小盘基金中的羊群效应

羊群效应也称从众心理，是指面对不确定的信息环境，投资者对市场未来的发展难以作出理性的预期，因而其投资行为容易受到其他投资者的影响或者过度依赖舆论，从而选择模仿他人的行为。由上文分析可知，近年来，随着市场对基金投资的热情与日俱增，基金投资行为也存在着追逐业绩榜单、盲买热门基金等“羊群”特征。此外，不仅个人投资者的决策行为存在羊群效应，机构投资者的理性或非理性投资行为也会产生羊群效应。由此，我们进而剖析由基金的抱团行为、基民的跟风行为叠加形成的羊群效应。

5.1　基金的抱团行为

2020 年，白酒板块发生大幅波动，其中，贵州茅台和五粮液为被基金持仓数最多的两只股票。根据易方达基金公司 2020 年年报，该公司 2020 年重仓的前 20 只股票中，有 6 只股票属于白酒板块，具体情况如表 7 所示。与此同时，截至2020年末，易方达中小盘这一基金的前四大持仓股分别为贵州茅台、五粮液、泸州老窖和洋河股份，且持仓比例都非常接近最高限制10%。[①]观察张坤的投资行为也可以发现，他偏爱集中持仓，特别看好的股票则会满配（即占比为10%），占比低于7%则说明其确信度不是很高。事实上，集中持仓的模式为张坤赢得了声誉，但过于集中的风格也蕴含着巨大的风险。

表7 易方达基金公司2020年年报中前20大持仓股及其比例

序号	股票代码	股票名称	占基金资产净值比例
1	600519	贵州茅台	2.00%
2	000858	五粮液	1.94%
3	000568	泸州老窖	1.51%
4	0700. HK	腾讯控股有限公司	1.32%
5	3690. HK	美团点评	1.05%
6	002304	洋河股份	1.02%
7	0388. HK	香港交易及结算所有限公司	0.75%
8	002415	海康威视	0.71%
9	000333	美的集团	0.67%
10	601012	隆基股份	0.61%
11	601318	中国平安	0.44%
12	601888	中国中免	0.41%
13	600036	招商银行	0.39%
14	600809	山西汾酒	0.39%
15	300750	宁德时代	0.38%
16	600276	恒瑞医药	0.36%
17	300015	爱尔眼科	0.35%
18	000596	古井贡酒	0.31%
19	000860	顺鑫农业	0.31%
20	600763	通策医疗	0.29%

数据来源：Wind数据库。

① 目前公募基金单只股票持仓比例不能超过10%，所以即使基金经理特别看好一只股票，也只能买基金资产的10%。

事实上，回顾2020年基金市场整体的高收益表现，除了后半年整体牛市这个主要原因之外，另一个重要原因就是基金的抱团行为。集中投资“抱团股”通常能够使得基金的收益高于市场的平均水平。而在春节过后，市场处于“抱团股”的解体过程，故过去一年风光无限的明星基金经理所管理的产品净值出现高台跳水。而这里所说的基金抱团行为，也是一种典型的羊群效应，其主要表现为：基金经理买卖相似的股票或进行相同方向的投资操作。

问题在于，为何理性的机构投资者也会采取非理性的“抱团”方式来获利呢？首先，从选择证券的角度来看，基金经理在对股票进行分析时得到的结果可能一致，这导致备选的核心股差异不大，从而使得基金的投资方向或风格类似。其次，抱团也许是出于价值投资的一种方式。换言之，规模较大的投资机构抱团某些股票，往往是因为他们普遍认为这些股票有业绩支撑或上涨空间。再次，从基金经理的利益角度来看，基金经理同样面临着业绩考核压力，可能会自发地模仿其他明星基金经理的投资行为，进而拿出一小部分仓位拥抱抱团股。最后，从基金的收益角度来看，基金的收益主要来自资产运作的利息收入、管理费用等，规模越大所能获得的收益也会越多，因此许多基金经理会借助热门板块来吸收更多的资金，扩大经济规模，从而提升自己的业绩表现。但是，随着投资者的过度追捧，热门板块的泡沫也会越来越大，一旦泡沫破裂，就可能引起基金的恐慌性赎回，最终以崩盘结局。反观易方达中小盘基金的情况，同样会陷入自动或被动地选择抱团的处境。

5.2 基民的跟风行为

综观过去的20年，基民们也在不约而同地重复着“羊群效应”的故事：市场上涨→申购基金→基金经理买入股票进一步推动市场上涨→区制转换后市场开始下跌→前期投资者止盈赎回→基金经理卖出股票进一步推动市场下跌→一旦基金的赚钱效应消失，恐慌使得大量基民赎回基金，这又进一步强化市场下跌。

调查发现，我国新增基民中，“90后”占据了“半壁江山”。基金对于这些年轻人来说，不仅是理财产品，而且成了一种新的社交工具。“基金”成为这群“90后”茶余饭后津津乐道的新话题。相关调查显示，新基民虽然具备一些风险意识，但是在选择上仍然缺少独立的判断。这些盲目跟随的投资者沉浸在眼前的微薄利益之中，甚至是在不清楚基金产品投资风格的情况下一拥而上，这也恰恰反映了羊群行为的非理性特征。然而在股票大跌之际，那些来不及抽身而退的基民只能站在高位上“含泪承受”并被迫选择“价值投资”。

总的来看，基金的抱团行为、基民的跟风行为都属于羊群行为。进一步地，可以从理论上对羊群行为（或称羊群效应）进行划分。例如，根据投资者是否有意模仿他人的投资行为，羊群效应可以分为真羊群效应和伪羊群效应。真羊群效应是指投资者在进行投资决策时，将个人的理智置之脑后，放弃从市场上获得的信息，简单模仿其他投资者的投资行为。伪羊群效应是指投资者在进行投资决策时，获得了相似的信息，出于预测的一致性而采取了相同的投资行为。例如当市场传递利好消息时，投资者对市场持乐观态度，并根据其所获得的信息购买相同的股票。根据上文的分析，基金的抱团行为更偏向于伪羊群，尤其是易方达基金等国内顶级的投资机构。

此外，根据投资者是否经过理性思考进行划分，羊群效应可以分为理性羊群效应和非理性羊群效应。理性羊群效应是指投资者在考虑信息成本、声誉风险、薪酬结构的情况下，为使自身利益最大化而作出的与其他主体相同的决策。这是投资者经过理性思考而作出的决策。非理性羊群效应是指投资者在进行投资时，没有经过理性思考的过程而盲目跟随其他市场主体的投资行为。这是基于性格、心理、情绪等因素而采取的行为，并非理性思考后的投资决策。根据上文的分析，基金的抱团行为更偏向于理性羊群效应，而被牛市吸引而来的基民的从众行为，则更偏向于非理性羊群效应。

总的来说，“群众”的眼睛并不总是雪亮的，当大家都在放弃思考而为群体智慧狂欢的时候，就要警惕是否已沦为乌合之众。因此，投资者在进行投资时，其投资行为应该有充分的投资逻辑支撑，否则很容易陷入“基金赚钱、自己不赚钱”的困境。

我国公募基金“抱团”现象案例[①②③④]

1997 年 11 月证监会颁布《基金管理暂行办法》（以下简称《办法》），拉开了我国基金业规范发展的新序章。《办法》颁布后，基金开元和基金金泰先后成立，标志着我国基金业的发展正式起步。2001 年，我国金融市场迎来了第一只开放式基金——华安创新，标志着我国公募基金业迈入全新发展阶段。同年，证监会提出要“超常规发展机构投资者，提高机构投资比例以促进股市稳定”，首次明确了监管机构大力支持机构投资者发展的态度。2003 年《证券投资基金法》出台，基金业发展被进一步规范，为其后续的飞速发展做了铺垫。2014 年“新国九条”提出要“大力发展证券投资基金”。可以说，公募基金自其在我国诞生起一直在政策的呵护下发展。

得益于政策倾斜与经济发展，公募基金业在我国起步后经历了跨越式发展。尤其是在 2019 年和 2020 年投资者情绪火爆的背景下，基金的业绩表现显著优于股市平均表现，部分基金甚至缔造了“一年几倍”的业绩神话。叠加互联网销售渠道的发展以及资管新规的出台，一股基金投资热潮在国内迅速兴起。如图 1 所示，股票型与偏股混合型基金（不包括 QIII）的净资产规模以及总份额在这一期间急速增加，增速甚至打破其在 2008 年和 2015 年牛市期间创下的纪录。

① 作者姓名：展凯和乐铭威。

② 作者工作单位：广东外语外贸大学金融学院，金融开放与资产管理研究中心，广州华南财富管理中心研究基地。

③ 案例版权：归属于作者与作者单位所有。

④ 本案例只供课堂讨论之用，并无意暗示或说明某种行为是否有效。

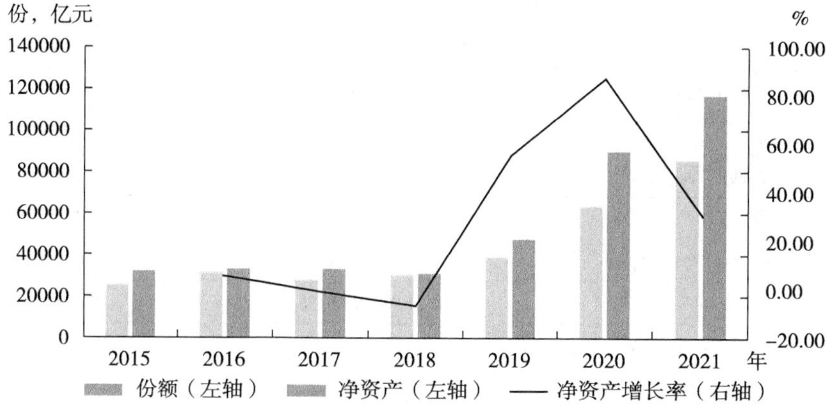

图 1　我国股票型与混合型基金资产概况

（数据来源：中国证券投资基金业协会）

随着整体规模的扩大，公募基金对资本市场的影响力也随之不断提升，基金持股比例屡创新高。截至 2021 年末，我国公募基金总计持有 A 股市值超 7 万亿元，同期所有沪深上市公司自由流通市值①约 43.75 万亿元，基金占比约 16%。可见基金对我国股票市场已经具有较强的话语权与定价权，其行为对我国股票市场的影响日益显著。

一方面是资产的不断扩大使基金在资本市场的影响力越发显著，另一方面是优异的投资成果使基金迅速“出圈”。2019 年和 2020 年偏股型基金的表现普遍优于市场（见表 1），部分基金表现突出。尤其是 2020 年主动权益类基金平均收益达 46.04%，远超代表市场平均表现的万得全 A 指数（25.62%），“炒股不如买基金”似乎得以印证。优异的业绩表现使居民参与基金投资的积极性大幅提高。恰逢“蚂蚁财富”“天天基金”“蛋卷基金”等互联网基金代销平台因其高便利、低门槛、低交易成本的特性迅速兴起，为众多中小投资者开辟了一条基金投资的大道。基民的数量因此呈现爆炸式增长（见图 2）。人们对基金的关注达到前所未有的高度，基金投资正式“飞入寻常百姓家”。

① 自由流通股份数是指在流通市值的基础上，扣除持股比例在 5% 以上股东及其一致行动人的持股，再扣除 75% 的高管持股，可以简单地理解为中短期内可以在二级市场中自由流通的股票。

表1　近年我国公募基金收益情况

时间	2019Q1—2019Q4	2020Q1—2020Q4
主动管理类基金平均收益	34.61%	46.04%
收益率中位数	34.29%	44.37%
同期万得全A收益率	33.02%	25.62%
样本基金数量（只）	3035	3511
收益率最大值（剔除异常值）	121.69%	165.85%
表现前10%基金的平均收益	72.14%	96.62%

数据来源：iFinD数据库，经作者整理。

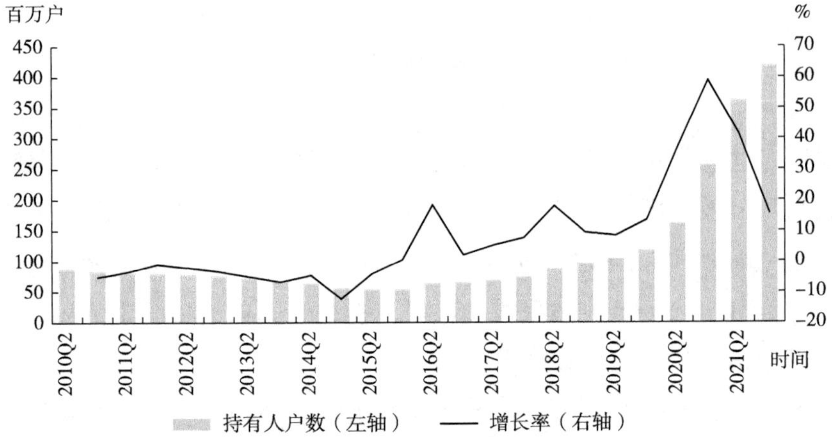

图2　公募基金持有人户数变化情况

（数据来源：iFinD数据库）

规模增长、业绩突出、资本市场影响力提升、持有人数量增加，种种迹象表明目前公募基金已经成为股票市场中最重要的机构投资者，也成了我国居民间接参与资本市场最重要的工具之一，公募基金的发展呈欣欣向荣之势。

然而就在基金业多方面屡创佳绩的同时，却也有不少投资者观察到公募基金出现了明显的持股集中化与调仓一致化现象。尤其是在2019年后，这种现象被投资者广泛注意到，并被命名为“基金抱团”。

公募基金作为资本市场影响力日渐显著的一类投资者，其投资行为必然会对股市造成显著影响，因此“基金抱团”一度引起热议。不少中小投资者认为基金抱团类似“坐庄”，不仅不利于股票市场的长期稳定与发展，而且不符合基本的资本市场道德规范，会严重损害资本市场上其他参与者以及基金持有人的利益。机构投资者同样进行过激烈的争论，如图 3 所示，机构发布的包含“基金抱团”关键词的研究报告与文章在 2019 年后迅速增加，尤其是在 2021 年上半年讨论热度空前。也正是在这一时期，基金重仓股普遍暴跌，基金净值回撤明显导致众多基金持有人遭遇重大损失。机构投资者认为 2021 年上半年股市的大幅下跌与部分股票的剧烈波动与“基金抱团”密切相关。

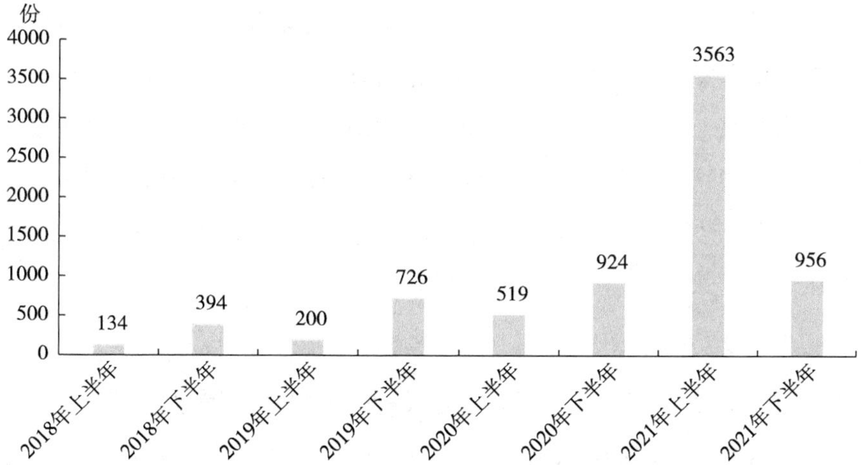

图 3　机构发布的与“基金抱团”相关的研究报告或主题文章的数量

（数据来源：iFinD 数据库）

整体来看，无论是机构还是中小投资者，对“基金抱团”的评价都趋于负面。“跟风投资”“坐庄”“高位接盘”等字眼也屡屡出现在该话题的讨论当中。那么事实是否如此？基金抱团为何形成？如何演变？其主要的影响因素有哪些？又给资本市场带来了怎样的影响？本文将从多个角度对 2017—2021 年我国公募基金的抱团现象进行分析与讨论。

1. 基金抱团现象描述与总结

1.1 基金抱团案例介绍

本文发现本次“基金抱团”于2017年开始，于2019—2020年加速，于2020年末发展至高潮。2021年2月18日，以贵州茅台、美的集团、三一重工等为代表的“抱团股”暴跌出现标志着本次基金抱团开始瓦解。

总体来看，本次基金抱团呈现出“大而美，少数牛，消费热”的三大特征。“大而美”指基金持续抛售中小盘股票转而持有各行业龙头股，同时伴随少数龙头股暴涨而中小盘股票普遍下跌的现象，对应基金龙头股抱团。“少数牛”指基金扎堆于少数行业如食品饮料、家用电器、医药生物中的股票，导致其实现超高的涨幅，而大多数行业的股票均未能达到市场平均收益表现的“结构性行情”现象，对应基金行业抱团。“消费热”指基金持续增加消费板块配置比例，导致这一类股票普遍产生异常收益，对应基金板块抱团。

1.1.1 龙头股抱团

2017年后，少数行业龙头股越来越受基金的青睐，而大量中小股票则难觅基金投资者的身影。如图4所示，通过计算赫芬达尔指数[①]（HHI）来反映基金在个股上的持股集中度可以发现，HHI自2017年连续攀升并持续保持高位。在2020Q4基金抱团演绎至高潮时，基金在前五十、前一百大持仓股的投资占比分别达60%和73.68%，同期A股共有上市公司4184家，基金持股集中程度达到历史之最。

从微观视角和“基金抱团得分”的变化中可以发现，采取“抱团”策略的基金比例自2017年起显著增加（见图5）。在基金抱团发展至高潮的2020Q4，“抱团得分”达到85分以上的基金比例接近97%，得分95分以上

① 基金持有前N名股票市值占基金总股票投资市值的比重。

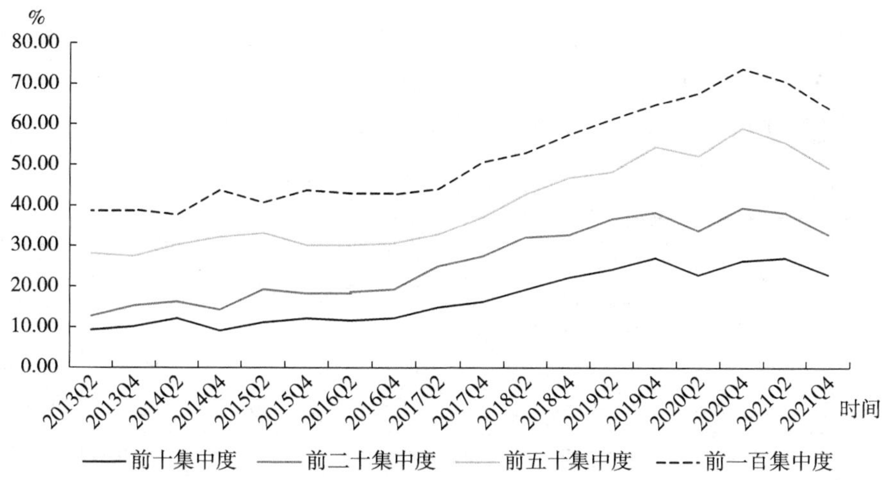

图 4　公募基金持股 HHI 变化趋势

的基金占比接近 40%。这表明在该期间几乎所有基金都不同程度地参与了“抱团”，并有很大一部分基金几乎完全放弃了采取独特的投资策略，将大部分资本配置在了“抱团股”中。

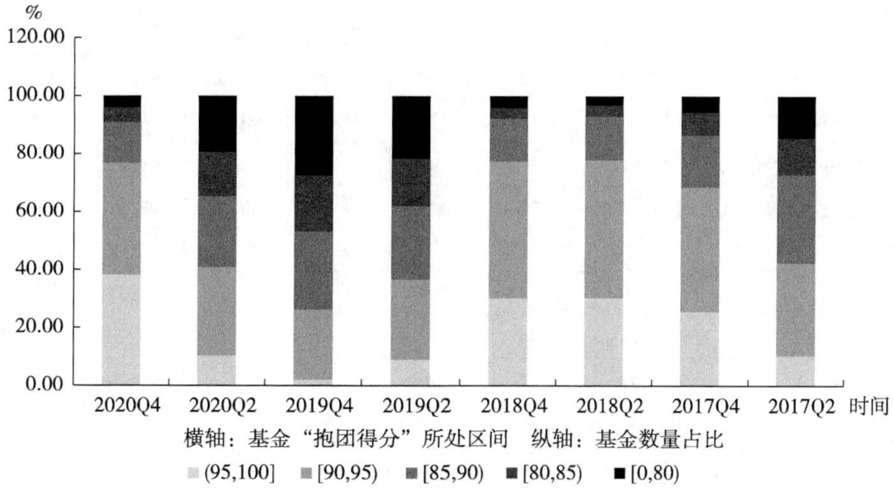

图 5　采取抱团策略的基金比例变化情况

与龙头股抱团对应的是被抱团股票在抱团期间的持续暴涨以及抱团瓦解后的暴跌。Wind 资讯于 2020 年编制了反映龙头股收益表现的“茅指数”。本文对“茅指数”成分股的抱团得分进行统计后发现，其得分普遍较高（见表 2），因此该指数能够较好地反映“抱团股”的市场表现及其他特征。

表 2 “茅指数”成分股抱团得分情况

股票简称	2017Q2	2017Q4	2018Q2	2018Q4	2019Q2	2019Q4	2020Q2	2020Q4
中国平安	99.67	99.69	99.75	99.85	66.61	68.62	66.34	99.86
格力电器	99.51	99.43	99.68	99.57	99.80	96.12	67.04	98.97
美的集团	99.34	99.51	99.74	99.35	99.72	95.43	97.16	99.91
贵州茅台	99.33	99.60	99.86	99.76	99.86	95.63	99.26	100.00
伊利股份	99.29	99.64	99.68	99.68	99.81	96.00	70.09	99.48
招商银行	99.25	99.40	99.44	99.53	97.48	70.74	66.19	99.51
立讯精密	98.60	97.84	99.01	99.17	99.72	99.05	99.92	99.75
海康威视	98.17	98.36	99.00	99.30	99.26	96.78	96.29	99.54
歌尔股份	97.90	93.88	85.48	83.78	88.72	96.70	98.50	97.98
东方雨虹	97.01	97.60	96.63	95.81	97.98	97.25	98.65	98.08
隆基绿能	95.96	99.01	98.59	99.47	99.54	97.93	99.68	99.72
万华化学	95.74	97.41	98.43	96.23	98.83	96.99	98.05	99.07
长春高新	95.48	98.02	99.31	99.30	99.70	99.44	99.84	99.37
爱尔眼科	95.28	97.12	98.30	97.87	99.00	96.10	98.81	99.21
恒瑞医药	95.03	96.56	99.28	98.45	98.06	90.21	98.89	99.60
长江电力	94.26	88.51	93.39	97.21	64.45	60.97	61.24	95.66
中国中免	93.64	94.86	98.02	98.57	99.48	96.57	99.58	99.81
三一重工	93.56	96.83	98.29	98.89	99.37	97.83	99.08	99.51
海螺水泥	92.69	96.56	96.15	95.72	94.02	92.20	65.25	93.70
牧原股份	91.33	96.26	94.86	98.57	99.02	95.71	66.02	97.23
片仔癀	91.02	92.61	97.18	97.46	97.71	87.15	92.10	96.60
恒立液压	88.62	96.54	96.87	96.18	94.94	94.24	95.23	96.55
比亚迪	88.12	84.32	86.41	97.46	67.44	61.40	67.92	98.44
通策医疗	88.07	92.67	97.38	98.29	98.77	98.09	98.39	98.30
智飞生物	87.73	92.27	97.96	98.38	93.99	90.08	98.46	98.70

续表

股票简称	2017Q2	2017Q4	2018Q2	2018Q4	2019Q2	2019Q4	2020Q2	2020Q4
晨光股份	85.47	92.99	97.34	97.96	98.30	97.85	97.16	96.40
海天味业	78.40	87.81	94.22	96.06	65.29	67.16	64.46	98.27
顺丰控股	71.51	88.78	90.59	88.89	91.77	92.83	98.68	99.42
韦尔股份	50.30	57.71	64.05	84.48	92.91	97.06	97.30	98.68
药明康德			84.35	89.15	97.32	98.43	99.72	99.52
宁德时代				94.09	94.91	95.86	99.72	99.87
迈瑞医疗				97.34	98.74	99.47	99.76	99.65
金山办公						98.88	99.36	97.23
中芯国际								97.30

“茅指数”的市场表现自2017年起持续优于代表市场平均的Wind全A指数，且两者走势分化在2019年后显著扩大。2017Q1—2020Q4“茅指数”相对Wind全A的累计超额收益超过600%。2021年2月18日，基金龙头股抱团开始瓦解，“茅指数”2月下跌超过20%，随后在市场整体保持平稳的环境下继续暴跌超过40%。

基金龙头股抱团还催生了一种市场异象——“崩盘式上涨”，即虽然市场整体指数表现出上涨态势，但实际上大多数股票呈连续下跌的市场现象。

2017年，龙头股“茅指数”上涨86.35%，中小盘股代表指数中证1000却下跌17.35%，市值加权指数Wind全A上涨4.93%。其间1142只股票上涨，2351只股票下跌。类似地，2020年8月1日至2021年2月10日，“茅指数”上涨48%，中证1000下跌10.72%。其间3159只股票下跌，999只股票上涨，而市值加权指数Wind全A却表现为上涨9.23%。2021年2月18日，“崩盘式上涨”现象反转，成为基金抱团瓦解的标志之一。2021年2月18日至2021Q4，“茅指数”下跌20.36%，中证1000上涨27%。Wind全A表现为上涨3.93%。如此剧烈的市场分化在A股历史上少有出现，投资者普遍认为这种市场异象与基金愈演愈烈的龙头股抱团行为存在联系。

“贵州茅台”是基金龙头股抱团的典型代表，如图6所示，2017年抱团形成初期，基金对贵州茅台的持股持续上升。2019 年后“抱团”开始强化，贵州茅台的持股基金数量、列为十大重仓股及列为第一大重仓股的基金数量翻了数倍。2020Q4，主动权益类基金持有贵州茅台的股份数量达到其自由流通股数量的 16%，为所有投资者类型中最高。基金连续大规模的增持行为显然对股价的抬升起到不可忽视的促进作用，贵州茅台的股价自 2017 年初的 309 元上涨至最高 2575 元，滚动市盈率（TTM）最高被推升至 76 倍，股价泡沫化明显。

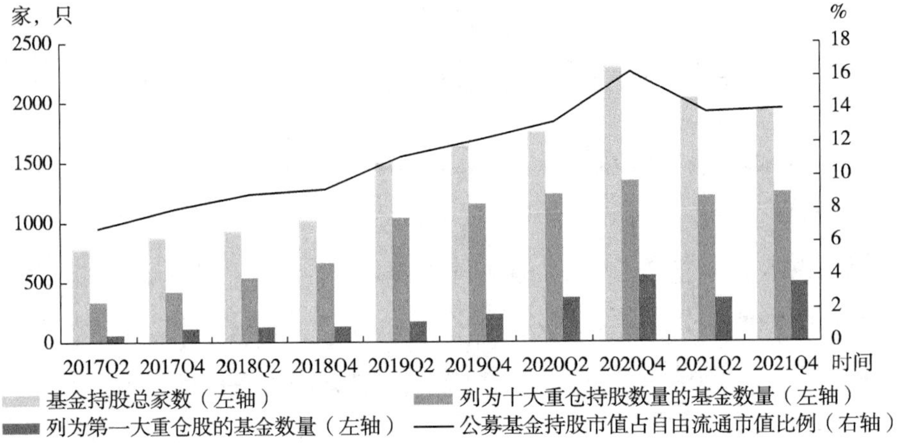

图 6　公募基金对于“贵州茅台”的持股情况

与基金连续增持和股价快速上涨相反，贵州茅台在 2017—2021 年的归母公司利润增速分别为 61.97%、30.00%、17.05%、13.33% 和 12.34%，呈明显放缓趋势。从这一角度来看，基金增持与价值投资的理念似乎相悖，很多投资者也因此对基金抱团的合理性与动机提出质疑。

龙头股抱团背景下，许多基金为参与抱团甚至不惜违背基金契约。比如不少投资主题为“中小盘、科技，互联网、医疗”的基金也纷纷将贵州茅台列入十大持仓股（见图 7）。央媒经济日报针对基金龙头个股抱团评论道：“长期、过度抱团爆炒龙头股，等于偷懒赚快钱，与证券投资基金的信义精神相违背，用这样的抱团基金业绩来认定机构抱团的合理性，忽视了机构投资者最重要的主动管理能力，无异于一俊遮百丑。”

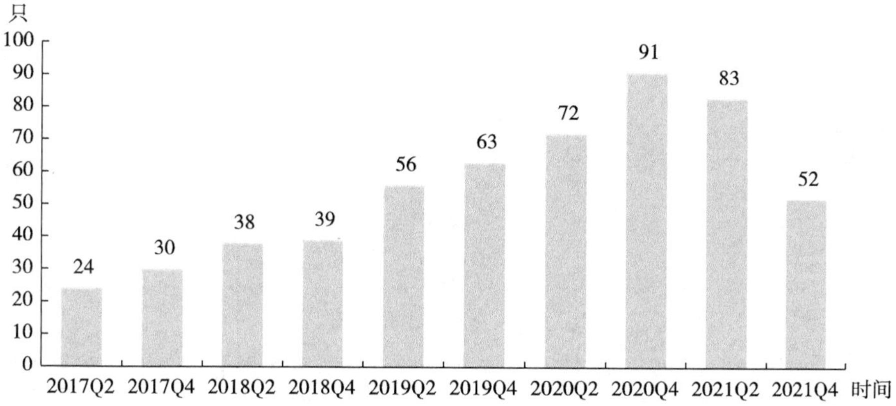

图 7　为重仓贵州茅台出现风格漂移的基金数量

1.1.2　行业抱团

在过去的几年里，投资者们常用“结构性行情”① 来形容不同行业市场表现的极端分化。自 2017 年以后，结构性行情愈演愈烈（见图 8），在 34 个申万一级行业中，仅 8 个行业的市场表现优于市场平均，其中白酒所在的食品饮料行业以接近 350% 的涨幅一骑绝尘，而通信、计算机、房地产、传媒等重要行业则明显落后于市场。其中，二级行业分类中的白酒与医疗服务是这一期间最闪耀的明星，分别实现 611.25% 和 250% 的区间涨幅，投资者们用“喝酒吃药”来形容这一特别的市场现象。

与这种“结构性行情”相对应的是公募基金的行业抱团现象。整体来看（见图 9），2017 年起基金持有食品饮料、医药生物与电子行业的市值和配置比例持续上升。2020 年末，基金在食品饮料、医药生物、电力设备及电子四大行业的持股与其他行业形成断层式的差距，四个行业的投资市值占比超过 60%。基金“行业抱团”可见一斑。

① “结构性行情”一词在学术中没有被严格定义，但在实务中已经形成了相对一致的定义，即市场上少数行业（或主题）的股票剧烈上涨，而大部分行业（或主题）的股价表现平平的市场现象。

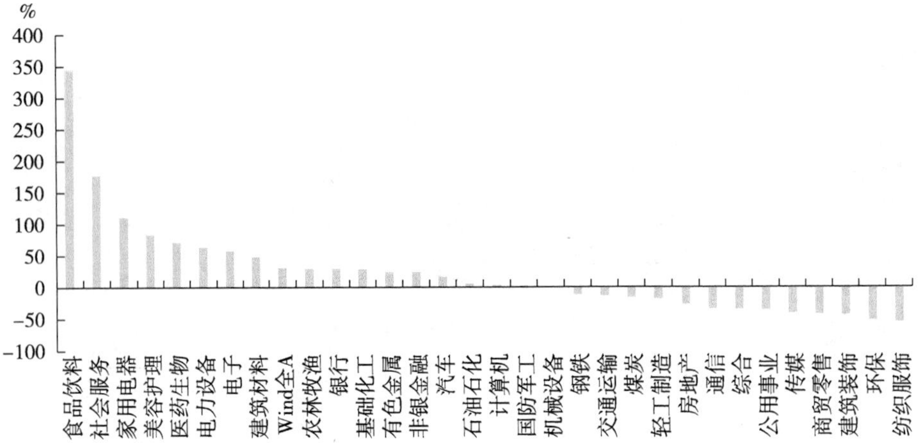

图 8　2017—2021Q1 各行业涨跌幅（申万分类）

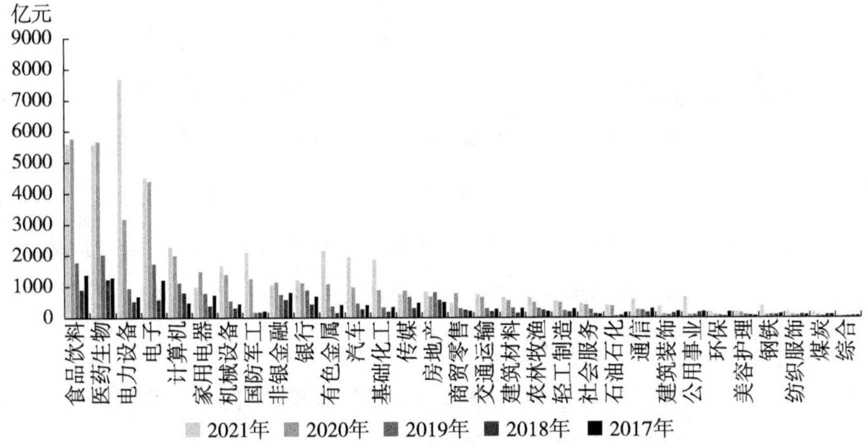

图 9　基金持有不同行业市值情况

从微观视角看，基金的行业抱团倾向越发明显（见图 10），在抱团发展至顶峰时的 2020Q2—2020Q4，每两只主动权益类基金中就有一只基金的第一大重仓行业为食品饮料或医药生物。基金在行业中的抱团与结构性行情的同步变化表明两者存在一定的联系。

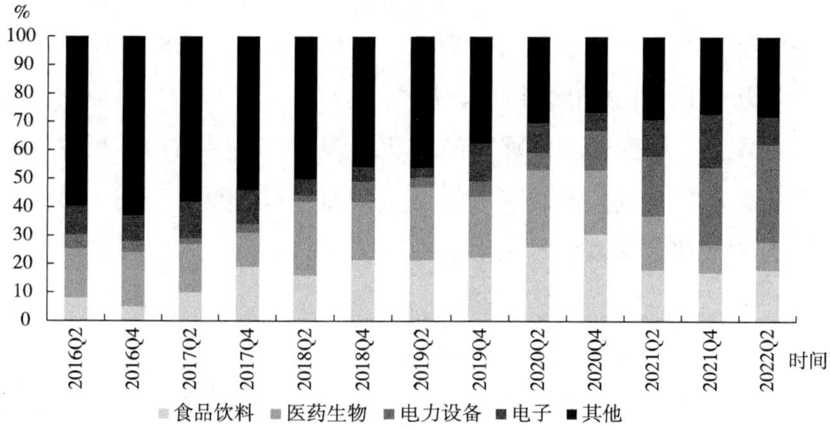

图 10　主动权益类基金第一大重仓行业分布

1.1.3　板块抱团

实践研究通常把 2017—2021Q1 这一时期的基金抱团称为“消费抱团”①。

在这一时期（见图 11），基金对消费类股票的配置比例先是在 2017—2018 年缓慢上升了 6%，随后在 2019—2020 年飙升了 15%，于 2020 年末飙升至超过

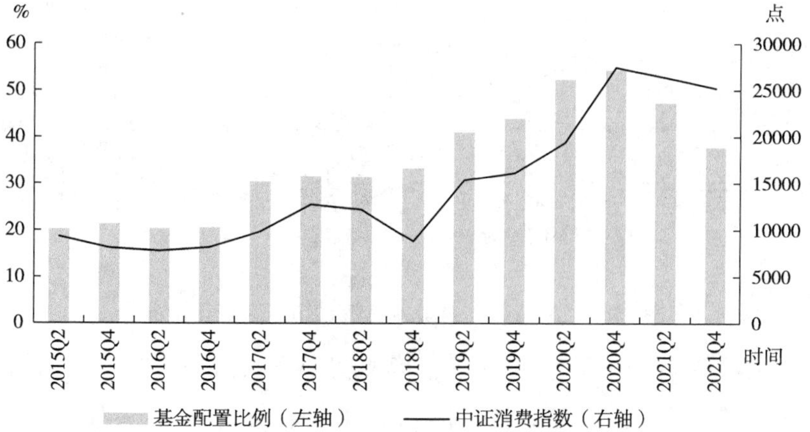

图 11　基金对消费板块配置比例及中证消费指数走势

① 根据上市公司主营业务的性质与特征，所有上市公司可被分为金融地产、医药消费、科技成长、工业周期与稳定综合（包括公用事业与环保等行业）五大板块。

50%。同一时期，消费类股票伴随着基金配置比例的提高出现暴涨，中证消费指数自2016年末的8159点上涨至2020年末的27485点，涨幅约为237%。

基金板块配置比例变化之巨大，仅次于2008年A股大牛市时期基金在金融地产板块配置上的变化。但那时的变化更多是因为金融地产板块内的股票价格短时间暴涨，导致相关股票市值迅速增加带来的被动变化，而“消费抱团”更多地表现出公募基金的主动增持。

1.2 基金抱团的三个阶段

本文将基金抱团划分为初期形成—逐步发展—抱团瓦解三个阶段（见图12），以此为后文的分析做铺垫。

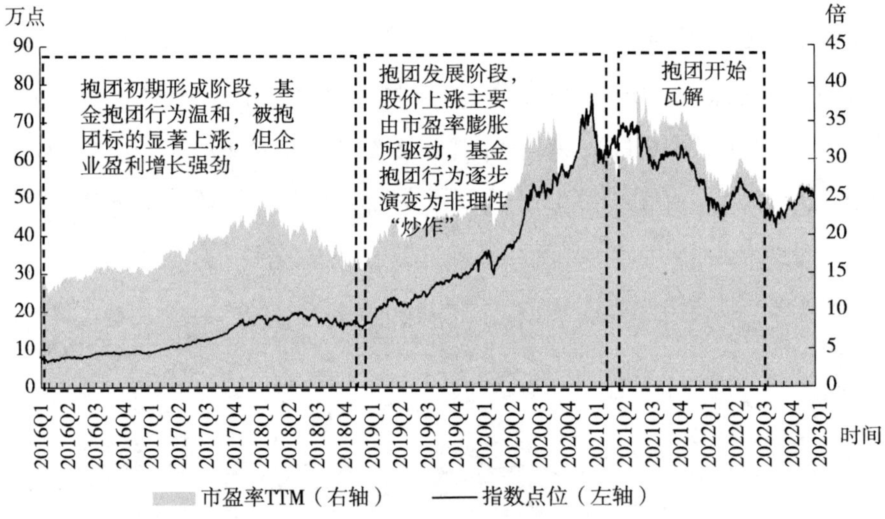

图12 “茅指数”走势及其滚动市盈率变化情况

第一阶段为2017—2018年的基金抱团初期形成阶段。在这一期间，“茅指数”上涨74.42%，但市盈率水平仅从14.5上涨至15.72，基本保持平稳。其原因在于基金抱团的标的普遍在2017—2018年实现了可观的业绩增长。从指数层面看，“茅指数”成分股归母公司净利润总额自2016年末的1549.82亿元上涨至2018年的2661.76亿元，涨幅为71.69%。从个股层面看，这一期间抱团得分最高的企业贵州茅台、五粮液、格力电器、中国平安、立讯精密的归母净利润分别累计增长 176.8%、97.26%、70.12%、72.13%和135.35%，可见基金“抱团股”的盈利增长强劲。从行业层面看，抱团明显的食品饮料与电子行业归母净利润分别增长约 71.75%和 72.49%。医药生物行业虽然在这一期间的整体盈利增长仅为 19.17%，但基金在医药生物行业的持仓仅集中于少数几只龙头股如长春高新、恒瑞医药与爱尔眼科当中，它们的盈利增长也十分可观。从板块层面看，中证消费指数成分股的归母公司净利润整体增长 56%，同样可以匹配其阶段涨幅。总体来看，基金在 2017—2018 年的抱团行为相对温和且理性，该行为在某种程度上反映了企业基本面的改善，体现了公募基金的价值投资理念。

第二阶段为 2019—2021 年 2 月 10 日的基金抱团发展阶段。从图 12 不难看出，这一期间的“抱团股”的大幅上涨主要贡献自市盈率的扩张。从个股层面来看，基金开始大量抛售中小盘股票，转而迅速涌入行业龙头股，持股集中度指标迅速升高，“崩盘式上涨”出现，但部分抱团标的如贵州茅台、五粮液等企业的盈利增长却开始显著下降。从行业层面来看，基金的行业配置几乎完全向食品饮料、生物医药与电子行业倾斜。2020 年末基金在这三大行业配置比例接近其股票投资市值的一半，与此同时它们分别在这一期间实现了 270%、129.29%和 141.34%的超高涨幅。从板块层面来看，基金连续提高消费板块配置比例，甚至在 2020 年末一度超过 50%，中证消费指数也上涨 224.67%。这一阶段的基金抱团行为已经演变成为了脱离企业基本面的“炒作”行为。

第三阶段为基金抱团瓦解阶段，起点为 2021 年 2 月 18 日，标志性事件为贵州茅台、美的集团与三一重工等典型抱团股暴跌且在当季度被数百只基金清仓式减持。当日中证消费指数、申万食品饮料指数、申万生物医药指数、“茅指数”分别下跌 3.2%、3.92%、3.15%和 2.90%，而 Wind 全 A 指数却上涨 0.22%。此后基金抱团开始不断瓦解，基金在消费板块、食品饮料及生物医药行业、龙头个股的配置比例均明显下降，相关指数连续下跌。截至 2022 年 10 月末，上述指数自 2021 年 2 月 10 日分别累计下跌 36.95%、38.65%、33.25%和 31.36%，同期 Wind 全 A 指数仅下跌 16.48%。

2. 基金抱团不同阶段的主要影响因素分析

2.1 基金抱团初期形成的潜在因素

2.1.1 政策利好推动消费抱团

我国的股票市场向来被投资者诟病为“政策市”，即股票市场对政策变化过度敏感，我国投资者对政策性因素的反应呈现出十分明显的“政策性依赖偏差”（李静，2012）。从有效市场的角度来说，政策影响企业未来能够产生的现金流，从而改变企业内在价值，股价对政策作出反应是市场有效的体现。但我国股市存在的一个普遍现象是当某一行业受到“利好”政策的扶持或“利空”政策的打压时，行业内的股票会呈现无差别的过度上涨或下跌，股价波动幅度远超政策可能对企业基本面带来的影响，表现出很强的非理性。这种“政策市”特征导致我国的投资者普遍赋予政策因素很高的权重，甚至超过了企业的基本面或内在价值，无论是机构投资者还是个人投资者在选择投资标的时，行业政策背景往往成为首先要考虑的因素。

我国的公募基金虽然是资本市场中的重要力量，但仍不具备完全主导市场走向的能力，若政策因素导致股价大幅波动，基金为避免“逆势而行”导致净值剧烈波动，也同样需要根据市场情况调整资产配置。因此当政策“利好”某行业且引发其股价上涨时，基金通常也会形成抱团之势；反之，基金也会大规模撤出，基金的资产配置与政策尤其是行业政策的相关性很高。比如在2012年10月，中央政治局出台“八项规定”，严格限制公务人员“三公消费”行为。规定出台后，股票市场反应剧烈，尤其是白酒相关股票出现无差别的暴跌，中证白酒指数从3786点暴跌至1579点，跌幅达58.3%，一些受到政策影响很小的低端白酒制造企业如“顺鑫农业”的股价也几近腰斩。2012Q2，基金在食品饮料行业的配置比例为11.84%，到了2014Q4，这一比例仅为3.58%。然而从政策实施结果来看，政策对企业基本面与内在价值的影响十分有限，规定出台后的第二年，高端白酒制造企业贵州茅台仍实现13%的盈利增长，低端白酒制造企业顺鑫农业的净利润增长57%。由此可见，政策对股票市场以及基金资产配置的影响。

2017—2021年，基金抱团的主要方向为大消费板块①。政策利好对本次基金抱团的形成起到了极为关键的作用。此前我国经济增长长期高度依赖投资与出口，消费增长严重滞后。为打造经济增长新引擎，政府工作重心开始向消费倾斜，重要表现之一是“消费升级”口号的提出以及相关重磅政策频出。

2016年，中央政府提出要“以消费升级为导向加快推进供给侧结构性改革”并首次在《政府工作报告》中正式引入“消费升级”的概念。2017年，国务院连续下发多个关于促进信息消费与食品消费升级的政策性文件，为电子信息以及食品饮料行业带来重大政策利好。2018年5月，商务部开始全面部署“消费升级行动计划”，并配套下发一系列相关政策性文件。2018年9月，国务院发布《关于完善促进消费体制机制进一步激发居民消费潜力的若干意见》，强调要全面推动消费升级，以消费升级作为经济高质量发展的助推器，并为促进消费升级描绘了蓝图。此后“消费升级”一词频繁出现于政策文件与政府工作报告当中。2020年9月召开的党的十九届五中全会更是把“消费升级，扩大内需”定为国家战略性目标，并将其纳入“十四五”规划纲要。政府在“消费升级”上的频繁表态以及大量政策的出台引发了市场的广泛关注和讨论，这一词汇也经常成为研究机构分析“大消费板块”时的核心论点，政策分析师们普遍认为密集的政策利好必定会为相关行业带来稳定且可观的利润增速，从而对相关股票形成了一致的乐观预期并带动股价上涨。基于此，基金在大消费板块的“抱团”也开始形成。

2.1.2 基本面相对优势显著推动行业抱团

在实践中常用净资产收益率（ROE）与净利润增长率来直观地反映股票

① “大消费板块”一词在学术中没有严格的定义，但一般认为大消费板块包含食品饮料、家用电器、医药医疗、汽车、消费电子等行业，这些行业具有的一个典型特征是直接向消费者提供商品或服务。

的基本面状况，前者反映当前盈利能力，后者反映未来成长能力。

从盈利能力看，如图 13 所示，食品饮料行业平均 ROE 由 2016 年初的 15.2% 上升至 2017 年末的 17.9%，ROE 持续排在非周期行业前列。2018 年金融去杠杆政策落地及中美贸易摩擦爆发，几乎所有行业都受到了不同程度的负面冲击，ROE 水平均有明显下降，但食品饮料行业整体却实现逆势加速增长，ROE 连续提高并突破 20% 成为"最景气行业"。基于此，基金对食品饮料的持仓市值也从 2017 年初的 436 亿元上升至年末的 1295 亿元，持股市值行业排名从第 7 位跃升至第 1 位。

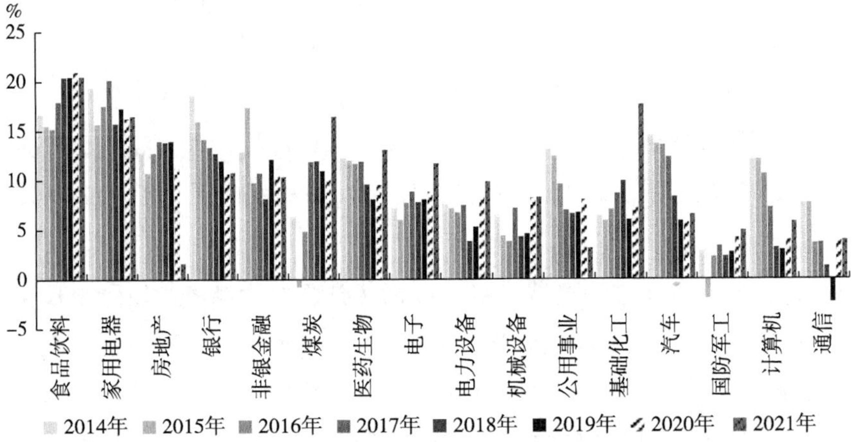

图 13　A 股主要行业净资产收益率（ROE-TTM）情况

从成长能力看，如图 14 所示，家用电器、医药生物、电子等典型"抱团行业"均在除 2018 年以外的年份实现了稳定且可观的盈利增长，表现出很强的成长性。其中"抱团"最为明显的食品饮料行业甚至在 2018 年实现逆势加速增长，成为唯一实现利润正增长的行业。相反，其他主要行业如通信、计算机、农林牧渔的盈利增长则不尽如人意，或是波动极大，抑或是增长水平相对较低。由此可见"抱团行业"在成长能力上体现出的优势。

结合宏观环境来看（见图 15），外部全球经济进入下行周期，国内经济增速逐渐放缓并开始进入存量博弈时代，叠加金融去杠杆政策与中美贸易摩擦带来的负面冲击，企业经营面临的宏观不确定性陡增。上市公司整体盈利

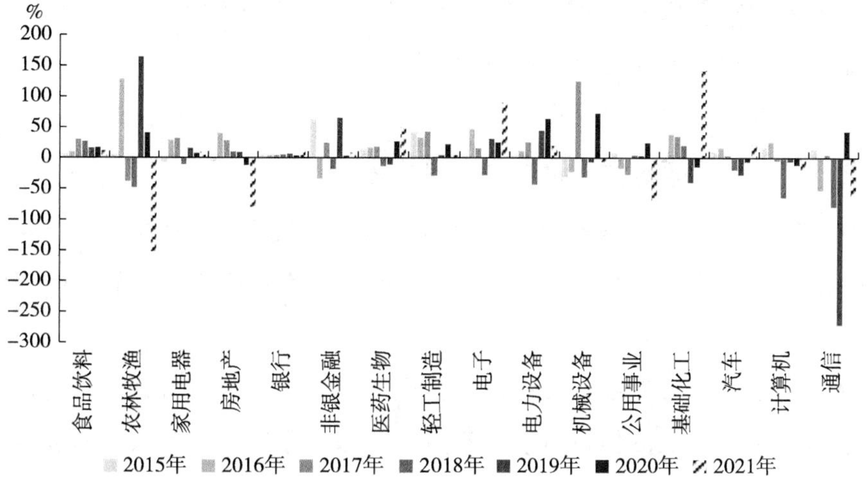

图 14　A 股主要行业净利润增长率情况

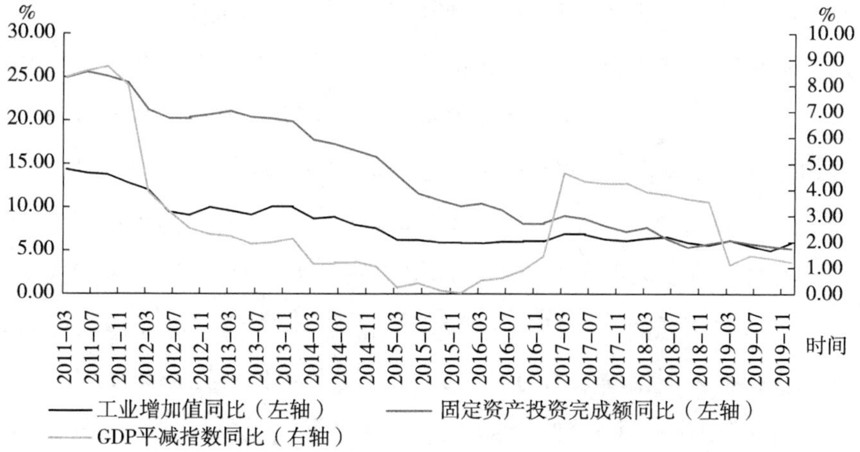

图 15　我国经济在 2011—2019 年处于“类滞胀”环境中

增速自 2017Q1 的 19.91% 连续下降至 2018Q4 的 −2.22%。与此同时，反映物价水平变化的 GDP 平减指数自 2016 年的 0.52% 陡升至 5% 的阶段性高位。一方面是经济增速放缓与企业盈利下降，另一方面是物价水平上升。食品饮料、医药生物等行业由于具有强制消费属性，因此经济增长放缓对其产品或服务的需求冲击并不显著，因此这些非周期性行业的盈利能力没有受到太大影响，基本面相对稳定。在宏观不确定性上升的背景下，这些行业“风景独好”，导致它们在资本市场上变得更有吸引力。基金在这些行业中形成抱团，有出于追求确定性和暂时避险的需求。

2.1.3 马太效应加剧推动龙头股抱团

2017—2021 年，基金抱团的明显特征是“大而美”，即少数行业龙头股“门庭若市”，估值与股价被推升至极高水平，而大量中小企业的股票“无人问津”。

本文分析认为该现象初期形成的原因主要有两个：一是从投资风险来看，强监管环境下中小上市公司频频“暴雷”导致其不确定性陡增，基金对中小盘股票的偏好迅速降低。二是从企业价值来看，随着增量经济时代的结束与宏观经济不确定性的上升，中小企业不仅盈利能力不占优势，还逐渐丧失了成长性高的优势，龙头企业与中小企业的基本面差距不断扩大。

从投资风险角度来看，2017 年全国金融工作会议设立国务院金融稳定发展委员会（金融委），拉开了资本市场强监管的序幕。在强监管环境下，中小上市公司频频爆出财务与经营管理上的重大问题，被审计机构出具“保留意见”及“无法发表意见”的上市公司明显增加，这些公司的市值通常为非龙头企业（见图 16）。以中小盘股神雾环保为例，2017Q1 共有 63 只基金合计持有该股票市值约 37 亿元，列基金持股市值排名第 34 位。神雾环保在 2017Q2 被监管机构指控公司治理失败与财务造假，股价自事件发生前的 32 元连续跌停至 17 元。其中华夏基金旗下超 10 只基金持有该股票，这不仅导致相关基金的净值表现遭受重创，还使基金公司名誉受损严重并引发了投资者对旗下基金的巨额赎回。此外同为彼时基金重仓中小盘股的长生生物因疫苗造假案导致股价连续跌停至退市、康得新被爆出超 300 亿元的财务造假、神州长城因经营不善且重组失败退市。中小企业财务与经营不确定性的陡增及“暴雷”事件的频发使投资者对其望而却步。尤其是对于公募基金这种面向广泛的不特定的投资群体的机构投资者而言，其投资行为会受到公众的密切关注。一笔“暴雷”的投资不仅会对基金净值造成冲击，还会对公司与基金经理的名誉造成巨大损害，对后续产品的发行和投资者认购产品的积极性带来严重的负面影响。

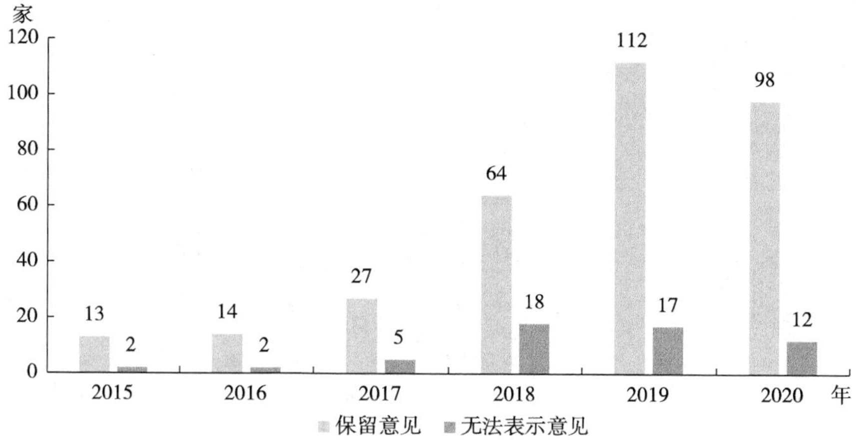

图 16　被审计机构出示“保留意见”与“无法表示意见”的上市公司数量

从经营景气度看（见图 17），大型企业与中小型企业 PMI 指数（反映商业活动的景气度变化情况）的分化自 2016 年起明显加剧，两者差值在 2017—2018 年维持在较高位水平。这主要是因为 2016—2017 年快速推进的供给侧结构性改革、2017—2018 年的金融去杠杆政策与中美贸易摩擦等事件都在不断地加强龙头企业的竞争优势。加之在全球主要经济体进入下行周期以及我国经济高增量时代的结束，龙头企业在规模效益、研发投入、融资成本等各方面的综合优势开始体现，并最终反映为盈利优势。

从企业盈利看（见图 18），2017 年后，中小盘股票代表性指数中证 1000 成分股归母公司净利润增长率连年下降，于 2017Q3 后持续落后于龙头股代表性指数“茅指数”，这表明中小企业在盈利成长性上的优势正逐渐丧失。定义二级行业分类中市值排名前二的股票为行业龙头①，对其利润增长情况进行统计后（见图 19）发现，实现利润正增长的龙头企业比例稳定高于非龙头企

① 此方法参照太平洋证券分析师黄付生与金达莱（2019）。

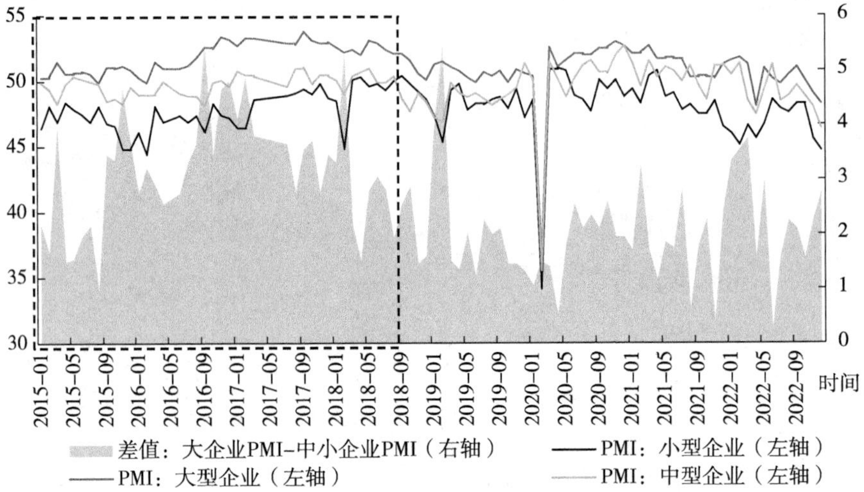

图 17　不同类型企业月度 PMI 变化情况

业。在 2017 年基金抱团开始出现时，实现利润加速增长①的龙头企业比例也超越了非龙头企业。

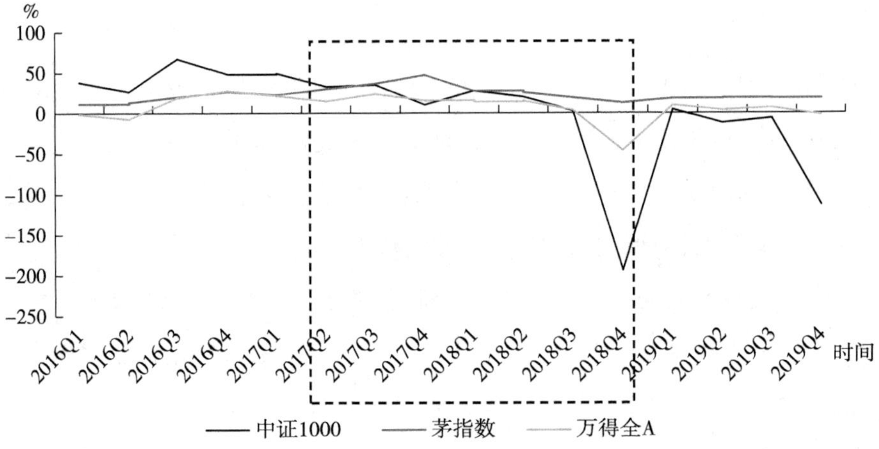

图 18　A 股不同指数成分股单季度归母公司净利润增长率

① 第 $n+1$ 年的归母公司净利润同比增速比 n 年高。

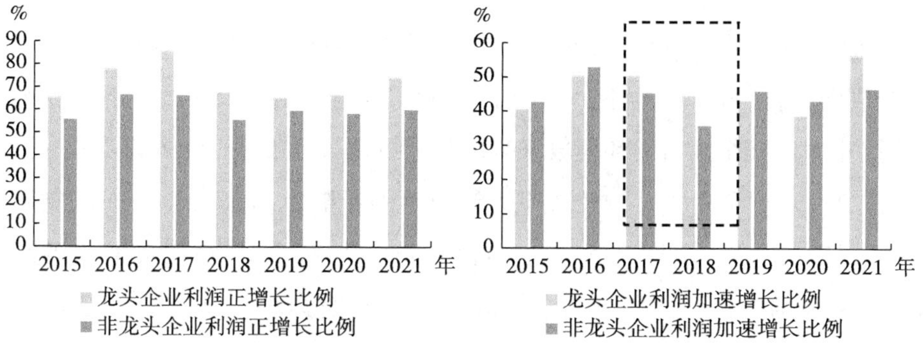

图 19　龙头企业与非龙头企业盈利变化情况

以上分析表明在2017—2018年，无论是从投资风险还是从企业价值角度看，非龙头企业在资本市场上的吸引力均不占优势。2017年后，国际形势趋于复杂、全球经济增速逐渐放缓、内外部不确定性陡增，而基金的流动性需求高与策略灵活度低的特征自然会使其倾向于投资确定性较高的股票。这一时期的龙头企业不仅具有较高的盈利确定性和优秀的成长性，还普遍具有流动性良好及波动较小等优势，很好地匹配了基金的择股偏好。因此基金在这一时期“抱团”龙头股算得上是一种理性且合理的行为。

2.1.4　优质资产供给相对不足

2020年末，A股共有上市公司4000多家，表面上看为基金提供了丰富的标的选择，但实际上我国上市公司的质量良莠不齐，基本面稳定且良好的企业并不多。而开放式基金面向不特定对象、流动性需求高、策略较为单一等特点决定其风险偏好相对其他机构投资者而言更低，因此基金公司内部的投资委员会通常对投资标的ROE、盈利增长、经营稳定性等有较高的要求。然而本文利用Wind统计的结果显示，2017—2020年ROE连续四年大于15%的企业仅有624家，其中能实现连续四年盈利正增长的仅有263家。若继续添加现金流、分红、规模等筛选指标，基金的投资可行域将大幅收窄。

2.1.5 基金经理人才稀缺

人才稀缺一直是阻碍我国公募基金业发展的重要因素，公募基金相对固定的薪酬安排带来了激励不足的问题，导致基金经理离职率居高不下，人才流失严重。尤其是在市场环境较好时，基金经理通常出现“奔私潮”[①]。

受2015年“杠杆牛”及股市大幅波动的影响，当年共293位基金经理离职，离职率一度高达27.51%。为弥补人才缺口，基金业在此期间迅速引入了一批新的人才，这导致基金经理在这一时期具有明显的“年轻化”特征。2017年我国公募基金经理的平均管理年限仅为2.7年，大多数基金经理缺乏经验且未形成完整的投资体系。凌有志（2021）和沈俊杰（2011）等学者的研究均表明，缺乏管理经验的基金经理更容易发生羊群行为且倾向于采取追涨杀跌的投资策略。因此，当一些基金经理因基本面因素买入某一类股票时，多数缺乏经验的基金经理可能会采取跟随策略，导致“抱团”的形成。

人才稀缺带来的另一个问题是资源被过度集中于少数经验较丰富且业绩良好的基金经理。2016年主动权益类基金前一百位基金经理在管资产规模总和占总规模的40%。2020年这一比例上升至约50%。少数经理掌握大部分资产会导致基金整体更容易就某一事件达成一致性的预期并作出相同的投资决策，进而导致“抱团”的形成。

2.2 推动基金抱团演变为非理性炒作的主要因素

2017—2018年“基金抱团”形成后，“抱团股”实现了可观的超额收益。2018年，在中美贸易摩擦及金融去杠杆政策的冲击下，A股进入全面熊市。由于资本市场不确定性的上升，更多的基金开始参与抱团，被基金重仓的股票虽然也出现一定程度下跌，但对比市场平均仍实现了可观的超额收益。2019年A股走出中美贸易摩擦的阴霾，股票市场回暖，“抱团股”率先上涨，

① 即大批公募基金经理离职转而加入私募基金。

其中不少股票在不到一年的时间实现数倍涨幅，市盈率不断突破历史高位，部分企业的盈利增长趋势已经明显无法支撑其超高的估值，股价泡沫明显。但基金在这些股票中的抱团却愈演愈烈。前文提到，基金抱团的初期形成主要由企业基本面因素所驱动。但在2019—2020年，“基金抱团”逐渐演变成了脱离企业基本面的炒作，显然，推动基金抱团发展至高潮的因素与基金抱团形成时的主要因素并不相同。

2.2.1 羊群行为推动基金抱团

本文分析认为，A股“结构性行情”的持续演绎及公募基金“短期相对业绩考核机制”带来的业绩压力是这一时期基金羊群行为显著上升且导致基金抱团愈演愈烈的一个重要原因。用学术语言来说，市场环境与“基金业绩锦标赛”之间的互动加剧了基金的羊群行为并最终推动“基金抱团”走向高潮。

基金业绩的考核可分为绝对指标考核与相对指标考核，绝对指标考核指的是以基金的绝对收益或相对事先设定基准的超额收益为基础，评估基金经理的表现并确定其薪酬奖励。相对指标考核则是将基金业绩表现与同类基金相比较，根据业绩排名来评估基金经理的表现并确定其薪酬奖励。然而，我国的公募基金大多采取以资产管理规模为基础的固定费用结构，业绩基准的设置又缺乏合理统一的标准，这导致无论是投资者还是基金公司都不太注重绝对指标考核，绝对指标考核因此“名存实亡”。在大多数基金公司对权益类产品的考核体系中，相对指标的考核方式占绝对主导地位，即考核强调基金业绩排名。

我国公募基金的相对指标考核具有以下几个特征。一是考核期短，基金公司内部一般实行“一季一小考、一年一大考”，以1/3或1/4作为关键分界线，若业绩排名比较优秀，基金经理会获得更多的薪酬奖励与资源倾斜，反之则会面临奖励取消甚至是失业的威胁。二是在进行基金业绩排名时对“同类基金”的定义十分宽泛，往往不会根据基金的投资标的或投资风格进行细分，因此价值与成长、大盘与中小盘、消费与周期、量化与主观等不同主题或不同策略的基金通常会被放在一起比较，这导致基金经理在坚守其投资理念时往往面临着巨大压力，在某些情况下甚至不得不放弃在其原有投资框架下最优的风险—收益组合。这种因为业绩排名变化而调整资产组合构成的现象在学术研究中被称为“基金业绩锦标赛效应”。

2017—2018年，由于资本市场与宏观经济环境的变化，龙头股与消费相关行业的股票相对更具吸引力，基金经理基于对企业基本面的一致判断开始在龙头股与“消费板块”中“抱团”。而这些股票又恰好契合“外资”的投资偏好。因此大规模流入的外资与公募基金两者形成合力，使得“龙头股”与“消费行业”实现了显著高于市场的涨幅，而那些“非抱团股”的市场表现则十分惨淡（见表3）。

表3　A股部分指数涨跌情况

年份	2017	2018	2019	2020
茅指数（龙头股）	88.35%	-7.39%	91.4%	108.74%
食品饮料（消费）	55.45%	-21.95%	72.87%	84.97%
Wind全A（市场平均）	4.93%	-29.15%	33.02%	25.62%
中证1000（中小盘）	-17.35%	-36.87%	25.62%	19.39%

如果这种极端分化的“结构性行情”持续时间较短，就不会对没有买入这些股票的基金带来持续的业绩排名压力，也因此不会对基金经理的投资决策造成显著影响。但这种极度分化的“结构性行情”演绎了相当长的一段时间，少数龙头股与消费行业在市场整体表现平平的背景下持续上涨多年。图20列示了2017—2019年基金抱团平均得分及其对应区间内基金平均收益率的关系，可以发现两者呈显著的正相关。这表明在“基金抱团”与持续的“结构性行情”背景下，参与“龙头股”与“消费板块”抱团的基金很长一段时间里都能够获得更好的收益和保持着优秀的业绩排名，而那些没有参与抱团的基金业绩表现普遍较差。

在这种情况下，先前未参与抱团的基金经理将面临两种选择：一是拒绝抱团并继续坚守自己的投资风格；二是参与抱团，以减轻“结构性行情”继

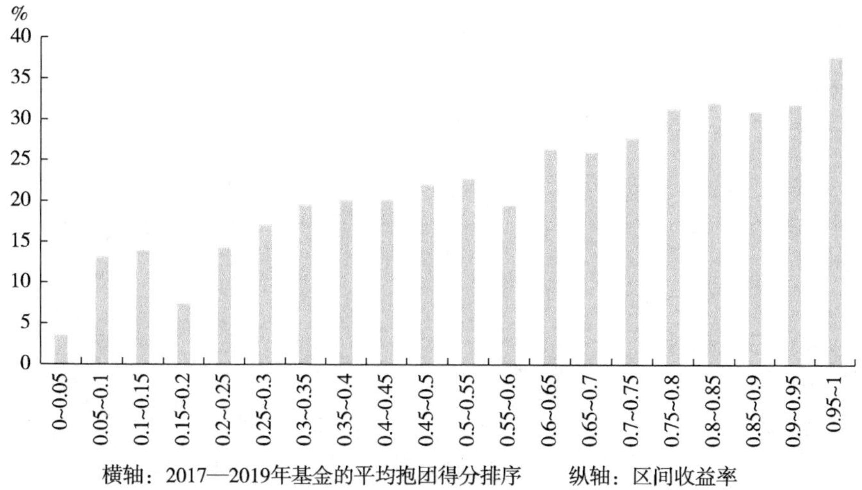

图 20　2017—2019 年基金抱团得分与收益率的关系

续演绎带来的相对业绩考核压力。对于基金经理而言，拒绝抱团的风险很大，因为“结构性行情”的持续很容易导致业绩排名持续不佳，在排名已经连续较差的前提下，基金经理被解聘或声誉受损的风险将越来越大。而参与抱团则是一种更加理性的选择，若“基金抱团”和“结构性行情”持续，参与抱团的基金会受益于此，其面临业绩排名下降的风险更小。若抱团瓦解且“结构性行情”反转，由于大部分基金采取了“抱团”策略，基金的业绩排名也不会有较大的下降。

事实上，这些排名不佳的基金的确倾向于在后续选择参与抱团。如图 21 所示，在 2017—2019 年没有参与抱团且业绩排名不佳的基金普遍在 2020 年提高了它们的抱团得分。并且此前它们的抱团得分越低，抱团得分在 2020 年的增加值就越大。这是因为此前抱团程度低的基金普遍排名垫底，而采取抱团策略能够一定程度上改善基金长期排名不佳的局面。

从微观层面同样可以找到相关证据。首先是抱团发展至高潮时出现的“无基不白酒，无基不茅台”现象。2020 年末，共 2686 只主动权益类基金披露持仓数据，其中有 1819 只基金持有一只以上白酒行业股票，超 1500 只基金持有贵州茅台。彼时类似贵州茅台这样的“抱团股”可以被看作是基金经

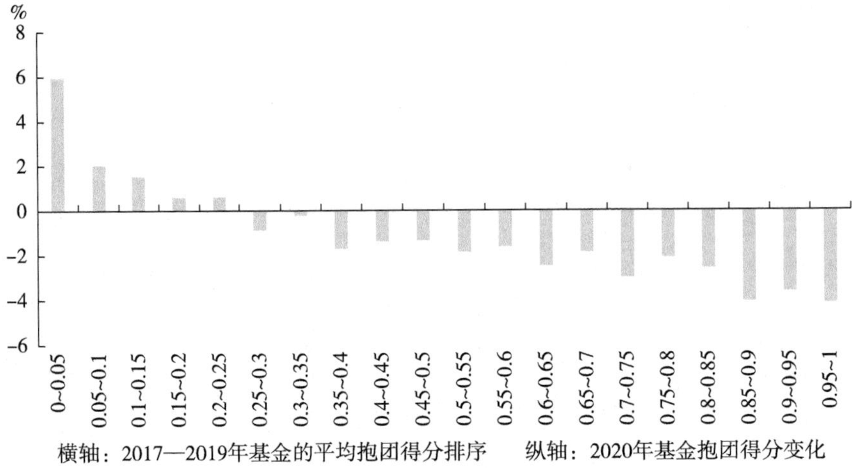

图 21　2020 年基金抱团得分变化情况

理的“风险缓释工具”。由于多数基金都或多或少持有此类股票，因此只要跟随买入，就能够减少“结构性行情”带来的业绩排名不佳的风险敞口。

其次是风格为中小盘的基金普遍在 2019—2020 年放弃原有中小盘投资策略，转而大量持有“抱团股”。如表 4 所示，在所有“中小盘主题基金”中，仅有 6 只基金在 2019 年和 2020 年持续坚守基金合同中约定的中小盘投资策略，其余基金均已发生“风格漂移”①。此外，这些发生风格漂移的中小盘基金普遍有着较高的抱团得分，说明这些基金普遍放弃了中小盘投资策略转而采取了“抱团”策略。

表 4　2019—2020 年中小盘主题基金简况

基金代码	抱团得分		基金风格②		收益率	
	2019 年	2020 年	2019 年	2020 年	2019 年	2020 年
481010. OF	91. 01	91. 92	大盘	大盘	61. 21	134. 73
200012. OF	90. 66	93. 64	大盘	大盘	45. 56	88. 45
000940. OF	90. 40	88. 76	大盘	大盘	71. 40	83. 69

① 即实际投资风格偏离基金合同中约定的投资风格。

② 投资风格数据是作者在 Wind 数据库中直接导出的。

续表

基金代码	抱团得分		基金风格①		收益率	
	2019 年	2020 年	2019 年	2020 年	2019 年	2020 年
000729. OF	83. 07	85. 03	大盘	大盘	29. 19	81. 21
550009. OF	87. 32	91. 49	大盘	大盘	75. 48	80. 73
217013. OF	91. 98	97. 01	大盘	大盘	60. 52	80. 68
519026. OF	95. 93	92. 39	大盘	大盘	75. 25	78. 86
163818. OF	87. 38	85. 50	大盘	大盘	47. 36	76. 14
660005. OF	90. 60	95. 35	大盘	大盘	42. 22	73. 81
290011. OF	80. 72	83. 32	大盘	大盘	62. 19	72. 53
540007. OF	81. 61	86. 39	大盘	中盘	52. 48	63. 45
379010. OF	92. 82	95. 04	大盘	大盘	70. 80	62. 95
610004. OF	86. 24	84. 52	大盘	大盘	62. 06	61. 94
005598. OF	92. 71	82. 65	大盘	中盘	36. 95	54. 36
360012. OF	82. 64	93. 98	中盘	中盘	35. 46	44. 92
162214. OF	88. 28	94. 49	大盘	大盘	59. 04	43. 90
000326. OF	73. 65	83. 47	中盘	大盘	25. 67	40. 76
080015. OF	68. 87	82. 46	中盘	中盘	21. 66	37. 88
590006. OF	89. 67	90. 13	大盘	大盘	42. 16	37. 10
180031. OF	91. 30	92. 99	大盘	大盘	72. 68	34. 01
450009. OF	89. 65	90. 41	大盘	大盘	44. 53	33. 09
519975. OF	74. 78	78. 82	中盘	中盘	34. 07	32. 00
160918. SZ	85. 90	92. 53	大盘	大盘	43. 23	31. 97
040007. OF	87. 49	88. 50	大盘	大盘	57. 53	30. 69
320011. OF	82. 85	80. 61	大盘	大盘	20. 60	24. 94
260115. OF	79. 95	71. 22	中盘	中盘	40. 51	20. 82
570006. OF	87. 91	86. 60	中盘	中盘	41. 79	18. 15
162102. OF	79. 00	74. 02	中盘	中盘	39. 74	28. 35
偏股混合型基金指数					45. 02	55. 91

① 投资风格数据是作者在 Wind 数据库中直接导出的。

然而，继续坚守原有投资策略且不参与“抱团”的代价十分高昂，6只未发生风格漂移且抱团程度较低的基金在2019年和2020年的净值表现十分不理想，不仅大幅落后于市场平均，还普遍在同类基金中排名靠后。在基金整体份额不断增加的背景下，519975.OF与360012.OF这两只原本规模可观的基金遭到投资者的持续赎回，份额与规模均持续下跌，后者甚至一度面临清盘风险。相反，那些积极参与抱团的基金如481010.OF、200012.OF等却获得了优异的净值表现，还得到了投资者的青睐。

事实上，大量基金买入白酒以及“中小盘主题基金”普遍发生“风格漂移”并“抱团”龙头股的行为正是这一时期“基金业绩锦标赛效应”导致羊群行为上升，并最终推动基金抱团愈演愈烈的典型缩影。2019—2020年，许多原本投资信息科技、金融地产的主题型基金或投资低估值股票的价值型基金都因“结构性行情”带来的业绩压力逐渐放弃了原有的投资策略去参与“抱团”。这种行为最终导致“基金抱团”丧失理性并演变为一场脱离企业价值的炒作。

2.2.2 “明星效应”强化基金抱团

“明星效应”会强化基金抱团。对于基金经理而言，如果其持有股票的价格与估值逐渐升高，理性的投资决策应当是对投资组合作出再平衡以实现投资组合的风险—收益最优化。但“明星效应”会在短期给基金带来巨额资金流入，这使基金的投资决策面临“两难抉择”。一方面，法律法规对公募基金有严格的最低持仓限制，除灵活配置型基金外，其他类型的基金一般不被允许持有高比例现金来等待或慢慢地寻找合适的投资机会。此外，持有过多的现金会产生现金拖累效应（Cash Drag Effect），即基金在市场环境较好时因持有较多的现金导致整体组合的表现不佳从而对基金业绩带来负面影响，因此增量资金必须要在极短的时间内转换为股票。另一方面，短时间内要找到能够承接巨额资金的标的并不容易，基金经理能力与投资风格在短时间也难以改变，如果贸然进入不熟悉的投资领域很可能会导致基金出现巨大亏损。在“两难抉择”下，基金经理对于新增资金的投资决策会存在明显的路径依赖，即倾向于将增量资金买入已持有的股票。

在“基金抱团”已经形成及“结构性行情”持续演绎的背景下，基金的“抱团程度”与业绩表现基本呈现正相关关系，“明星效应”又继续为“抱团程度高”且业绩优秀的基金带来巨额的增量资金，在“两难抉择”下，新增资金会被重新买入“抱团股”，这导致“抱团股”的股价被进一步推升，“结构性行情”进一步加剧，使得抱团基金和非抱团基金业绩继续分化，再一次加剧“明星效应”，由此形成抱团不断强化的正反馈循环。

基金 005827. OF 是“明星效应”强化基金抱团的典型代表，该基金于 2018 年 9 月成立，初始规模仅 20 多亿元，基金合同规定的主要投资标的为“蓝筹股”。

如表 5 所示，该基金自成立以来就一直保持着较高的“抱团得分”，2019—2020 年基金消费板块与龙头股“抱团”愈演愈烈，导致“抱团股”股价不断攀升。受益于此，该基金在 2019Q1—2020Q3 实现约 150% 的收益率。优秀的收益表现及基金公司的积极营销使得该基金受到众多投资者的关注，2020 年期间该基金“霸榜”几乎所有互联网理财平台的“基金榜单”，可谓红极一时。

表 5　005827. OF 各期间抱团得分

时期	2018Q4	2019Q2	2019Q4	2020Q2	2020Q4
抱团得分	98. 66	98. 99	96. 02	93. 88	99. 23

仅 2020Q3—2020Q4，该基金单季度新增份额就高达 84 亿元，持有人数量增加 155 万人，净资产增加 340 亿元，基金规模超 670 亿元，成为当期市场上规模最大的主动权益型公募基金。

但对比该基金两个季度的 A 股持仓可以发现其重仓股几乎未发生变化，所持股票均为典型“抱团股”，且“明星效应”带来的巨额增量资本几乎全部被用于增持先前已经持有的“抱团股”，从而助推它们的股价再一次爆发式上涨（见表 6）。

表6　“005827. OF”2020Q3与2020Q4重仓持股情况

2020Q3	2020Q4	持股市值变化（亿元）	股票抱团得分	2020Q3—2020Q4涨跌幅（%）
贵州茅台	贵州茅台	32.95	100	20.93
美团-W	美团-W	46.88		
洋河股份	洋河股份	31.88	99.08	88.39
腾讯控股	腾讯控股	31.89		
五粮液	五粮液	31.64	99.96	32.82
香港交易所	香港交易所	31.48		
泸州老窖	泸州老窖	29.52	99.53	57.05
爱尔眼科	爱尔眼科	7.51	99.21	51.20
海康威视	海康威视	19.48	99.54	30.36

2.2.3　新基金发行强化基金抱团

2019—2020年，在“基金抱团”与“结构性行情”下基金收益表现普遍优异，引起了大量投资者关注，同时“资管新规”的颁布打破理财收益刚兑开启“净值化”时代，使基金成为银行理财的优秀替代品，公募基金得以迎来潜在巨额增量资金。在此背景下，一股新发基金热潮席卷而来（见图22），2020—2021Q1新发主动型权益类基金的规模超2.2万亿元，这一数字与2019年末主动权益类基金的资产净值存量规模持平。尤其是在将基金抱团推动至顶峰的2020Q3以及抱团瓦解前的2021Q1，单季度主动权益类基金发行规模分别超6000亿元和7000亿元，均为历史最大单季度发行规模的数倍。

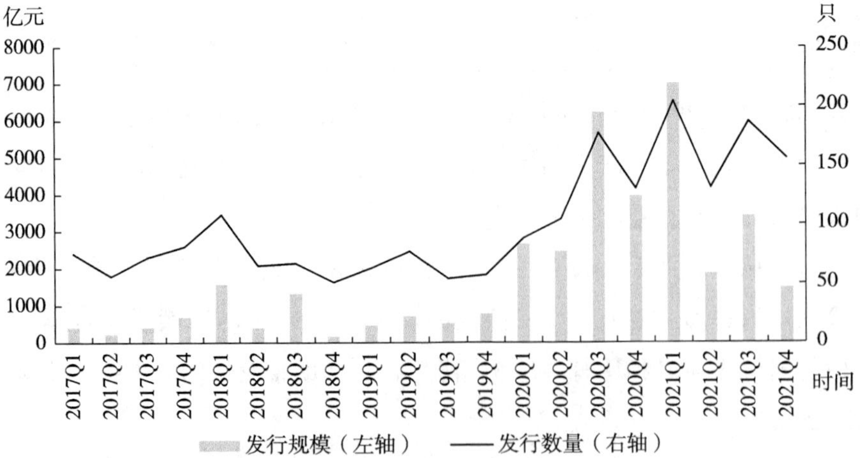

图22　我国主动权益类基金发行情况

如此大规模的增量资金进入市场无疑会带来巨大影响，由于基金抱团出现转折的时间点为2021年2月10日，而基金的持仓信息要在季度末才进行披露，因此我们无法分析2021Q1时期的新发基金与“基金抱团”的关系，故接下来本文仅以2020Q3这一时期的新基金为样本进行分析。

在行业层面，2020Q2主动权益类基金持有医药生物、电子、食品饮料与电力设备四个行业的市值合计已达11000亿元，约占当期基金净值的50%，行业“抱团”已然十分明显。但发行于2020Q3的158只新基金中，第一重仓行业为食品饮料、医药生物、电力设备与电子的基金数量合计高达125只，占比79%（见图23）。

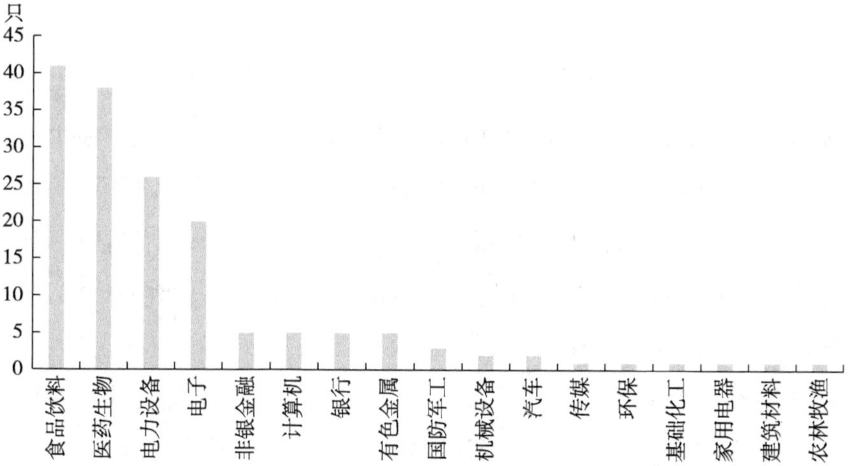

图23　2020Q3新发基金第一大重仓行业分布

在个股层面，2020Q2基金持股集中度指标刷新历史高位，龙头股“抱团”愈演愈烈。本文统计了2020Q3新发主动权益类基金的十大重仓股数据（见图24），发现它们对重仓股的选择同样具有高度的“抱团倾向”。在156只新发基金中，有约一半的基金重仓持有①“贵州茅台”，在基金重仓股中出现频次最高的二十只股票的合计频次达到545次，占总频次的37%。另外新基金重仓股普遍是“抱团得分”最高的那部分股票。

① 重仓持有指位列基金前十大重仓股。

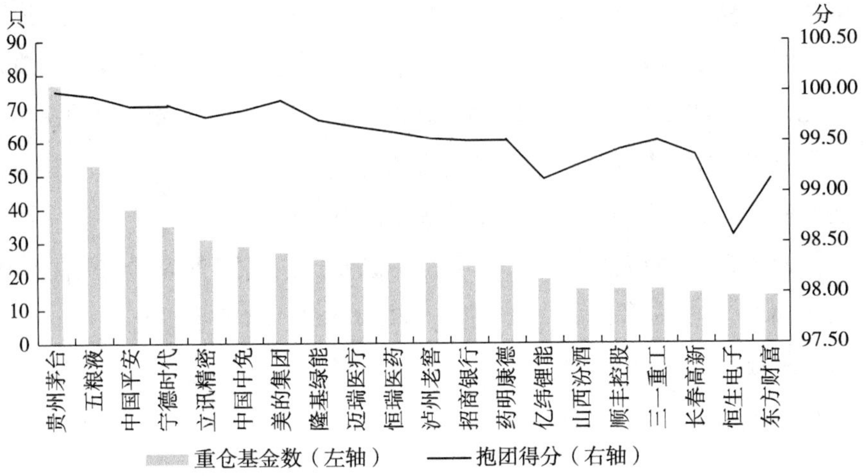

图 24　2020Q3 新基金前二十大重仓持股及其抱团得分

新基金的“抱团”不仅直接强化已形成的抱团，还会推升“抱团股”的价格触发“抱团—上涨—抱团”的正反馈，从而间接强化抱团。2020Q3—2020Q4，新基金“抱团标的”普遍出现显著超额收益（见表 7），根据前文的论述及基金锦标赛理论，“抱团股”持续优秀的市场表现会给那些没有参与抱团的基金带来相对业绩考核压力，迫使更多基金放弃自己的独立决策参与抱团。2020 年末，基金前二十大重仓股集中度上升至 38.45%，持有四大行业市值合计达 17600 亿元，占基金当期净值比例上升至 56%，由此可见新基金的发行使得行业“抱团”被进一步强化，推动“基金抱团”再上新台阶。

表 7　2020Q3 新基金重仓股情况

2020Q3 新基金重仓持股	2020Q2 抱团得分	2020Q3—2020Q4 涨幅（%）	2020Q4 抱团得分
贵州茅台	99.26	36.58	100.00
五粮液	99.88	70.55	99.96
中国平安	66.34	23.05	99.86
宁德时代	99.72	101.37	99.87
立讯精密	99.92	9.29	99.75
中国中免	99.58	84.07	99.81

续表

2020Q3 新基金重仓持股	2020Q2 抱团得分	2020Q3—2020Q4 涨幅（%）	2020Q4 抱团得分
美的集团	97.16	64.64	99.91
隆基绿能	99.68	126.97	99.72
恒瑞医药	98.89	20.76	99.60
泸州老窖	99.21	151.33	99.53
迈瑞医疗	99.76	39.35	99.65
药明康德	99.72	39.46	99.52
招商银行	66.19	34.38	99.51
亿纬锂能	99.37	70.32	99.13
三一重工	99.08	89.95	99.51
山西汾酒	98.83	158.82	99.28
顺丰控股	98.68	61.30	99.42
长春高新	99.84	3.13	99.37
东方财富	71.17	53.47	99.13
恒生电子	99.52	-2.60	98.57
生物医药（行业）		29.07	
食品饮料（行业）		62.93	
电力设备（行业）		81.05	
电子（行业）		30.07	
Wind 全 A		17.45	

以华安基金某基金经理为例作为上文的微观证据，其管理的基金（040020.OF）是一只规模仅 1.3 亿元的迷你基金。该基金各期抱团得分情况如表 8 所示。

表 8　040020.OF 各期抱团得分

2017Q2	2017Q4	2018Q2	2018Q4	2019Q2	2019Q4	2020Q2
88.28	87.7	88.02	90.42	93.48	93.52	92.83

2019 年以前，该基金抱团得分相对较低，表明其参与“抱团”的程度较低，收益表现也很一般。2018Q4 基金抱团得分上升至 90.42 分，并在接下来

的几个期间连续上升且保持高位，表明基金开始积极参与“抱团”。与此同时，基金净值急速上涨（见图 25），2019—2020 年 7 月 16 日，该基金收益达 130.23%。

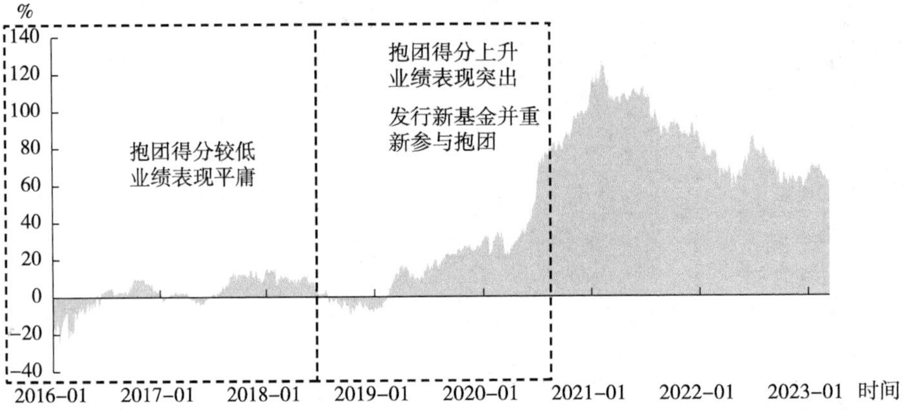

图 25　040020. OF 累计收益率走势

2020 年 7 月 16 日，以该基金经理名义新发的基金（009714. OF）在不到一天时间里完成了近 300 亿元的募集计划，成为我国历史上规模最大且募集时间最短的新发基金。其中个人认购比例达 99.47%，表明认购的主力军为中小投资者。定期报告显示，该基金在一个多月的时间里就完成了 137 亿元资金的建仓，并在 2020Q4 完成超 300 亿元资金的建仓。但对比新基金 009714. OF 与老基金 040020. OF 的重仓股（见表 9），可以发现两者几乎完全一致，新基金不仅快速完成建仓，而且几乎完全复制了原有持股，仍然积极地参与抱团。

表 9　009714. OF 与 040020. OF 重仓股对比（2020Q4）

009714. OF（新基金）	040020. OF（老基金）	股票的抱团得分
招商银行	招商银行	99.51
中国中免	中国中免	99.81
中国平安	中国平安	99.86
平安银行	平安银行	98.61
欧派家居	欧派家居	94.57

续表

009714. OF（新基金）	040020. OF（老基金）	股票的抱团得分
宁波银行	宁波银行	98. 91
美的集团	美的集团	99. 91
海康威视	海康威视	99. 54
分众传媒	分众传媒	99. 06
腾讯控股	五粮液	—

2. 2. 4 基金面临的投资约束稳固基金抱团

我国的公募基金不仅肩负“受人之托，代客理财”的使命，还被监管当局委以稳定市场，促进资本市场发展的重任，因此基金的投资行为受到许多法律法规的约束（见表 10）。这些约束在不同程度上制约了基金的投资行为，并稳固了不断强化的“基金抱团”，使得基金抱团得以延续。

表 10　法律法规对公募基金投资行为的约束

规定	来源	施行目的
“一只基金持有一家公司发行的证券，其市值不得超过基金资产净值的百分之十，同一基金管理人管理的全部基金持有一家公司发行的证券，不得超过该证券的百分之十”，简称“双十规定”	《公开募集证券投资基金运作管理办法》第三十二条	鼓励基金分散投资，防止基金恶意操纵市场以及风险过于集中
“基金持有单一股票的市值不可超过其流通股票市值的 15%；同一管理人全部投资组合合计持有单一股票的市值不得超过可流通股票的 30%”	《公开募集开放式证券投资基金流动性风险管理规定》	对“双十规定”进行更加严格的补充
股票型基金的权益投资比例为 80% ~95%，混合型基金为 65% ~95%，基金应当在成立后的六个月内满足持仓比例要求	《证券投资基金法》与基金合同	协助稳定股票市场
“一致行动人持有上市公司 5% 的股份时，需暂停买卖股票并向外公告，持股 5% 以上的股东六个月内不得买卖，如果有买卖产生的投资收益全部归上市公司所有”，该规定又被称为“举牌”	《证券法》	防止证券市场操纵
不可在日内对同一股票进行双向交易、交易不能对市场造成重大负面影响（比如交易量占当天总成交量的 20%）、特殊时期的监管窗口指导等	非明文规定	—

2019—2020 年，一些业绩靠前的“明星基金”被投资者大规模申购，一大批基金加入“百亿俱乐部”（见图 26）。

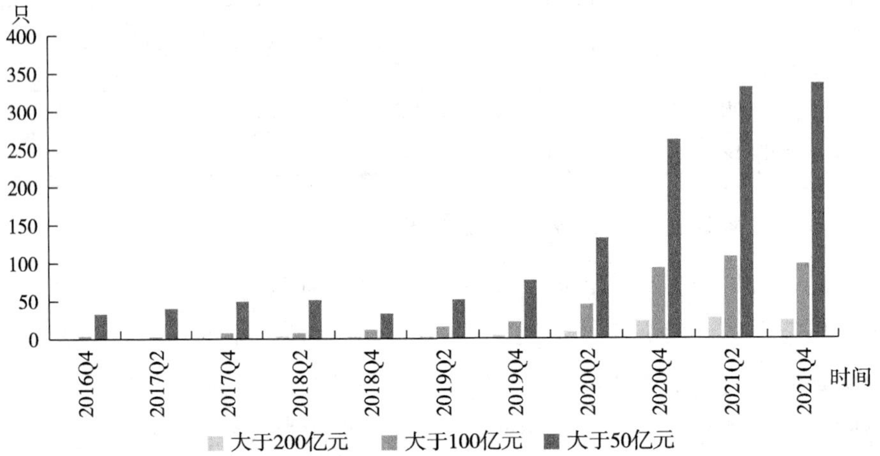

图 26　不同资产规模的基金数量统计

随着资产规模的扩大，投资约束对基金运作带来的各种负面影响开始越益明显，其中之一便是使得基金具有更强的抱团倾向（见图 27）。

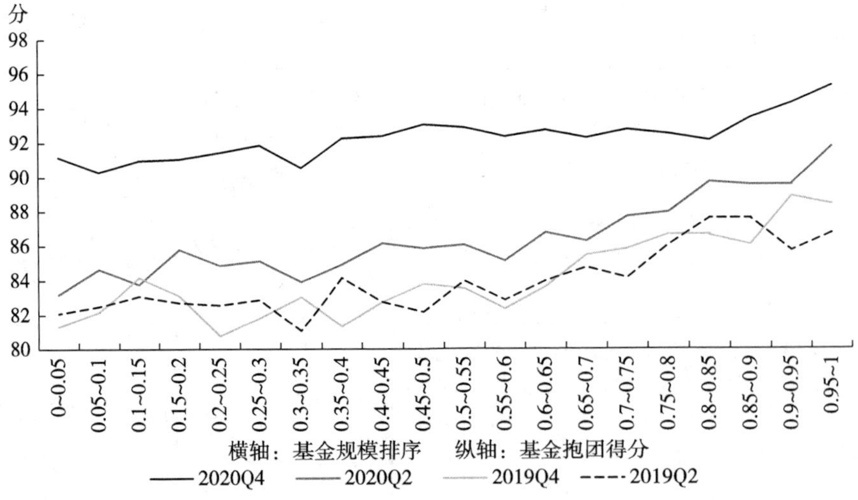

图 27　基金规模与抱团得分的关系

2.3 基金抱团瓦解的潜在因素

2021年2月10日，基金抱团迎来最后的狂欢，当日“茅指数”上涨2.9%。次交易日，“茅指数”开盘上涨2%后突然转为暴跌，收盘时下跌约3%，并在接下来的一个月内暴跌近20%。2021Q1的基金季度报告显示，部分“抱团股”如贵州茅台、三一重工、中国平安、美的集团等遭数百只基金清仓，基金抛售抱团股及其股价持续暴跌标志着基金在“龙头股”及部分行业持续了数年的抱团告一段落。通过分析历史数据，本文总结出以下几个基金抱团瓦解的主要因素。

2.3.1 盈利增速无法支撑高度泡沫化的估值

在证券实务当中，既会使用一些相对估值指标如滚动市盈率（PE TTM）、市盈率除以预期盈利增长率（PEG）、滚动市盈率百分位来综合反映某一只股票在不同时期的“性价比”；也会使用绝对估值指标，即估计出股票的“内在价值”并与市场当前价格比较，以此来估计当前股票是否存在泡沫。

其中部分相对估值指标的定义式如下。

$$PE\ TTM_t = \frac{P_t}{profit_{(t-12,t)}} \tag{2-1}$$

$$PEG_t = \frac{PE\ TTM_t}{Expected\ growth} \tag{2-2}$$

$$PE\ percentile = \frac{PE\ TTM_t - PE\ TTM_{\min}}{PE\ TTM_{\max} - PE\ TTM_{\min}} \tag{2-3}$$

式中，$PE\ TTM_t$ 表示 t 时刻某股票的滚动市盈率，P_t 表示某股票在 t 时刻的价格，$profit_{(t-12,t)}$ 表示在（$t-12$，t）时刻企业的累积净利润，$Expected\ growth$ 表示预期企业未来的盈利增速，$PE\ TTM_{\min}$ 与 $PE\ TTM_{\max}$ 分别表示某股票历史滚动市盈率的最大值与最小值。

$PE\ TTM_t$ 反映股票当前价格水平相对企业历史盈利的性价比，该指标反映某股票在当前盈利水平下的估值水平。由于股票的价值由未来的现金流所决定，因此仅使用历史盈利来判断股票的性价比并不严谨，通常需要使用其他指标予以补充。

PEG_t 反映了股票当前价格水平相对企业未来预期盈利的性价比，能够反映考虑企业未来增长后的估值水平。投资大师彼得·林奇在其《彼得·林奇的成功投资》一书中提出，在长期定价合理的市场当中，市盈率应当与预期增长率相等，即 $PEG_t = 1$，如果 $PEG_t > 1$，股票可能被高估；如果 $PEG_t > 2$，股票可能被严重高估。

PE percentile 反映股票当前估值水平在历史数值中所处的位置，将某股票的市盈率进行纵向对比以反映当前股票的估值水平。

以上指标越大，表示股价越有可能被高估，投资性价比相对越低。

绝对估值方面，现金流贴现法是几乎所有估值方法的基本理念，但在现实中，影响一个企业长期盈利的因素数不胜数，因此无论在实务研究还是在学术研究中，两阶段或多阶段贴现模型是较常采用的方法。其基本理念如下。

$$V = \sum_{t=1}^{N} \frac{CF_t}{(1+r)^t} + \sum_{t=N+1}^{\infty} \frac{CF_t}{(1+r)^t} \tag{2-4}$$

式中，N 指可预测期间，在证券实务当中一般取 $N = 3$。

CF_t 指企业在 t 时刻产生的现金流，由于我国上市公司分红水平仍普遍较低，许多处于成长期的企业也难以产生可观的自由现金流，因此在许多实务研究中会将企业净利润 NI_t 直接视为 CF_t①。

要求回报率 r 取沪深300 指数年化收益率约6%。

对于永续增长部分的现值，许多实务和学术研究都经常假设企业产生的现金流按照某一恒定增长率永续增长。而 Ohlson 和 Feltham（1995）提出的 F－O模型中认为企业未来的盈利在当期以期望的形式存在，具有较高的不确定性，因此提出了将企业的账面价值代替永续增长价值的理念。结合这一思想和市盈率均值回归的特性，在市场处于长期有效的假设下，本文使用股票历史平均市盈率②×未来预期现金流的方式来估计永续增长部分的价值。

历史研究经验显示，一轮产业景气度周期和股市牛熊周期的时间跨度均

① 将净利润直接当作现金流看待是一种极其乐观的估计。在现实中，企业的净利润可能会以存货、固定资产等方式存在，因此在大多数情况下净利润比分红和自由现金流高。

② 如上市时间不足一个周期，则以行业历史平均市盈率代替股票平均市盈率。

为6~8年。2.1.4小节的分析指出，“抱团股”均在2017—2020年这四年之间经历了极高的增长，本文按照最乐观的情景进行估计，即假设未来三年企业的净利润能够按照前四年相同的扣非净利润增长率提升。

综上所述，本文提出如下简化的绝对估值方法以反映在最乐观情形下“抱团股”的估计内在价值。

$$V_i = \sum_{t=1}^{3} \frac{NI_{i,0} \times (1 + g_i)}{(1 + 6\%)^t} + \frac{PE_{i,average} \times NI_{i,3}}{(1 + 6\%)^3} \quad (2-5)$$

表11列出了抱团瓦解前夕“抱团得分”TOP20股票的估值简况。从相对估值指标来看，首先其滚动市盈率普遍较高，平均值为86.79，远高于同期Wind全A的27.92。其次，除周期性较强的三一重工以及因业绩不达预期先行下跌的中国平安外，其他“抱团股”的市盈率百分位均已上升至2016年①以来的最高水平，而同期市场平均值为36.60%。最后，大多数基金重仓股的PEG比例大于3，平均值为3.20，中位数为3.37，同期Wind全A的PEG比例为1.83，两者差距明显。以上数据均表明“抱团股”的估值已位于极高水平，无论相对其历史估值还是预期利润增速而言都已处于严重高估状态。从绝对估值指标来看，即便按照最乐观的预期进行估计，不少企业的市场价格也已经远远超过其合理价值，股价泡沫较为明显。

表11　“抱团得分”TOP20股票的相对估值指标简况

股票简称	PE TTM 2021年2月10日	PE TTM percentile（2016年1月1日至2021年2月10日）	Wind一致预测未来复合增长率②	一致预期PEG	乐观情形下每股估价	市价/估价
贵州茅台	73.29	99.92%	14.87	4.93	1984.37	1.27
五粮液	68.54	99.92%	18.24	3.76	260.42	1.28
美的集团	30.26	99.92%	9.95	3.04	92.28	1.10

① 2015年中国股市出现“杠杆牛”，许多股票在这一期间出现了明显异常的收益，估值水平不具代表性。

② Wind一致预测净利润增长率数据取自Wind数据库，它可以反映机构投资者对某一股票（企业）未来数年盈利能力的预期，其详细算法请参考《万得一致预测算法说明》。

续表

股票简称	PE TTM 2021 年 2 月 10 日	PE TTM percentile（2016 年 1 月 1 日至 2021 年 2 月 10 日）	Wind 一致预测未来复合增长率	一致预期 PEG	乐观情形下每股估价	市价/估价
宁德时代	215.88	99.69%	32.14	6.72	151.84	1.50
中国平安	10.12	11.88%	14.67	0.69	214.41	0.34
中国中免	123.80	91.97%	55.36	2.24	241.01	1.59
立讯精密	56.97	87.32%	46.53	1.22	155.48	0.34
隆基绿能	56.44	98.07%	46.57	1.21	207.06	0.30
迈瑞医疗	94.34	99.82%	28.26	3.34	486.48	1.00
恒瑞医药	99.50	98.48%	24.64	4.04	87.18	1.04
海康威视	48.08	99.68%	14.11	3.41	59.22	1.07
泸州老窖	81.23	99.92%	23.71	3.43	255.69	1.20
药明康德	184.10	99.85%	41.65	4.42	90.33	1.69
三一重工	28.21	61.00%	26.16	1.08	544.30	0.08
招商银行	14.13	99.68%	10.81	1.31	60.76	0.84
伊利股份	38.59	98.39%	10.94	3.53	40.33	1.10
顺丰控股	75.33	77.77%	27.41	2.75	109.15	1.06
长春高新	71.62	93.50%	46.86	1.53	1145.54	0.43
爱尔眼科	221.64	99.92%	31.02	7.15	51.88	1.04
山西汾酒	143.81	99.92%	34.50	4.17	263.13	1.20
平均	86.79		27.92	3.20		1.27

若企业的盈利增长趋势良好，则当前较高的估值能够被未来的盈利增长所“消化”，但事实上，许多“抱团股”的盈利增长趋势与估值水平已经出现了严重背离。以“抱团程度”最高的贵州茅台与五粮液为例（见图 28），基金在该股票的抱团于 2017—2018 年形成，其盈利增速也在这一时期上升至较高水平，由此可发现基金抱团的初期形成与企业财务表现基本呈现同步关系。2019 年企业的盈利高增长拐点出现，但基金抱团却愈演愈烈导致其股价与估值持续攀升，基金抱团已然演变成了脱离企业盈利和基本面的炒作行为。

当没有新的参与者继续参与击鼓传花的游戏时，缺乏盈利支撑的估值必将逐渐回归至合理水平并带动股价下跌，而当“抱团”无法再产生超额收益时，基金也会因股票的长期投资性价比不高而卖出股票，最终导致或促进基金抱团的瓦解。

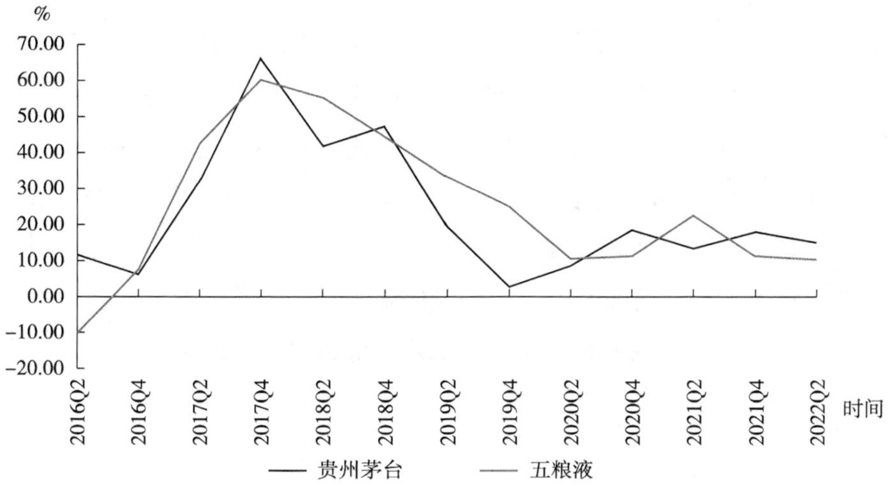

图 28　贵州茅台与五粮液的净利润变化情况

2.3.2　“抱团行业”基本面的相对优势不再显著

2.1.2 小节的分析指出基金在食品饮料等行业形成抱团的重要原因是，在经济不确定性上升的环境当中该行业在当前的盈利能力，在未来盈利成长性及经营稳定性方面存在显著优势。招商证券张夏（2019）认为，在“定期业绩考核机制、排名压力及产品发行运作机制”的影响下，机构投资者的“价值投资”理念被扭曲，他们总是倾向于识别发现短期业绩增速最高的板块并形成“抱团”态势。那么当一个行业或板块的相对优势丧失或更具有相对优势的行业出现时，原本已形成的“抱团”会遭遇冲击甚至瓦解，基金会在最有优势的行业重新形成抱团。2021 年以电力设备行业为主的“新能源”板块的凸显显著优于“消费”板块的相对优势，成为基金“消费”抱团瓦解的重要因素之一。

首先在政策面上，为实现“双碳”目标，国务院、财政部、发改委、能源局等部门自2020年开始密集出台多项政策大力推进新能源产业，对新能源车制造与消费、光伏一体化建筑、储能产业以及新能源上网等领域实施了千亿元规模的直接政府补贴。2021年3月，新能源产业的发展被直接列入“十四五”规划纲要。受益于政策的有力支持，以宁德时代为代表的“新能源”概念在资本市场中迅速崛起，势头逐渐盖过以生物医药与食品饮料为代表的“消费”。

从盈利增速来看，2020年起电力设备行业净利润增速远超食品饮料，在“消费抱团”瓦解的2021Q1，电力设备行业整体利润增速超过140%（见图29）。2020年上市公司年度报告数据显示，食品饮料行业平均净利润增长率为15.96%，在当年所有实现正增长的行业中垫底，而同期电力设备利润增长57.92%，位列非周期行业第一。形成更加鲜明对比的是，电力设备龙头宁德时代在2021年期间实现185%的归母公司净利润增长，而同期消费龙头贵州茅台仅为12%。

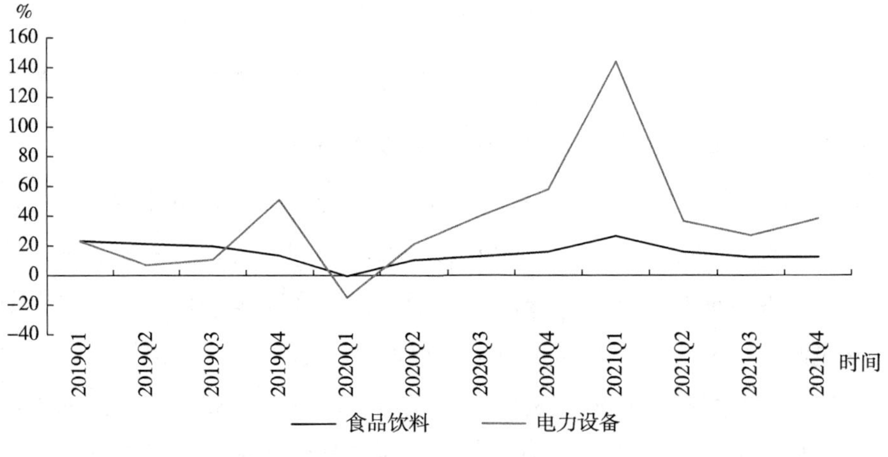

图29　食品饮料与电力设备净利润变化情况

从估值水平来看，2021年2月10日，电力设备行业的滚动市盈率为54.6，Wind一致预测利润增长率为39.42%，PEG比例为1.39；同期食品饮料行业的滚动市盈率为62.96，PEG比例为3.4，可见前者的估值优势明显。

由于“新能源”板块具有政策扶持、估值合理、成长性更为突出等优势，基金在食品饮料等行业的抱团开始迅速瓦解，转而在电力设备行业形成新一轮抱团。

基金持有食品饮料与医药生物行业的市值占比由2020年的32%骤降至2021年的20%，持有电力设备行业的市值由2020年末的2000亿元上升至2021年的7640亿元，占股票投资的市值比例由5.25%上升至15.14%，电力设备成为基金第一大重仓行业。

2.3.3 外资持续减持“抱团股”

2.1.6小节的分析指出，2017—2018年外资的大规模入场与基金形成了合力，从而推动了龙头股的快速上涨，并促进了基金抱团的初期形成。但在2019年基金抱团发展至高潮时，“抱团股”连续暴涨时，外资与基金对一些典型“抱团股”的态度出现明显分歧，这在被严重高估的白酒与家电等消费类行业尤为明显（见表12）。

表12　陆股通对典型“抱团股”的持股情况

股票简称	2019Q4持股数量	2021Q1持股数量	2020年抱团平均得分	减持比例
贵州茅台	102362207	89681844	99.63	-12.39%
五粮液	335547084	225182536	99.92	-32.89%
中国中免	245181552	208258153	98.54	-15.06%
美的集团	1236138738	1090737103	99.70	-11.76%
海尔智家	1019036824	471210138	98.11	-53.76%
泸州老窖	40310275	29337435	99.37	-27.22%

以贵州茅台为例，在基金抱团形成初期，北向资金与基金均持续大规模增持。直至2019Q1贵州茅台净利润同比增长仅2.8%迎来利润增长拐点，北向资金开始减持，其行为基本是出于对基本面变化的反应。而基金在贵州茅台的“抱团”却愈演愈烈。2020年末基金“抱团”发展至高潮，“龙头股”股价迎来飙涨，估值纷纷突破合理区间，北向资金选择大量卖出获利。

北向资金的持续卖出行为向市场释放了消极信号，基金之间的分歧开始出现，不少基金也开始抛售贵州茅台。Wind 数据显示，有 737 只基金在 2021Q1 卖出，近 150 只基金清仓，重仓贵州茅台的基金数量自 2017 年以来首次环比下降，抱团开始瓦解，即便贵州茅台的盈利增速依然保持稳定，其股价却开始不断下跌。截至 2022 年 11 月，其股价跌破 1500 元，距高点下跌近 40%。

北向资金与基金对于“抱团股”的意见分歧抑制了其股价脱离基本面继续上涨，阻断了基金抱团—股价上涨—继续抱团的正反馈，使基金对“抱团股”的态度从一致“抱团”转变为了相互博弈。当抱团无法带来超额收益时，由于股票本身估值不合理，一些基金会选择退出抱团，导致股价下跌，引发更多基金退出抱团，并最终导致或促进了基金抱团的瓦解。

3. 基金抱团的负面影响分析

3.1 引发资产价格剧烈波动

3.1.1 抱团助推估值泡沫

基金抱团形成与发展的过程通常伴随着资产价格的暴涨，这一过程通常伴随着资产价格泡沫的产生，我们可以通过对“抱团股”的股价变化进行归因分析来观察这一现象。对市盈率的定义式进行如下变换。

$$PE = \frac{Price}{Earing} \tag{3-1}$$

$$\frac{Price_t}{Price_{t-1}} = \frac{PE_t}{PE_{t-1}} \times \frac{Earing_t}{Earing_{t-1}} \tag{3-2}$$

$$1 + \Delta Price\% = (1 + \Delta PE\%) \times (1 + \Delta Earing\%) \tag{3-3}$$

式中，$Price$ 为股票价格、PE 为股票的滚动市盈率水平、$Earing$ 为过去 12 个月累计净利润、$\Delta PE\%$ 表示滚动市盈率的百分比变化（其他同理）。实务界通常根据上式将股票价格的上涨分解为企业盈利改善带来的价值增加以及估值上升带来的股价上涨两部分，以反映两者对股价变化的贡献程度。如果股价上涨主要归因于估值的增加，则表明股票的收益主要来自投资者之间的

“击鼓传花”而非企业盈利。

本文对2019—2020年“抱团平均得分”TOP20的股票进行了股价变化归因分析（见表13），不难发现虽然大部分“抱团股”的利润有明显增长，但市盈率上升对股价的贡献要远高于企业盈利改善。从行业层面来看，食品饮料在2017年1月1日—2021年2月10日的累计涨幅为345.21%，同期净利润从667.26亿元上升至1477.23亿元，涨幅为121.39%，滚动市盈率自26.59倍上升至61.93倍，上涨幅度为233.10%，估值涨幅约为盈利涨幅的两倍。

表11和表13的分析表明，基金“抱团股”在2019—2020年产生的超高收益更多的是一场“击鼓传花”的估值游戏，而不是因为“抱团股”本身经营实现了如此高的盈利增长。虽然市场上参与者众多，股价的变化或许无法完全归因于基金的抱团行为，但毫无疑问的是，基金作为市场中规模最大的机构投资者群体，必然是这场估值游戏的最大玩家，其在2019—2020年的龙头股抱团与行业抱团行为助推了股价泡沫的形成与膨胀。

表13　典型基金“抱团股”股价涨幅归因分析①

股票简称	净利润2016Q4	净利润2021Q1	市盈率2016Q4	市盈率2021-02-10	股价涨幅（%）	净利润增长（%）	市盈率扩张（%）	市盈率扩张贡献是否大于盈利增长
五粮液	66.74	194.04	19.61	68.54	965.53	190.72	249.54	是
泸州老窖	16.55	60.06	27.96	81.23	921.61	262.96	190.47	否
贵州茅台	165.44	466.97	25.37	73.29	722.74	182.26	188.88	是
立讯精密	11.07	72.33	39.75	56.97	746.10	553.59	43.31	否
长春高新	4.67	30.47	40.71	71.62	797.96	551.80	75.93	否
美的集团	145.03	249.14	12.55	30.26	322.05	71.79	141.24	是
隆基绿能	13.73	81.52	19.47	56.44	1516.48	493.70	189.86	否
保利发展	129.88	289.08	8.34	5.73	76.94	122.58	-31.30	否
海康威视	69.49	134.02	20.91	48.08	349.00	92.87	129.93	是

① 表中的简易分析方法对“三一重工”与“万华化学”这类典型周期股的分析结果不可靠。

续表

股票简称	净利润 2016Q4	净利润 2021Q1	市盈率 2016Q4	市盈率 2021-02-10	股价涨幅 (%)	净利润增长 (%)	市盈率扩张 (%)	市盈率扩张贡献是否大于盈利增长
万科 A	195.27	415.16	11.62	8.27	62.60	112.60	-28.80	否
分众传媒	40.48	40.04	30.80	66.39	55.30	-1.09	115.55	是
山西汾酒	6.07	31.06	35.72	143.81	1757.69	412.09	302.64	否
三一重工	3.90	154.31	119.17	28.21	734.04	3861.04	-76.32	否
爱尔眼科	5.38	16.94	56.14	221.64	1081.75	214.83	294.81	是
宁波银行	75.67	150.50	8.58	17.90	258.50	98.88	108.76	是
三安光电	17.44	10.84	31.32	116.68	120.76	-37.80	272.55	是
万华化学	26.74	100.41	17.41	58.17	798.45	275.49	234.12	否
中国中免	16.48	61.17	25.71	123.80	1751.82	271.17	381.55	是
海尔智家	45.34	88.77	13.29	45.70	281.76	95.79	243.91	是

3.1.2 抱团瓦解后的估值回归引发股价暴跌

股票估值天然具备“均值回归”的特性，因此以估值扩张为基础的股价上涨本质上是投资者之间的“击鼓传花”，不具有可持续性。“抱团股”超高的估值早已过度透支了企业未来的盈利增长潜力，一旦其业绩被证明无法与高估值匹配或投资者的风险偏好降低，抑或是没有新的参与者加入这场估值游戏时，企业估值将回归至长期合理水平，伴随而来的就是泡沫破裂与股价暴跌。

观察“抱团平均得分”TOP20股票在抱团瓦解期间的市场表现可以发现（见表14），“抱团股”在抱团瓦解期间普遍因估值回归而“腰斩”，跌幅显著高于市场平均水平。从行业层面来看，抱团最明显的食品饮料与生物医药行业指数（申万）均下跌约40%，前者的估值由最高点61.98下跌至27.12，后者的估值从最高值54.85下跌至2008年以后的历史最低水平21.86。

由此可见，基金抱团推动“抱团股”估值过度扩张带来了负面影响。

表 14　基金主要重仓股“抱团”瓦解后股价与市盈率变化①

股票简称	区间跌幅（%） 2021 年 2 月 10 日至 2022 年 10 月 31 日	市盈率 2021 年 2 月 10 日	市盈率 2022 年 10 月 31 日
五粮液	-58.46	68.54	19.90
泸州老窖	-46.14	81.23	23.25
贵州茅台	-43.93	73.29	28.46
立讯精密	-42.99	56.97	23.04
长春高新	-67.93	71.62	16.08
美的集团	-58.50	30.26	9.50
隆基绿能	-19.46	56.44	29.09
保利发展	9.59	5.73	6.14
海康威视	-52.64	48.08	18.27
万科 A	-47.19	8.27	6.87
分众传媒	-60.70	66.39	17.16
山西汾酒	-18.82	143.81	37.59
三一重工	-69.77	28.21	37.43
爱尔眼科	-50.91	221.64	66.22
宁波银行	-40.41	17.90	7.00
三安光电	-38.17	116.68	76.31
万华化学	-38.91	58.17	13.48
中国中免	-54.94	123.80	57.27
海尔智家	-37.48	45.70	13.29
Wind 全 A	-24.24	24.25	16.05

3.2　导致基金业风险高度集中

2020 年末，基金持股市值前 50 与前 100 的市值合计分别约占其股票投资总市值的 60% 和 75%，可见其资产配置高度集中。如果将所有基金看作一个整体，那么基金“抱团”发展至高潮的一个结果就是基金业将大多数资金集中配置在极少数资产当中。一旦这些被集中持有的资产出现价格波动或风险

① 表中的简易分析方法对“三一重工”与“万华化学”这类典型周期股的分析结果不可靠。

性事件发生时，基金业整体将面临巨大冲击。

2021 年 2 月 18 日至 2021 年 3 月 30 日，股票市场上涨与下跌的股票数量分别为 3072 只和 1176 只，呈涨多跌少态势。但同期主动权益类基金收益分布情况却恰恰相反（见图 30），在 3080 只基金中仅有不到 5% 的基金能够取得正收益，而亏损超 10% 的基金却超过一半。当期 Wind 主动权益类基金指数收益率为 –12%，而所有股票却平均上涨 7%。基金普跌与股票市场涨多跌少的局面形成鲜明对比。其原因正是基金抱团在这一时期迅速瓦解，“抱团股”因泡沫破裂发生暴跌，在大多数基金都采取“抱团”策略的情况下，几乎所有基金的业绩表现都仅与少数股票相关。

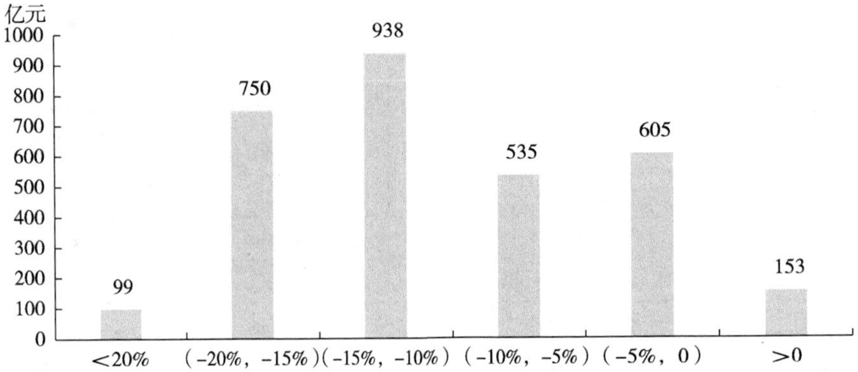

图 30　2021 年 2 月 10 日至 3 月 30 日基金收益分布图

以顺丰控股为例，2020 年末共 625 只主动权益型基金合计持有其 4.3 亿股股份，合计市值约 400 亿元。2021 年 4 月 8 日，在此前几乎所有投资者都看好其利润增长的情况下，其财务业绩快报突然声明将预亏 10 亿元，导致股价连续出现多个跌停。截至 2021 年 4 月 12 日，顺丰控股的股价相较 2 月 10 日最高点下跌约 51.2 元，累计跌幅达到 45.53%。按照基金在前后两期的平均持股数量 3.36 亿股进行估算，顺丰控股的业绩暴雷给基金持有人带来的损失超 170 亿元。

在资管新规背景下，基金在居民财富管理中扮演的角色将越发关键，如果基金将大多数居民资产“押注”在少数企业当中，个别企业或行业的风险事件可能会通过基金传染至千家万户，甚至诱发系统性金融风险。

3.3 激化基金与投资者之间的委托—代理问题

国泰君安证券分析师孙雨（2021）在研究基金抱团时发现，“抱团程度高”的基金普遍有着较大的规模，而国内公募基金又普遍采用以在管资产规模为基础的固定费用结构，更大的资产管理规模意味着更高的管理费收入。受此启发，本文对2020年末基金规模最大的20只基金进行了统计分析，并从委托—代理关系的角度出发探究基金抱团如何激化委托—代理问题并损害基金投资者的利益。

本文首先发现这些规模较大的基金有两个特征（见表15）：一是在2019—2020年获得了远超市场平均的绝对收益，且风险收益比异常之高（夏普比率极大）。二是这些基金主要是在2019—2020年才出现爆炸式的膨胀，不少基金甚至从规模几亿元的迷你基金发展为数百亿元的庞然巨物。

表15　2020Q4资产规模TOP20主动权益类基金规模变化与收益率简况

基金代码	2020Q4资产规模（亿元）	2018Q4资产规模（亿元）	2018Q4—2020Q4收益率（%）	超额收益率[①]（%）	夏普比率[②]
005827.OF	677.01	21.61	202.62	135.52	8.50
260108.OF	393.19	36.49	220.20	153.1	9.10
163402.SZ	352.54	129.84	111.19	44.09	5.79
110022.OF	347.10	136.71	195.63	128.53	7.96
320007.OF	327.76	3.80	171.86	104.76	4.16
161005.SZ	306.81	56.68	157.24	90.14	7.01
163417.SZ	302.78	272.20	135.13	68.03	6.74
001511.OF	290.92	51.69	90.11	23.01	4.75
003095.OF	232.43	15.43	248.43	181.33	9.04
163406.SZ	205.98	43.77	185.28	118.18	8.42
001938.OF	197.37	26.82	159.01	91.91	6.35
005911.OF	195.37	0.85	268.81	201.71	9.47

① 此处的超额收益率=基金区间收益率-Wind全A区间收益率，后者代表A股市场整体表现。

② 夏普比率=（收益率-无风险收益率）/波动率，此处采用了学术研究中常用的处理方法，即将无风险收益率视为0。

续表

基金代码	2020Q4 资产规模（亿元）	2018Q4 资产规模（亿元）	2018Q4—2020Q4 收益率（%）	超额收益率（%）	夏普比率
161903. SZ	193. 03	1. 23	274. 58	207. 48	9. 63
519069. OF	192. 91	83. 93	106. 90	39. 8	5. 42
501049. SH	187. 71	15. 63	128. 72	61. 62	5. 65
519674. OF	184. 86	1. 24	186. 66	119. 56	4. 96
000083. OF	176. 96	35. 77	206. 83	139. 73	8. 93
180012. OF	173. 62	56. 21	205. 87	138. 77	8. 49
163415. SZ	173. 32	10. 93	175. 53	108. 43	7. 98
Wind 全 A			67. 1		

如果说基金的优异业绩可以被归因于基金经理或管理团队的优秀投研能力，那么其业绩就具有较高的可持续性，投资者“用脚投票”追随优秀的基金经理是一种无可厚非的理性行为。但是本文统计发现，2019—2020 年这些“明星基金”的“抱团得分”几乎在每一个期间都显著高于平均水平（见表16），这表明这些基金的优秀业绩很大程度上可以被归因于采用了“抱团”策略。而通过“抱团”获得的超高收益，显然无法反映基金经理的实际投研能力，更不具有可持续性。

表 16　2020Q4 资产规模 TOP20 主动权益类基金各期“抱团得分”

基金代码	2020Q4	2020Q2	2019Q4	2019Q2	各期平均
005827. OF	99. 23	93. 87	96. 01	98. 98	97. 02
260108. OF	98. 59	94. 63	93. 68	99. 00	96. 47
163402. SZ	95. 38	92. 45	90. 78	89. 90	92. 13
110022. OF	97. 84	92. 60	95. 53	98. 40	96. 09
320007. OF	95. 60	95. 29	92. 07	68. 07	87. 76
161005. SZ	94. 18	89. 92	91. 50	92. 32	91. 98
163417. SZ	95. 42	93. 88	85. 45	91. 60	91. 58
001511. OF	94. 82	90. 85	90. 76	89. 80	91. 56
003095. OF	96. 75	95. 89	95. 25	97. 06	96. 24
163406. SZ	95. 40	91. 69	91. 60	89. 96	92. 16

续表

基金代码	2020Q4	2020Q2	2019Q4	2019Q2	各期平均
001938. OF	96. 86	90. 67	91. 61	92. 55	92. 92
005911. OF	96. 12	95. 52	93. 34	92. 37	94. 34
161903. SZ	94. 56	92. 77	86. 98	89. 93	91. 06
519069. OF	98. 53	89. 52	88. 39	88. 70	91. 28
501049. SH	96. 46	90. 55	81. 94	88. 53	89. 37
519674. OF	93. 93	93. 64	91. 98	88. 99	92. 13
000083. OF	97. 25	95. 85	94. 56	93. 85	95. 37
180012. OF	97. 49	95. 28	93. 07	93. 51	94. 84
163415. SZ	92. 90	90. 91	88. 70	87. 27	89. 94
平均得分	92. 00	86. 40	83. 44	85. 85	86. 92

基金规模的迅速膨胀一部分可以归因于中小投资者因无法意识到基金的优异业绩不具有可持续性而作出的盲目追随短期绩优基金的行为，但另一个更重要的原因是基金公司利用“抱团”获得的优秀短期业绩进行广泛营销。随着互联网代销平台的兴起，基金公司“营销第一，投研第二”的倾向越发明显，“榜单营销”与“流量式投资”迅速兴起。“榜单营销”指各大互联网代销平台设置的“基金热榜”“人气榜”等榜单，它们通常会被置于网页或客户端最显眼的位置，从而能够吸引大量投资者的关注，但是该榜单通常是一个上榜规则与算法非公开的“黑箱”，给了基金公司与代销机构极大的自由操作空间。直至2022年中欧基金与代销平台蚂蚁财富涉嫌操纵基金榜单被曝光遣责后，“榜单营销”现象才开始收敛。“流量式投资”是指一些基金公司争相投入营销资源打造“明星基金”与“明星经理”，给基金经理冠以各种名号在互联网进行营销，甚至还频频登上“热搜”。此外，“基金直播”和“基金带货”也成为基金公司的重要营销手段。以上基金正是在这样的互联网营销中实现了资产规模的迅速膨胀，其中不少基金经理更是因其被广大投资者熟知而成为“网红经理”。

2.2.4小节的分析指出，资产规模的膨胀会对基金的投资行为带来许多约束，使得基金管理难度陡增。几亿元资产的管理难度和数百亿元资产相比更是天差地别。一旦抱团瓦解或市场风格发生变化，基金经理很可能对过度膨胀的资产规模感到无所适从，最终引致基金净值暴跌。如表 17 所示，抱团瓦解后这些基金全部遭遇了净值暴跌，业绩表现远远落后于市场平均水平，业绩排名以及风险收益评价也大多位于同类最靠后位置。

表 17　资产规模 TOP20 主动权益类基金“抱团瓦解”后业绩表现

基金代码	区间收益率（2021 年 2 月 10 日至 2022 年 10 月 31 日）	在主动权益类基金中的排名	夏普比率排名
005827. OF	－53. 12	3127/3184	2904/3184
110011. OF	－52. 23	3115/3184	2907/3184
260108. OF	－44. 19	2931/3184	2370/3184
163402. SZ	－29. 49	2112/3184	2544/3184
110022. OF	－44. 11	2923/3184	2559/3184
320007. OF	－25. 16	1844/3184	1240/3184
161005. SZ	－36. 55	2531/3184	2788/3184
163417. SZ	－43. 28	2895/3184	2886/3184
001511. OF	－27. 53	1992/3184	2338/3184
003095. OF	－43. 01	2880/3184	2023/3184
163406. SZ	－35. 85	2489/3184	2716/3184
001938. OF	－29. 83	2132/3184	1857/3184
005911. OF	－28. 55	2054/3184	1578/3184
161903. SZ	－32. 50	2282/3184	1805/3184
519069. OF	－44. 04	2920/3184	3057/3184
501049. SH	－45. 83	2990/3184	3010/3184
519674. OF	－14. 05	1219/3184	865/3184
000083. OF	－44. 66	2953/3184	2463/3184
180012. OF	－47. 65	3037/3184	2462/3184
163415. SZ	－32. 10	2250/3184	2464/3184
偏股混合型基金指数	－24. 84		
Wind 全 A	－18. 74		

基金通过“抱团”获得不可持续的高收益后趁机扩大规模的行为显然无法为投资者带来好处，但对于基金公司而言却是一场盛宴。一直以来投资者都被灌输要对基金秉持“长期持有”或“长期定投”的理念，此外金融素养普遍不高的个人投资者还很容易受到“损失厌恶”① 的影响（兰子君，2022），因此即便“抱团”瓦解后这些基金的业绩表现极差，投资者也不会立刻进行赎回，甚至还会认为净值的暴跌反而是买入“明星基金”的好时机，出现基金越是下跌反而越增加投资的现象（见表 18）。由此一来，这些基金在较长一段时间内得以继续维持庞大的资产规模，并且持续获得可观的管理费收入。

表 18　资产规模 TOP20 主动权益类基金“抱团瓦解”后份额变化

单位：亿份

基金代码	基金份额 2020 年 12 月 31 日	基金份额 2021 年 6 月 30 日	基金份额 2021 年 12 月 31 日	基金份额 2022 年 6 月 30 日	基金份额 2022 年 10 月 30 日
005827. OF	236. 22	298. 19	261. 85	262. 03	262. 05
110011. OF	43. 86	35. 51	27. 91	29. 53	30. 13
260108. OF	119. 74	179. 91	183. 63	172. 19	168. 37
163402. SZ	352. 22	384. 81	340. 58	322. 68	317. 06
110022. OF	65. 81	62. 26	66. 29	68. 17	67. 42
320007. OF	189. 56	131. 88	129. 43	164. 06	187. 08
161005. SZ	84. 68	121. 26	116. 18	120. 91	121. 22
163417. SZ	154. 73	173. 30	141. 19	131. 98	126. 59
001511. OF	151. 38	120. 54	86. 15	78. 46	74. 50
003095. OF	67. 76	120. 53	253. 64	258. 14	278. 59
163406. SZ	102. 23	149. 13	157. 33	167. 91	169. 47
001938. OF	95. 61	128. 63	120. 24	115. 41	112. 49
005911. OF	56. 65	46. 48	38. 61	37. 17	36. 82
161903. SZ	87. 33	79. 03	68. 37	77. 56	80. 36

① “损失厌恶”是一个行为金融学和心理学概念，它指“人们面对等价的收益和损失时，多数会对损失产生更大的反应的现象”。“损失厌恶”会带来“处置效应”——人们倾向于卖出已出现盈利的头寸，保留甚至追加出现亏损的头寸。

续表

基金代码	基金份额 2020年 12月31日	基金份额 2021年 6月30日	基金份额 2021年 12月31日	基金份额 2022年 6月30日	基金份额 2022年 10月30日
519069. OF	48. 95	54. 66	49. 98	47. 88	46. 37
501049. SH	146. 30	146. 30	146. 30	146. 30	146. 30
519674. OF	31. 55	19. 80	23. 19	29. 34	32. 34
000083. OF	21. 06	23. 28	27. 15	27. 86	28. 06
180012. OF	25. 79	30. 60	35. 23	33. 75	33. 91
163415. SZ	46. 22	49. 76	40. 06	37. 73	36. 54
合计	2127. 65	2355. 86	2313. 31	2329. 06	2355. 67

在2019Q1—2022Q4这一段“抱团”发展至瓦解时期，这些规模不断膨胀的基金为基金管理人赚取了高昂的管理费收入。如果将所有基金持有人看作整体，这些基金实际收取的管理费率十分高昂，甚至出现了“基金公司赚钱，但基民不赚钱”的现象——基金大额亏损，基金管理人却收取了巨额管理费（见表19）。由此可见，在缺乏合理监管以及机制约束的背景下，基金通过“抱团”获得不可持续的高收益，再借此扩大规模的行为激化了基金公司与投资者之间的委托—代理问题，损害了投资者尤其是缺乏金融分析能力的中小投资者的利益。

表19　资产规模TOP20主动权益类基金净利润与管理人报酬统计

基金代码	管理人报酬合计（亿元） 2019Q4—2022Q2①	基金利润合计（亿元） 2019Q1—2022Q4	费用/利润
005827. OF	28. 94	60. 13	48. 13%
110011. OF	15. 95	257. 51	6. 19%
260108. OF	21. 57	105. 58	20. 43%
163402. SZ	19. 19	116. 50	16. 48%
110022. OF	18. 22	239. 11	7. 62%
320007. OF	12. 46	52. 71	23. 63%

① 在本文写作时点，公募基金仅披露了“基金季度报告”，而管理人报酬仅在“基金年度报告”中披露，因此本表数据忽略了2022Q4的管理人报酬数据。

续表

基金代码	管理人报酬合计（亿元）2019Q4—2022Q2	基金利润合计（亿元）2019Q1—2022Q4	费用/利润
161005. SZ	16. 91	78. 35	21. 58%
163417. SZ	21. 37	262. 88	8. 13%
001511. OF	36. 10	68. 38	52. 79%
003095. OF	18. 87	-11. 50	-164. 11%
163406. SZ	11. 85	49. 02	24. 17%
001938. OF	11. 88	121. 47	9. 78%
005911. OF	8. 58	121. 32	7. 07%
161903. SZ	6. 22	44. 67	13. 93%
519069. OF	11. 71	78. 63	14. 90%
501049. SH	6. 50	-34. 95	-18. 60%
519674. OF	7. 40	53. 91	13. 73%
000083. OF	9. 68	123. 08	7. 87%
180012. OF	10. 02	144. 87	6. 91%
163415. SZ	7. 44	53. 82	13. 82%

上述现象出现的关键在于，当前基于在管资产规模的固定管理费率制度所带来的委托—代理问题。在这种制度下，优秀的投资业绩仅仅是一种为了扩大资产管理规模的手段或工具，而非基金管理人的终极目标。然而优秀的业绩表现并非扩大资产管理规模的唯一手段，基金通过积极的营销手段同样可以达成这一目标。从理论上而言，如果基金合同中能够约定基于业绩表现的浮动管理费率或是相应的管理费惩罚条款，一旦基金管理人意识到市场上的风险可能大于机会，就会停止其盲目的营销行为，甚至对基金作出限购以防止资产规模超出基金经理的管理能力。这样一来，公募基金才能真正做到利用其专业技能更好地服务中小投资者，成为普惠金融的代表。

4. 结语

本文分析认为，基金抱团的形成是市场有效的体现，但当抱团演绎为脱离企业基本面的炒作时会带来一系列的负面影响。因此我们既要防止基金抱团演绎为脱离基本面的炒作，又不能过度限制基金的“抱团”。结合前文的分析过程和结论后，本文给出如下建议。

4.1 给监管方的建议

（1）考虑要求基金管理人按某一比例自购基金份额，从而缓释基金管理人与持有人之间的委托—代理问题。从前文的分析来看，委托—代理问题几乎存在于推动“抱团”发展的各个因素之中。在当前的固定费率制度下，基金公司不与投资者共担风险，其唯一的目标是扩大资产管理规模，因此即便基金管理人利用自身的专业判断认为市场风险大于机会，也还是会尽可能利用一切机会扩大在管资产的管理规模。当基金公司持有基金份额时，他们必须要在新增规模带来的管理费收入以及净值下跌时带来的自有资本损失间作出权衡，从而有动机将风险纳入基金发行以及后续投资行为的考量当中，从而更加审慎地作出扩大管理规模或新发基金的行为。除此之外，监管方还可以利用自购比例这一监管指标建立类似“准备金”制度的监管体系，从而对基金管理行业的发展进行宏观层面的调控。

（2）强制落实《基金管理公司绩效考核与薪酬管理指引》或将其落实情况纳入监管考核，促进建立基金经理长效考核机制。2022 年 6 月，中国证券投资基金业协会制定了《基金管理公司绩效考核与薪酬管理指引》（以下简称《指引》），建议基金公司建立实施绩效递延支付制度且时间不少于三年，同时要求公司高管与基金经理等关键岗位人员的递延支付比例不低于 40%。此外还要求基金经理至少将本年度薪酬的 30% 用于购买本人管理的基金。但由于《指引》不具备法律强制约束力，因此在实务中还鲜有基金公司落实。《指引》的落实有助于约束基金公司或基金经理采取类似“抱团”这种风险相对的策略，因为即便通过“抱团”获得了短期较高的收益，抱团瓦解时净值的暴跌也会大大减少其薪酬。此外，这种制度还有利于基金公司自发主动地控制基金规模，当基金管理人意识到过度膨胀的资产规模对基金的投资行为带来负面影响或市场风险已经较高时，为避免后续净值暴跌导致薪酬降低，他们有动机对基金采取限购措施，从而缓释“明星效应”带来的“申购—抱团”正反馈。

(3) 鼓励基金在投资策略、管理方式和费用安排等方面进行创新。“抱团”形成并持续演绎的一个重要原因是当前我国公募基金大多采取买入并持有的单一投资策略，这种共同的投资理念很容易导致基金整体对某一类股票形成一致性预期从而形成“抱团”。因此可适当鼓励公募基金采取更加丰富的投资策略，比如同为机构投资者的私募基金常采用的衍生品策略、大宗商品策略、量化策略、套利策略、宏观对冲策略等。此外，基金在管理模式与费用安排上也有很大的创新空间。当前我国公募基金以开放式为主，封闭式与定期开放式为辅，但是三者的主要区别仅在于流动性有所不同，其他方面均未体现出太大的差异。本文认为定期开放式的基金可以考虑放弃“相对”考核机制，采取私募基金中广泛采用的“基础费率 + 超额费率”的管理费制度，在开放日的前一个工作日统一计提各项费用，而不像开放式基金那样逐日计提，这样一来基金的运作可以免受业绩考核压力以及投资者预期外申购赎回行为的影响，从而得以更加专注地实施既定的投资计划与策略。这一建议的目的在于丰富基金种类，降低基金的同质化程度，从而减少“抱团”现象。

(4) 规范基金营销行为尤其是互联网营销行为，淡化短期业绩的重要性。当前我国已禁止评级机构对基金进行月度评级，这一规定对规范基金营销行为有一定的借鉴意义。互联网理财平台的客户群体多为缺乏金融分析能力或投资经验欠缺的中小投资者，平台将短期业绩优异的基金置于最显眼的地方虽然能够起到良好的营销效果，但短期业绩受到诸多因素影响，存在较强的随机性，投资者因短期业绩买入的基金未必符合其风险偏好或收益预期，甚至还可能带来较大损失。因此本文建议规范基金的营销行为，比如基金宣传材料不得选择性披露基金经理的业绩，不得刻意强调短期收益表现，基金购买页面应当提供诸如波动率与最大回撤等信息，规范设置“人气榜单”等。这一建议主要在于减轻“明星效应”对抱团行为形成的正反馈。

(5) 调整对基金投资行为的有关规定。首先应适度放宽对基金权益持仓比例的限制，尤其是给予新发基金更长的“建仓”时间，让基金管理人能够在市场环境较好时募集资金，等待市场机会出现后再开始进行投资，从而降低新基金发行的“顺周期”性，消除推动“抱团”不断发展的其中一个重要因素。此外，对于未明确细分投资领域的基金，若其持仓过度集中于某一行业，应当要求其在公告中提供情况说明，并向基金持有人或潜在投资者进行风险提示。

（6）积极引导海外优质上市公司回归A股，放宽基金港股投资限制以增加基金的可选标的数量。基金“抱团”的一个客观原因是资本市场的优质资产供给相对不足，我国许多优质企业如腾讯、阿里、京东等未在我国交易所上市，同时又并非所有基金的“港股通”使用额度都有一定限制。通过积极引导海外上市公司回归A股，增加基金的可选投资标的，降低基金的“抱团程度”。

4.2 给基金管理公司的建议

（1）规范业绩比较基准的设定，建立“绝对”加“相对”的基金经理业绩考核制度。相对考核是当前使用最广泛的业绩考核制度，然而即便同为混合型基金，基金的投资范围、策略、标的都有可能大不相同，因此其业绩在某一段时间内也不具有可比性。当某一类基金因市场环境变化表现突出时，相对业绩考核制度带来的排名压力会迫使一些基金经理放弃自身独特的投资策略，转而参与“抱团”以降低排名持续落后的风险。在现有的相对考核机制下补充“绝对考核”制度并为其设定合理权重，或可以减轻“相对”考核机制对基金投资行为的影响，让基金能够更加专注于其既定的投资策略与范围。因为在“绝对”加“相对”的考核机制下，即便基金在“相对”考核中受挫，若其“绝对”考核良好，仍可以获得较好的考核结果。但目前我国公募基金业绝对考核实施受阻的一个重要原因在于业绩比较基准的设定缺乏科学规范，比如某些基金长期维持90%以上的权益比例，业绩比较基准却设定为80%的沪深300指数+20%的中债指数，因此要建立“绝对”加“相对”的业绩考核体系，首先要规范业绩比较基准的设定。

（2）建立长期、合理且科学的业绩考核机制。弹性较小且过分强调资产规模与相对排名的业绩考核机制不仅不利于基金经理实施积极主动的资产管理策略，而且不利于公募基金业留住人才。基金管理公司可考虑将“绝对业绩”纳入综合性考核指标当中，同时引入中长期的奖金递延支付条款等，以减少基金经理短期投机行为的发生。

（3）丰富投资者互动渠道，提高信息传递频率，加强投资者教育。在本案例中，一方面投资者给绩优基金的追逐带来了明显的“明星效应”；另一方面，中小投资者抛弃短期业绩不佳基金的行为也给不抱团的基金带来了规模下降的压力，进而对基金经理的薪酬造成了威胁，促使其参与抱团。无论是信息不对称还是金融知识的缺乏，都可能导致中小投资者过分强调基金的短期业绩表现，从而给开放式公募基金带来许多预期之外的现金流动，最终扭曲基金既定的投资决策。

4.3 给投资者的建议

（1）投资者应加强对基金投资行为的认知，尤其在近几年“基金抱团”和“结构性行情”持续演绎的背景下，应当十分留意明星基金的优秀业绩是否来自“抱团”。若其优秀表现来自基金的“抱团策略”，那么投资者应当对其优秀业绩的可持续性持有一定的怀疑态度，并对其做更进一步的研究。

（2）投资者要对基金管理公司最新发行的、规模较大且投资主题为近期市场热点的基金保持一定的谨慎。投资于热点板块的大规模基金的频繁发行往往是基金抱团发展至顶峰的表现，盲目参与的投资者很可能会成为“击鼓传花”游戏的最后一位参与者。

（3）投资者应当理性看待“基金抱团”，既要认识到其形成有符合金融逻辑的一面，也要意识到其背后反映出的问题。此外，投资者还可以持续观察“基金抱团”的变化趋势与规律，分析“抱团股”及“抱团行业”当前的特征，从而判断“抱团”所处的阶段，为投资实践提供辅助性质的参考。